제품 디자인을 위한

Rhino 3D 6
REALITY

DIGITAL BOOKS since 1999
www.digitalbooks.co.kr

제품 디자인을 위한

Rhino 3D 6
REALITY

| 만든 사람들 |

기획 IT · CG 기획부 **| 진행** 양종엽 · 장진영 **| 집필** 이행종 **| 편집 · 표지 디자인** D.J.I books design studio

| 책 내용 문의 |

도서 내용에 대해 궁금한 사항이 있으시면,
저자의 홈페이지나 디지털북스 홈페이지의 게시판을 통해서 해결하실 수 있습니다.

디지털북스 홈페이지 www.digitalbooks.co.kr
디지털북스 페이스북 www.facebook.com/ithinkbook
디지털북스 카페 cafe.naver.com/digitalbooks1999
디지털북스 이메일 digital@digitalbooks.co.kr
저자 카페 cafe.naver.com/rhino3dworld
저자 이메일 leeceros@naver.com

| 각종 문의 |

영업관련 hi@digitalbooks.co.kr
기획관련 digital@digitalbooks.co.kr
전화번호 (02) 447-3157~8

Rhino 3D는 제품뿐 아니라 건축, 주얼리, 선박 등 다양한 분야에서 형상을 쉽고 빠르게 모델링할 수 있는 3D 프로그램입니다. 단순한 형태부터 자유로운 곡선의 유기적인 모델링까지 가능하며 데이터 호환성도 뛰어나 여러 분야에서 쉽고 빠르게 접근할 수 있는 효율성이 뛰어난 프로그램입니다.

본 책은 예제를 통해 일상생활에서 쉽게 접할 수 있는 다양한 제품 형태를 모델링하는 방법을 제시합니다. 라이노를 처음 접하는 분들도 이 책을 다 읽었을 때는 자신감을 가지고 모델링에 도전할 수 있을 것입니다.

책의 도입부에서는 Rhino 3D에 사용되는 NURBS에 대한 개념과 용어를 설명함으로써 라이노를 보다 체계적으로 이해하고 접할 수 있도록 했습니다. 또한 Rhino6로 버전업되면서 새롭게 추가된 명령어들을 정리했습니다.

모델링 예제가 시작되는 챕터부터는 라이노의 명령을 다양하게 활용하고 응용할 수 있도록 설명합니다. 모델링 작업 중에 발생할 수 있는 문제점들을 해결하는 방법 등에 대해서도 다루었습니다.

책의 후반부에는 T-spline를 대체할 수 있는 Speedform을 활용하여 모델링하는 방법과 Keyshot를 활용하여 렌더링하는 과정을 배울 수 있도록 구성하였습니다.

3D 모델링의 노하우는 명령어의 개념을 이해하고 다양한 형태를 만들어 보면서 얻어지는 경험의 산물입니다. 꾸준히 시간을 투자하고 앞으로 나아간다면 누구나 자신의 분야에서 라이노를 활용하여 작업을 할 수 있을 것입니다.

라이노를 시작하는 분들에게 이 책이 좋은 지침서가 되기를 바랍니다. 더욱 업그레이드된 Rhino 3D 6를 통해 즐겁게 모델링하는 시간이 되기를 기원합니다.

저자 이행종

목차

Chapter

1

시작만이 능사가 아니다!

→ Rhinoceros와 NURBS에 대한 고찰

Rhinoceros(Rhino 3D)는 1998년 10월에 처음으로 배포되었습니다. 미국의 McNeel사에서 10년 동안 연구해서 만든 프로그램입니다. NURBS 이론을 기반으로 한 자유로운 모델 형상을 만들 수 있는 Rhinoceros(라이노 3D)는 많은 크리에이터·디자이너·설계자들을 만족시킬 수 있는 3차원 모델링 툴입니다.

자유 곡면 모델링은 뛰어난 조작성으로 디자이너의 아이디어를 그대로 이미지화하여 표현할 수 있게 합니다. 3차원 모델을 구현할 수 있으며 어려운 제조 공정으로 요구되는 사양이나 고정밀도의 모델링을 용이하게 실시할 수 있어 컨셉 디자인으로부터 제조 모델까지 모든 공정에 자유롭고 쾌적한 모델링 환경을 제공합니다.

❶ 라이노의 특징

Rhinoceros(Rhino 3D)의 가장 큰 특징은 다양한 데이터 포맷을 지원한다는 것입니다. DXF, DWG는 물론 IGES나 STEP, 그리고 SAT나 Parasolid 등의 파일 포맷도 지원해 CATIA, Cero, I-DEAS, SolidWorks 등의 CAD와의 데이터 교환이 자유롭습니다. 그리고 다각형 메시의 정밀도와 밀도의 옵션을 설정해 STL, OBJ, LWO, DXF 등으로 변환 출력도 할 수 있습니다. Rhino 3D의 다양한 데이터는 가상 CG는 물론, RP 모델이나 금형의 CAD, CAM의 데이터 입출력을 순조롭게 합니다.

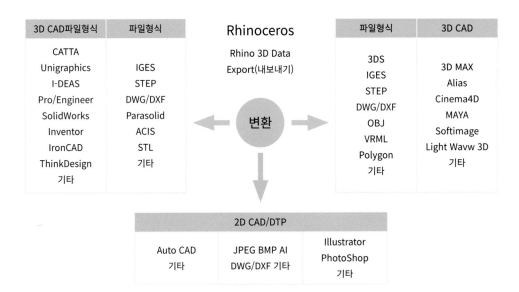

Rhino 3D의 메리트

· 서피스의 자유도와 다른 CAD와의 호환성이 좋습니다.
· 디자인 목업을 만드는 것이 가능합니다.
· 디자인 스케치 작성 시간을 단축시킵니다.
· 저비용으로 질 높은 서피스를 작성할 수 있습니다.
· 설계 데이터로 활용할 수 있는 정밀도 모델링이 가능합니다.
· 인터페이스가 쉽습니다.

반올림   RP란 무엇입니까?

급속조형 기술(Rapid Prototype)을 일컫습니다. 액상의 합성수지나 ABS수지, 금속분말 등으로 오브젝트를 적층하여 형상을 만드는 방법으로 기존의 전통적인 금형 제작이 아닌 RP 장비를 이용해 신속 정확하게 Master Model이나 시제품(Prototype)을 제작할 수 있는 기술입니다.

Lesson 02 　모델링 표현 방식

3차원 형상을 컴퓨터로 모델링하는 것에는 다양한 방식들이 존재합니다. 그 특성들을 이해하여 자신이 지금 어떤 작업을 수행해야 하는지를 이해하고, 그에 맞는 툴을 찾아 습득하여 자신의 분야에 맞게 활용해야 합니다. 여기서는 모델링 표현 방식을 아래와 같이 크게 3가지로 나누어 보았습니다.

❶ 솔리드 모델링 방식

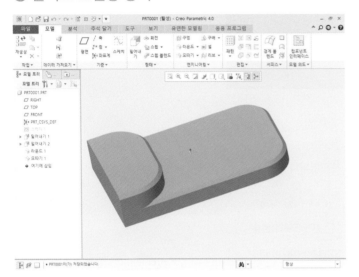

Cero4에서의 작업

솔리드라는 하나의 입체를 정의해두고 조각도로 깎아내듯 모델을 만들어가는 방식을 말하며 대표적인 프로그램으로는 Cero, I-DEAS, SolidWorks, SolidEdge 등이 있습니다. 보통 기구, 설계에 중점을 두고 모델링을 해 나갑니다.

❷ 서피스 모델링 방식

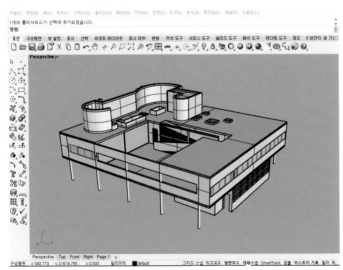

Rhino 3D에서의 작업

커브를 사용하여 오브젝트 전체의 골격을 만들어 두고, 커브와 커브를 연결하여 서피스를 만들어 나가는 방식입니다. 주로 NURBS(넙스) 방식을 채용한 모델러들의 대표적 방법입니다. 프로그램으로는 Solidthinking, Rhinoceros(Rhino 3D), Alias/Wavefront 등이 있습니다.

❸ 폴리곤(Polygon) 모델링 방식

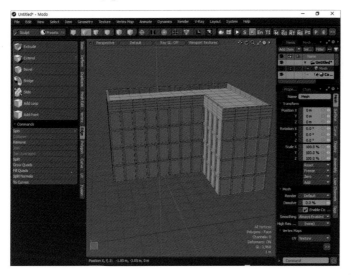

같은 평면상에 위치하는 3개나 4개의 점 (각각 X, Y, Z 좌표를 가집니다)을 연결하여 묶은 형상을 1개의 폴리곤이라고 했을 때, 이러한 집합에 의해 3차원의 기하 형상을 만들어 마치 찰흙 공작처럼 소성 변형하여 표면을 누르거나 당겨서 형태를 만드는 방식입니다. 대표적인 프로그램은 3D Max나 Modo입니다.

Modo에서 Polygon 작업

❹ 소프트웨어의 분류

소프트웨어의 모델링 방식과 사용 용도에 따른 분류입니다.

CG(Computer Graphics)				
소프트웨어 분류				
Product(제품)		Entertainment (영화,Game,캐릭터)	Architecture(건축)	
디자인	기구/설계			BIM
Rhino 3D Alias AutoStudio Solidthinking	Cero Catia NX IGEAS Solidworks	3D Max Blender Cinema4D LigthWave3D Maya Modo Shade	SketchUp Bonzai3D Form-Z	Revit ArchiCAD Vectorworks
모델링 방식				
NURBS		Polygon Subdivison	NURBS Polygon	

최근 하이브리드를 추구하는 경향에 따라 NURBS와 Subdivision를 병행하는 소프트웨어가 많습니다.

Lesson 03 간단히 알아보는 커브의 역사

3차원 데이터를 표현하는 방법은 다양합니다. 그중에서도 점, 선, 면들은 물체를 표현하는 데 있어서 가장 기본적인 요소입니다. 이런 기본 요소들을 표현하기 위해서 가장 중요한 용어가 바로 스플라인(Spline)입니다.

❶ Spline에 대하여

초창기 스플라인은 건축자나 선박 제조업자들이 건물이나 선박의 곡률을 맞추기 위해 사용했던 가느다란 철사나 나무 등의 도구를 일컫는 말이었습니다. 1960년대 이후 커브나 곡면을 컴퓨터로 표현하기 시작하면서부터 스플라인은 곡선이나 곡면을 표현하는 중요한 요소가 되었습니다.

스플라인은 제어점과 제어점의 변형을 통해서 곡률을 쉽게 제어할 수가 있어 부드러운 커브나 곡면의 표현이 가능하게 되었습니다. 스플라인은 크게 Bezier와 NURBS로 분류할 수 있습니다.

① Bezier Spline

1971년 르노 자동차 공장의 엔지니어였던 베지어(Pierre Bezier)가 제안한 곡선 표현 방식입니다. 그러나 복잡한 형상의 곡선을 표현할 때는 커브의 차수가 높아져 계산량이 늘어나고, 곡선 형상의 진동이 생기고, Control point 를 이용한 국부 조정이 불가능하다는 한계가 있었습니다. 이를 해결하기 위해 De Boor, Cox 등에 의해 제안된 것이 B-spline입니다.

② B-Spline

B-Spline 곡선은 베지어 곡선의 일반화된 형태입니다. 제어점들이 일정한 범위에만 영향을 미치기 때문에 모양을 바꾸지 않고 국부 조정을 해 줄 수 있고, 또한 차수를 증가시키지 않고서도 복잡한 형태의 곡선을 표현할 수 있습니다. 이런 국부 조정이 가능하게 된 것은 매듭점, 즉 Knot 덕분입니다. 각 세그먼트들이 연결되는 연결점을 Knot라 하고, 이 점에서의 매개변수 값을 Knot Value라 합니다. 이러한 Knot가 연속되는 값의 집합을 Knot Vector라고 부릅니다.

③ NURBS(Non-Uniform Rational B-Spline)

비균일 유리화 B-스플라인을 넙스라고 합니다. 컴퓨터는 넙스를 기반으로 하여 곡선이나 서피스를 3D 형상으로 정확하고 자유롭게 표현합니다. 현재까지 나온 모델링 방식 중에서 가장 진보된 방식 중의 하나입니다.

Lesson 04　NURBS 들어가기

NURBS를 그대로 해석하면 '비균일 유리화 B-스플라인' 이지만, 이 단어에는 눈으로 보이지 않는 복잡한 수학적 개념들이 포함되어 있습니다. 이 장에서는 넙스의 개념에 대해 간략히 설명하고, Rhino 3D와 어떠한 관계가 있는지 알아보겠습니다.

❶ NURBS 커브의 구성요소

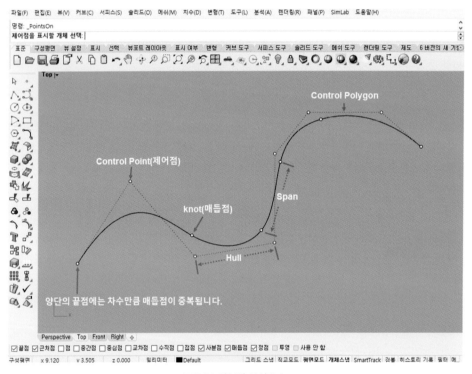

NURBS 커브의 구성요소

①　**Control Point(CP)** 타 프로그램에서는 CV(Control Vertice)라고도 합니다. 커브를 편집할 때 주로 사용됩니다. 제어점이라고도 합니다.

②　**Hull** 두 CP를 연결한 마디를 말합니다.

③　**Span** Knot와 Knot 사이를 말합니다. Segment라고도 합니다.

④　**Knot** CP를 추가시키기 위한 파라미터 값이며 선의 곡률을 유지해주는데 중요한 역할을 합니다.

⑤　**Control Polygon** CP와 CP 구간에 나타나는 가는 점선을 말합니다.

❷ NURBS를 구성하는 4개의 키워드

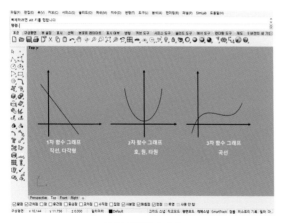

차수에 따른 그래프

① 차수(Degree)

넙스는 B-스플라인 곡선의 동료로, B-스플라인 곡선은 3차원 공간에 그려진 n차식(차수)의 그래프입니다. 1차 함수라면 정비례나 반비례의 그래프가 '직선'이나 '2개의 곡선'으로 나타납니다. 2차 함수라면 U자형의 포물선 형태를 띕니다. 3차 함수라면 N자형이 됩니다. 자유곡선을 그리기 위해서는 최소 Degree가 3 이상인 커브가 필요합니다. 컴퓨터는 이런 곡선을 수식으로 그리며 그것은 3차원 공간상에 나타납니다.

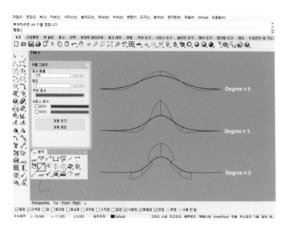

차수에 따른 곡률 그래프

차수가 높아질수록 곡률이 부드러워집니다. Degree=2일 때는 곡률이 불연속하여 그래프가 끊긴다는 것을 확인할 수 있습니다. 라이노에서 차수가 2인 형태는 원, 호, 타원입니다. 서피스를 만들 때 꼭 기억해 두시기 바랍니다.

반올림   차수와 선의 상관관계

차 수	Degree=1	Degree=2	Degree=3
형태	Polyline, Polygon Rectangle	Arc, Circle, Eilipse	자유곡선
곡률	없음	불연속	연속
서피스 생성 시	Polysurface	단일 서피스 또는 Polysurface	단일 서피스
CP 에디팅	원칙적으로 불가	원칙적으로 불가	가능

위의 표는 제품이나 건축뿐만 아니라 비정형 형태의 형상을 만들거나 곡면을 만들 때 가장 기본이 되는 내용이므로 꼭 머릿속에 기억해 두고 상황에 맞게 응용할 수 있어야 합니다.

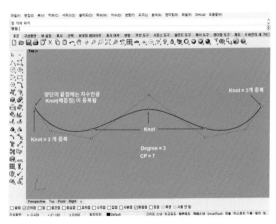

CP와 Knot

2 제어점(CP) 개수

NURBS의 커브나 서피스에서 CP 수는 적어도 Degree +1개의 포인트 리스트를 가집니다. Knot 수=CP 수 +Degree−1입니다. 아래 그림의 그래프에서 차수는 3이 고 CP가 7개이므로 Knot의 개수는 7+3-1, 즉 9개입니다.

반올림   **Order란 무엇인가요?**

라이노에서 Order는 Degree(차수)+1을 뜻합니다. Degree를 표현하기 위한 최소한의 CP(Control Point) 수 입니다. 예를 들어 Degree=3인 커브를 그리기 위해서는 CP가 최소 4개 이상 필요합니다. 만약 CP 수가 3개면 이는 Degree가 2인 곡률 불연속의 커브가 됩니다. 곡률 연속인 커브를 쓰기 위해서는 Degree=3 이상, CP 4개 이상이 필요합니다. Order=Degree+1 식에 의해 기본적인 차수의 CP 수가 결정됩니다. (Degree=3은 CP 4개, Degree=4는 CP 5개, Degree=6은 CP 7개)

차수와 Order와의 관계는 다음과 같습니다.

Degree(차수)	Degree=1	Degree=2	Degree=3	Degree=5
최소 CP수(Order) = Degree +1	2	3	4	6
커브 형태	직선	원, 타원, 호	자유곡선	자유곡선

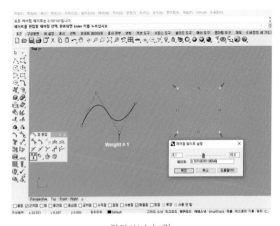

원의 Weight값

3 제어점(Control Point)

NURBS 커브의 지오메트리를 변경하는 가장 간단한 방 법입니다. 제어점(Control Point)은 적어도 차수+1를 가집니다. CP마다 좌표값과 Weight를 가집니다. 원의 경 우 웨이트값은 외접하는 정방형의 각 변의 중점에서 1입 니다. 각 정점에서는 0.707107의 웨이트값을 가집니다.

가중치를 뜻합니다. NURBS의 오브젝트는 CP의 좌표치, NURBS를 표현하는 차수, CP가 가진 Weight값으로 자유 곡선을 표현합니다. Rhino 3D로 만드는 자유 곡선 CP의 Weight는 1입니다. 제어점의 웨이트는 커브 또는 서피스가 제어점에 얼마나 많이 이끌리는가와 관계합니다.

④ Knot Vector

NURBS에 따른 자유 곡선은 CP의 좌표치와 웨이트에 의해 표현되지만, NURBS 커브 자체는 Knot라 의 연속된 값의 집합을 Knot Vector라고 합니다. Knot점을 기준으로 자르면 포인트가 추가되지 않습니다.

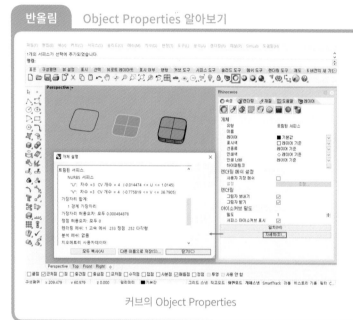

F3 키를 누르면 시행되는 명령입니다. 오브젝트의 특성을 알고 싶을 때 활용합니다. 선택한 오브젝트에 정보를 살펴볼 수 있습니다

커브의 Object Properties

❸ Uniform 과 Non-Uniform 비교

NURBS가 Non-Uniform(비균일)하다는 것은 Knot의 간격이 일정하지 않다는 말입니다. NURBS에서 곡률이 급격한 곳에서는 Knot의 간격이 좁아지고, 곡률이 완만한 곳에서는 간격이 넓어져 서피스의 표현력을 극대화할 수 있습니다. 라이노에서 커브나 서피스는 필요에 따라서 Knot을 비균일하게 배치합니다. 대표적인 명령이 옵셋명령입니다.

Sweep 2 Rail로 생성된 면과 커브

❹ Rational 과 Non-rational

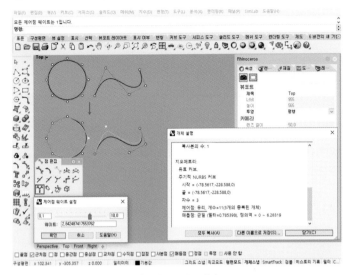

커브의 Weight 변경

NURBS는 기본적으로 Rational(유리)로 표현됩니다. Rational을 사용하는 이유인 원근 변환 곡선을 얻기 위해서는 기반 함수 자체가 유리 함수여야 합니다. 이런 원근 변환을 Rhino 3D에서는 CP에 Weight 값을 갖게 하여 표현합니다. CP의 Weight 값을 변경하면 Rational이 됩니다. Rhino 3D에서 NURBS 커브는 Weight가 모두 1인 Non-rational입니다.

❺ 파라메트릭 곡면

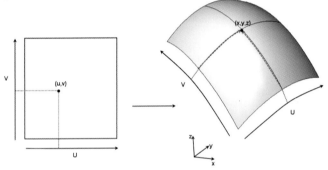

파라메트릭 곡면 생성

1조의 파라미터(u, v)를 편성하여 u, v에 각각 적당한 값을 주면 대응하는 점(x, y, z)이 만들어집니다. u, v를 각각 독립적으로 범위 내에서 무한히 변화를 주면 점들이 생성되는데, 그때의 점들을 모으면 하나의 곡면이 됩니다. 즉 u, v로부터 점(x, y, z)에 대응되어 얻을 수 있는 곡면을 파라메트릭 곡면이라고 합니다. 관례에 의해 가로 방향을 U, 세로 방향을 V로 합니다.

❻ 라이노 3D 서피스의 구성

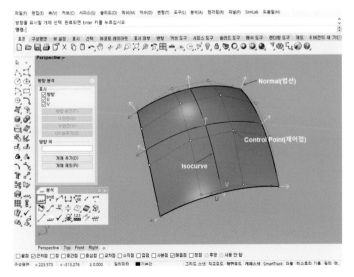

서피스의 U, V와 Isocurve

라이노 서피스는 서피스의 방향을 나타내는 U, V와 서피스의 안과 밖을 나타내는 Normal(법선)과 서피스를 편집할 수 있는 Control Point, 그리고 Knot에서 생성되는 Isocurve로 구성됩니다.

Lesson 05 NURBS 사용 시 유의점

라이노는 NURBS의 요소를 직접 조작할 수 있습니다. 사용자가 엉뚱한 조작을 해 모델링을 하면 작성된 곡선이나 곡면은 라이노 이외의 시스템에서는 받아들여지지 않습니다. 그러므로 다음과 같은 사항을 이해하고 작업해야 합니다.

1 CP(Control Point, 제어점)가 교차하거나 인접해서 꼬이거나 겹치지 않도록 해야 합니다.

2 CP 간격이 극단적으로 불균일할 경우 작업 시 오류가 발생하기도 합니다.

3 노트 간격이 극단적으로 불균일할 때 연산에 실패할 수 있습니다.

4 모든 오브젝트는 중복되지 않아야 합니다.

Rhino 3D 6 인터페이스

→ 작업환경(Interface) 알아보기

처음 라이노 3D를 시작하는 분들에게 인터페이스를 이해하는 것은 가장 빨리 라이노 프로그램과 친해질 수 있는 방법입니다. 라이노5에서 라이노6으로 업그레이드되면서 새로운 명령과 기능이 향상되었습니다. 도움말 기능을 활용하면 새로운 기능을 이해하는 데 많은 도움이 될 것입니다.

라이노 3D는 Auto CAD와 같은 명령어 입력 방식을 겸하고 있어서 기존 CAD 사용자들에게는 친숙한 인터페이스를 가지고 있습니다.

전반적인 화면 인터페이스 살펴보기

툴바에 어떤 명령 아이콘이 있으며 숨겨진 툴바가 어디에 있는지 숙지하면 라이노 3D를 보다 쉽게 접할 수 있고, 모델링 작업을 능률적이고 효율적으로 수행할 수 있습니다.

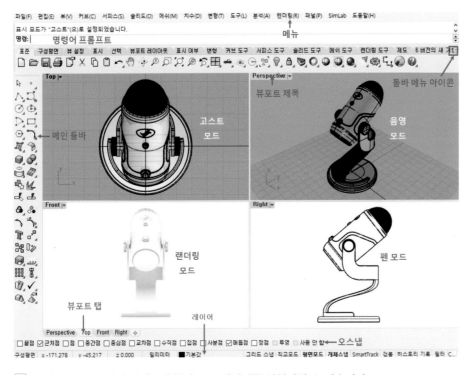

1️⃣ 문자로 된 메뉴 바나 아이콘의 툴바 모두 명령어를 실행시킬 수 있습니다.

2️⃣ Command area의 행수는 마우스로 드래그해 바꿔줄 수 있습니다.

　Command area에 대한 내용은 F2 키를 눌러서 History 창으로 볼 수 있습니다.

3️⃣ 툴바는 크게 Standard 툴바와 Main 툴바로 나뉩니다.

　이들 툴바에서 마우스로 드래그해 이동하는 툴바를 Floating 툴바라 부릅니다.

4️⃣ Status bar(상태 바)의 좌표계는 마우스를 클릭하면 World axis(실세계 좌표계)로 바뀝니다.

　작업 시 마우스 커서의 좌표 표시만 변경되어 나타나고 실제 수치 입력에는 영향이 없습니다.

5️⃣ Status bar의 현재 Layer는 마우스 왼쪽 버튼을 클릭하면 나타납니다.

　현재 Layer를 ON/OFF/LOCK할 수 있습니다.

　마우스 오른쪽 버튼을 클릭했을 때는 레이어 다이얼로그 창이 표시되어 Layer를 추가시켜 줄 수 있습니다.

Lesson 02 마우스 사용법

마우스의 조작법과 활용법에 대해서 알아봅니다.

❶ 마우스 왼쪽 버튼(Left Mouse Button)

· 메뉴나 툴바에서 Command(명령어)를 실행합니다.
· 명령어에 있는 옵션을 선택할 수 있습니다.
· Viewport title을 더블클릭하여 뷰포트를 최대 크기로 활성화합니다.
· 상태 바의 모델링 보조 기능의 ON, OFF와 Osnap(오스냅)을 설정합니다.
· 상태 바의 레이어를 조작합니다.
· 계층(하얀 삼각형)이 있는 아이콘을 클릭해 확장합니다.
· 오브젝트를 선택합니다.
· 작업 창의 경계를 드래그해 창을 조정할 수 있습니다.
· Command area의 창을 드래그해 행수를 늘릴 수 있습니다.
· 아이콘을 누른 채 (Ctrl) 키를 누르고 드래그해 아이콘을 복사할 수 있습니다.
· 아이콘을 누른 채 (Shift) 키를 누르고 드래그해 아이콘을 지울 수 있습니다.

❷ 마우스 오른쪽 버튼(Right Mouse Button)

· 명령어 실행 중에 마우스 오른쪽 버튼을 누르면 선택이 종료되거나 명령이 끝납니다.
  (Enter) 키와 (Space Bar)도 같은 기능을 합니다.
· 이전에 실행했던 명령을 재실행합니다.
· Command area에서 명령어 목록을 볼 수 있습니다.
· 아이콘 버튼을 편집할 수 있습니다.
· Top, Right, Front 뷰에서 Pan(뷰 이동) 기능
· Perspective는 회전, (Shift)+RMB은 Pan, (Ctrl)+RMB은 줌인/줌아웃을 합니다.

❸ 마우스 가운데 버튼(Middle Mouse Button)

· 마우스 휠 버튼을 회전하면 뷰를 확대/축소할 수 있습니다.
· Popup 메뉴 창이 뜹니다.

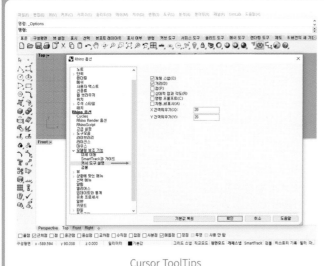

마우스 커서를 설정하면 좀 더 깔끔한 폰트와 오브젝트를 그릴 수 있고, 이동할 때 수치가 나오도록 할 수 있습니다. ⚙ Option 아이콘을 클릭한 후 Rhino 옵션 > 모델링 보조 기능 > 커서 도구 설명에서 우측에 있는 개체 스냅과 거리를 선택합니다.

Cursor ToolTips

❹ 팝업메뉴에 아이콘 추가하기

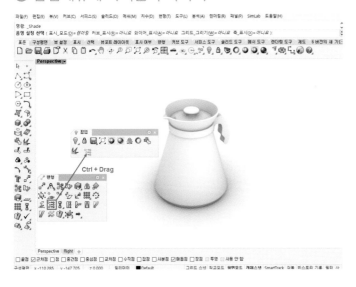

Ctrl + Drag

팝업 창에 등록하고자 하는 명령어를 Ctrl +Drag하여 팝업 창에 가져다 놓습니다. 팝업 창에 있는 아이콘을 지울 때는 Shift +Drag하여 작업 창에 가져다 놓고 삭제합니다.

❺ 명령어의 취소와 중단

· 키보드의 Esc 키를 누릅니다.
· ↳ Cancel 명령어로 취소합니다.
· RMB 클릭(모두취소) : 선택 해제, 곡률 그래프와 CP를 OFF 합니다.

Lesson 03 키보드와 앨리어스

자주 쓰는 단축키와 앨리어스 기능을 활용하는 방법에 대해서 알아보겠습니다.

❶ 키보드의 단축키 설정

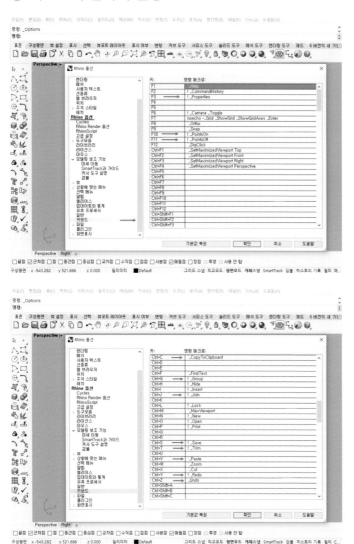

자주 쓰는 명령어 단축키는 숙지하고 쓰시면 작업을 보다 편리하게 할 수 있습니다. ⚙ Option항목에서 Rhino 옵션 > 키보드 항목의 기능키는 자주 쓰이므로 숙지하시기 바랍니다.

❷ 앨리어스(Aliases) 기능의 사용

앨리어스란 명령어를 단축어로 정의하여 사용하는 것을 말합니다. 자주 쓰는 명령어를 텍스트 단축키로 정의해 놓고 씀으로써 작업 효율을 높일 수 있습니다.

반올림 앨리어스 기능 활용하기

앨리어스의 기능을 활용하기 위해서는 특수문자의 뜻을 이해하고 사용해야 합니다. 특수문자와 명령어를 조합해서 쓰면 됩니다. 특수문자의 뜻은 다음과 같습니다.

- (!) 바로 전 명령을 취소합니다.
- (—) 영어 명령의 이름으로 인식하도록 해 명령을 실행합니다.
- (') 다음에 오는 명령이 중첩할 수 있는 명령입니다.

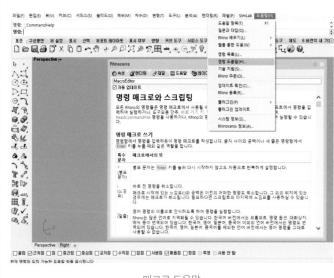

매크로 도움말

매크로와 스크립팅의 자세한 내용은 Help 파일을 참고하시면 많은 도움이 됩니다. 도움말 > 명령 도움말에서 'MacroEditor'로 검색하면 자세한 내용을 알 수 있습니다.

Lesson 04　오브젝트(Object)의 선택

Rhino 3D는 명령어를 실행할 때부터 대상 오브젝트를 선택합니다. 오브젝트를 선택 후 명령을 실행하면 조작의 부하를 경감시키면서 작업 효율을 높일 수 있습니다.

❶ 마우스로 오브젝트 선택하는 방법

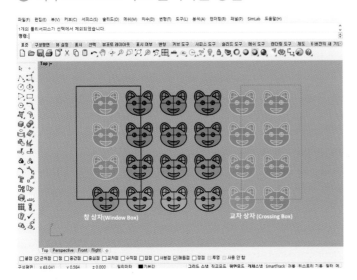

■ 왼쪽에서 오른쪽으로 드래그

창 상자 안에 포함된 오브젝트만 선택됩니다.

■ 오른쪽에서 왼쪽으로 드래그

교차 상자에 걸치기만 해도 오브젝트가 선택됩니다.

다중 선택은 (Shift) 키를 누르고 해주면 됩니다. 잘못 선택했을 때는 (Ctrl) 키를 눌러 취소합니다.

반올림　마우스 설정하기

🜨 Option 명령에서 Rhino 옵션 > 마우스 항목으로 갑니다. '둘 다 사용'은 Crossing Box와 Window Box를 같이 쓰겠다는 뜻입니다.

❷ 명령어를 실행하여 오브젝트를 선택하는 방법

표준 툴바에 있는 Select toolbar의 명령어들은 오브젝트를 칼라. 레이어, 커브 등 다양하게 선택하는 방법을 제공합니다. CP를 선택하는 편리한 명령어도 담고 있습니다.

① ◪ Invert 명령은 모든 선택된 개체를 해제하고, 이전에 선택되지 않았던 모든 개체를 선택합니다.

② ◉ SelDup 명령은 다른 개체 속성과 상관없이 동일한 위치에 다른 개체와 기하학적으로 동일한 개체(중복된)를 선택합니다.

③ ◈ SelLayer 명령은 모든 개체를 선택합니다.

④ ◈ SelPt 명령은 모든 점의 개체, 제어점, 편집점, 솔리드점을 선택합니다.

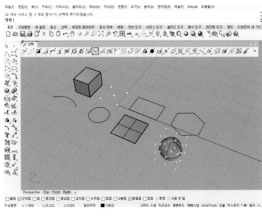

⑤ ◈ SelPolysrf 명령은 모든 폴리서피스를 선택합니다.

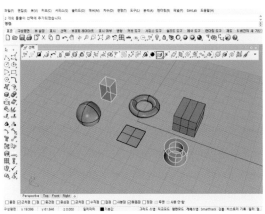

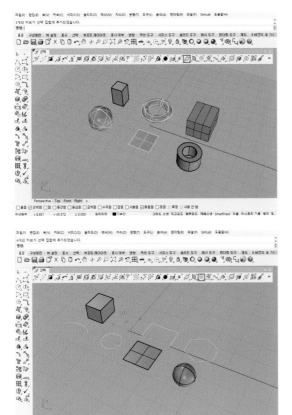

6 SelSrf 명령은 모든 서피스를 선택합니다.

7 SelCrv 명령은 모든 커브를 선택합니다.

Lesson 05

Rhino 3D에서의
CP(Control Point, 제어점) 편집 방법

라이노에서는 다양하게 CP를 제어할 수 있는 명령어들이 있습니다. CP 에디팅을 통하여 커브의 편집과 서피스의 편집을 자유롭게 해줄 수 있습니다.

❶ 제어점 편집

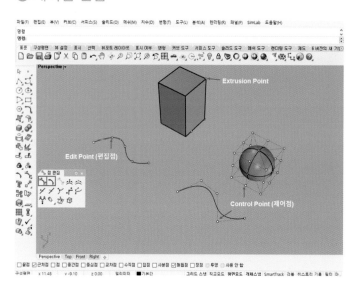

제어점을 F10 한 다음 CP를 선택해 마우스로 이동합니다. CP뿐만 아니라 Edit point를 이용해서도 이동 편집해줄 수 있습니다. 좌측은 체를 ON 한 것이고 우측 커브는 Edit point를 ON 한 것입니다. Polysurface는 편집을 해줄 수 없습니다. 다음 그림을 참고하기 바랍니다.

❷ 가중치 변경

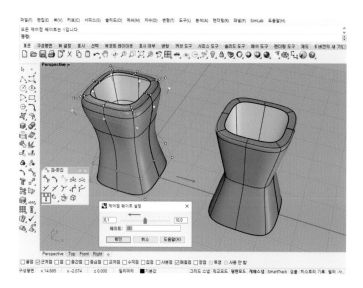

Weight 명령으로 CP를 선택한 다음 설정 창의 Weight(가중치)를 변경하여 CP의 가중치를 조절함으로써 서피스에 영향을 줍니다.

❸ CP 추가

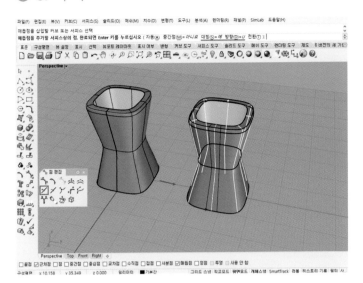

✏ InsetKnot 명령은 CP를 추가하여 편집할 수 있습니다.

❹ CP를 정밀하게 컨트롤 하는 방법

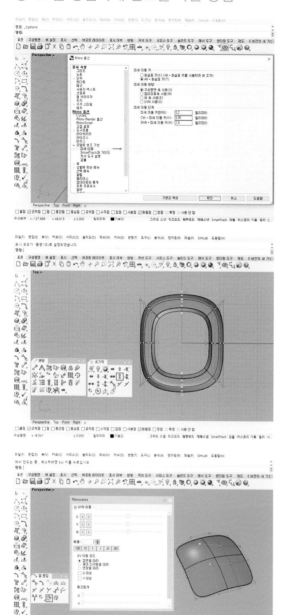

① Nudge(너지) key(방향키)를 이용하는 방법

⚙ Option명령 실행 후 Rhino 옵션 > 모델링 보조 기능의 미세 이동 항목에 미세 이동(Nudge) 키 설정이 있습니다. Nudge는 '조금씩 밀다'라는 뜻입니다. 키보드의 방향키로 미세하게 오브젝트를 이동시키는 명령입니다. (Alt)+ arrow keys(방향키)를 누르면 0.2mm씩 이동합니다.

② Organic(유기적) 명령어를 이용하는 방법

Organic 툴바에 있는 이동 아이콘들은 포인트를 0.1mm씩 움직이게 값이 정해져 있습니다. ⬍ compress_along_y 명령을 클릭하면 Y축 대칭으로 선택한 포인트를 0.1mm씩 이동시킵니다. 원점을 기준으로 대칭일 때만 양방향으로 포인트가 이동합니다.

③ Move UVN 명령을 이용한 CP 편집

✎ Move UVN 명령은 서피스의 제어점을 U, V, N 방향으로 할 수 있습니다.

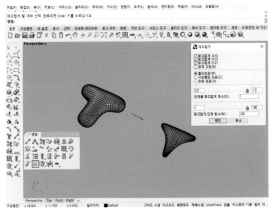

④ 명령을 통한 제어점의 변형

≈ Smooth 명령은 커브나 서피스나 메시의 제어점들의 영역을 선택하여 U, V 방향이 아닌 좌표계(X, Y, Z) 축으로 제어점들을 부드럽게 변형 조작할 수 있는 명령어입니다. Smooth factor 수치를 조절하여 부드러운 정도를 조절할 수 있습니다.

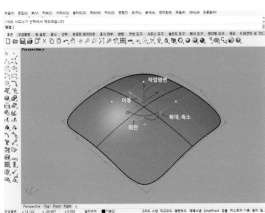

⑤ Gumball(검볼) 활용하기

검볼은 오브젝트나 CP를 선택해 이동, 크기 조정, 회전 변형을 줄 수 있게 합니다. Rhino 3D 6에서는 검볼이 더 개선되었습니다.

· Alt 키를 누르면서 검볼 이동하면 오브젝트가 복사됩니다.
· 3D 오브젝트 선택 후 Shift 키를 누르고 스케일 핸들을 드래그하면 3D Scale이 실행됩니다.
· 검볼의 원점 포인트는 Ctrl 를 누르고 선택하여 위치를 지정해 줄 수 있습니다.

3

유쾌하게 따라해 보는
라이노 3D의 기본기

라이노에서 가장 기본이 되는 명령어들을 알아보겠습니다.

Lesson 01 Osnap(Object Snap, 오스냅)에 대해 알아보자

오스냅은 직선이나 곡선 또는 원이나 타원 등으로 도면을 그릴 때 커브의 정확한 지점을 찾아주는 명령입니다.

개체 스냅

☐ 끝점 ☐ 근처점 ☐ 점 ☐ 중간점 ☐ 중심점 ☐ 교차점 ☐ 수직점 ☐ 접점 ☐ 사분점 ☐ 매듭점 ☐ 정점 ☐ 투영 ☐ 사용 안 함

1️⃣ End(끝점) 체크 시 마우스 커서가 라인이나 다각형의 끝점, 서피스 Edge의 끝점에 스냅, 즉 걸립니다.

2️⃣ Near(근처점) 체크 시 마우스 커서가 가장 가까운 선이나 커브에 스냅됩니다.

3️⃣ Point(점) 마우스 커서가 포인트나 컨트롤 포인트에 스냅됩니다.

4️⃣ Mid(중간점) 마우스 커서가 라인이나 커브 서피스의 Edge의 중간지점에 스냅됩니다.

5️⃣ Cen(Center, 중심점) 원이나 타원 또는 구의 외곽선을 선택했을 때 마우스 커서가 중심점에 스냅됩니다. 사각형이나 다각형도 포함됩니다.

6️⃣ Int(Intersection, 교차점) 라인과 커브, 커브와 서피스, 또는 서피스와 서피스 간의 서로 교차된 지점에 스냅합니다.

7️⃣ Cen(Center, 중심점) 원이나 타원 또는 구의 외곽선을 선택했을 때 마우스 커서가 중심점에 스냅됩니다. 사각형이나 다각형도 포함됩니다.

8️⃣ Quad(Quadrant, 사분점) 원이나 타원 등의 사분점을 스냅합니다.

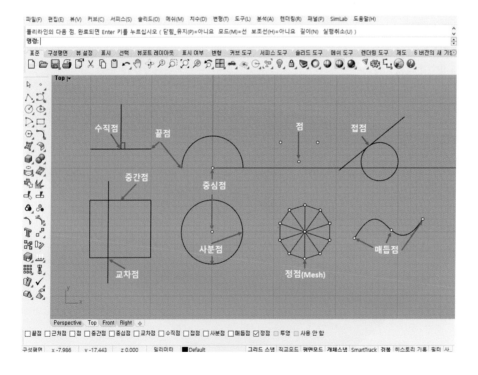

⑨ Vertex(정점) 메시 정점에 스냅합니다.

⑩ Tan(Tangent, 접선) 커브의 접선을 찾아줍니다. Tangent는 곡선에만 존재하므로 이 지점은 매끄럽게 됩니다.

⑪ Knot(매듭점) Knot는 CP를 컨트롤하기 위한 파라미터 값입니다. Osnap에서 Knot가 체크되어 있을 때는 커브에 존재하는 Knot점을 스냅합니다. 끝점에는 Knot가 존재합니다.

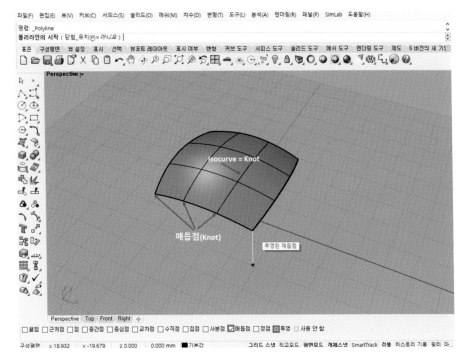

⑫ Project(투영) 어떤 라인이나 커브를 그릴 때 항상 작업 평면과 수직인 점에서 라인이나 커브를 그릴 수 있습니다.

⑬ Disable(사용 불가) 오스냅을 Off 시키는 기능입니다.

Lesson 02   Tangency(접선) 맞춰 선 그리기

접선을 맞춰서 선을 그려야 하는 이유는 선이나 서피스가 부드럽게 표현되도록 하기 위해서입니다. 접선을 맞추지 않으면 커브와 커브가 만나는 점 또는 서피스의 모서리와 모서리가 만났을 때 각지게 됩니다.

❶ 직선에서 두 선간의 접선 그리기

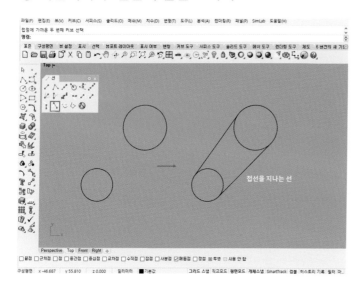

Line(Tangent to 2 Curves) 명령은 두 커브에 접선이 되는 직선을 만듭니다.

❷ 접선을 이용한 호 그리기

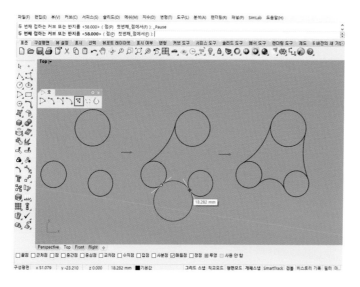

Arc(ttr) 명령은 두 커브를 지나면서 접선으로 호를 만듭니다.

❸ 접선을 활용해서 원 그리기

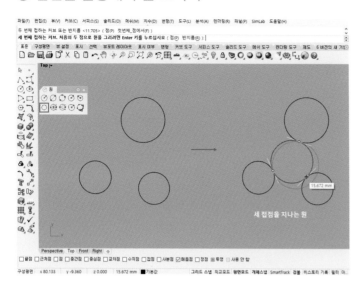

○ Circle(ttt) 명령은 세 개의 커브가 있을 때 커브에 접하는 원을 그립니다.

❹ 접선을 맞추지 않았을 때의 서피스 상태

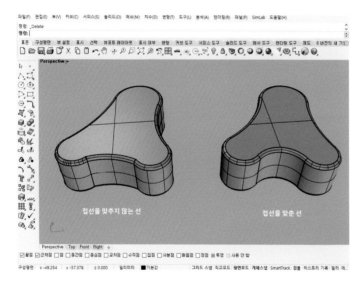

접선을 맞추지 않고 그린 커브로 서피스를 만들면 각이 지게 됩니다.

Split과 Trim 이해하기

Split과 Trim, 이 두 명령은 자주 쓰는 명령어입니다. 서로 비슷한 성격을 가지고 있으나 차이점을 확실히 이해하고 작업에 맞게 써주어야 합니다.

❶ Split

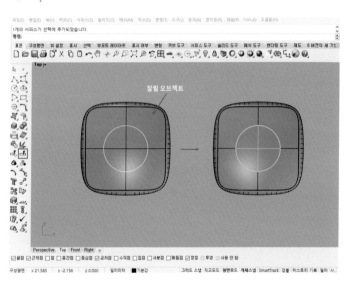

🖱 Split은 '나누다' '쪼개다' 라는 뜻을 가지고 있습니다. Split 명령은 어떤 객체를 자르는 명령입니다. 색종이 위에 도형이나 패턴을 그리고 칼로 잘라낸다고 이해하면 쉽습니다.

❷ Trim

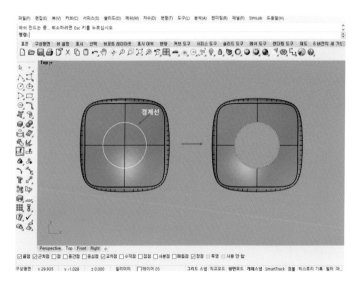

🖱 Trim은 '잘라내다' 라는 뜻을 가지고 있습니다. Trim은 경계선이나 경계면을 기준으로 선이나 서피스를 지웁니다.

Q&A Trim된 커브나 Split된 서피스를 복구하는 명령은 없나요?

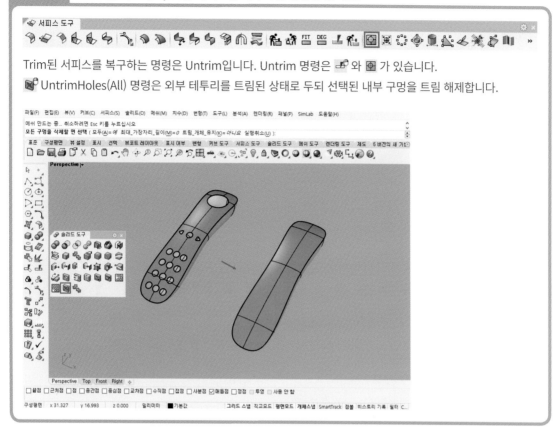

Trim된 서피스를 복구하는 명령은 Untrim입니다. Untrim 명령은 와 가 있습니다.

UntrimHoles(All) 명령은 외부 테두리를 트림된 상태로 두되 선택된 내부 구멍을 트림 해제합니다.

③ Trim 서피스와 Untrim 서피스의 개념 이해하기

라이노에서 쓰이는 서피스는 크게 Trim 서피스와 Untrim 서피스로 구분됩니다.

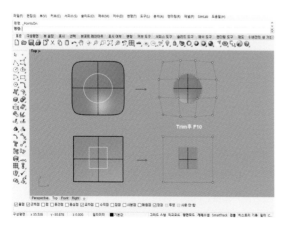

Trim된 서피스 CP ON

① Trim 서피스

Split이나 Trim 명령으로 자른 서피스들을 Trim 서피스라고 합니다. 잘린 서피스를 선택하고 단축키로 F10 키를 누르면 원래 서피스의 제어점 구조를 가지고 있습니다.

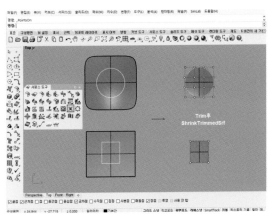

Trim된 서피스를 선택하고 ⊠ ShrinkTrimmedSrf 명령을 실행하면 잘린 서피스에 맞게 제어점과 아이소커브가 재설정 됩니다.

Trim된 서피스는 꼭 ShrinkTrimmedSrf를 해줍니다.

ShrinkTrimmedSrf을 한 후 CP ON

② Untrim 서피스

Trim과 Split되지 않는 원래의 서피스를 Untrim 서피스라 합니다.

❖ Patch 명령은 Trim 서피스며 그 외의 대부분의 명령어는 Untrim 서피스를 만듭니다.

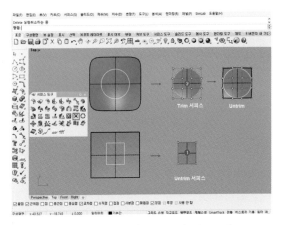

ShrinkTrimmedSrf 한 후 Untrim과 Trim Surface

③ ⊠ ShrinkTrimmedSrf 실행 시 Untrim과 Trim 서피스 구분 방법

ShrinkTrimmedSrf을 하면 서피스에 맞게 제어점이 축소됩니다. ShrinkTrimmedSrf된 상태에서 사각형 구조로 제어점이 맞으면 Untrim 서피스가 되고 그렇지 않은 서피스는 Trim 서피스가 됩니다.

이는 NURBS의 서피스 구조가 사각형 구조를 지향하기 때문입니다. Trim이나 Split한 후 ShrinkTrimmedSrf하더라도 사각형 구조가 아닌 서피스는 모두 Trim 서피스가 됩니다.

④ Untrim 서피스로 자르기

⊿ Split 명령을 통해 Isocurve 방향으로 서피스를 자를 때 '수축=예' 하면 Untrim 서피스가 됩니다.

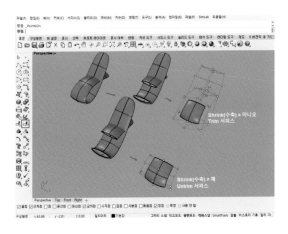

Trim 서피스는 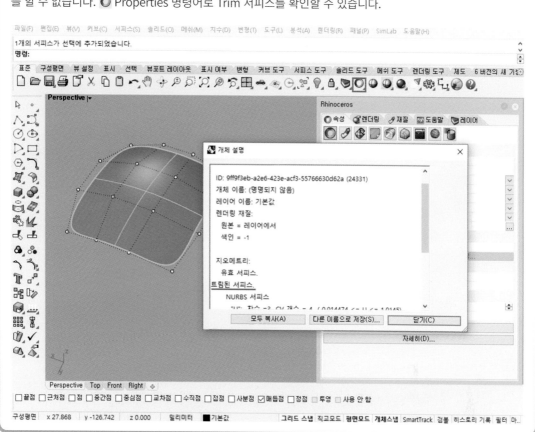 MergeSrf를 할 수 없습니다. MatchSrf 명령도 두 서피스가 모두 Trim 서피스면 Match 를 할 수 없습니다. Properties 명령어로 Trim 서피스를 확인할 수 있습니다.

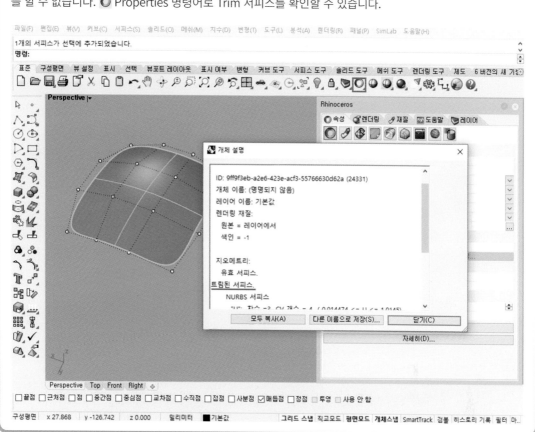

Lesson 04 오브젝트의 결합과 분해

라이노에는 같은 오브젝트끼리 결합해주는 명령 🛞Join 명령과 반대로 결합한 오브젝트를 분해하는 🔨 Explode 명령이 있습니다.

❶ 선택 요소에 따른 결합과 분해

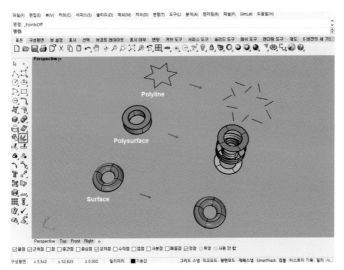

Explode된 커브와 서피스

커브는 커브끼리, 서피스는 서피스끼리 결합되며 Torus 같은 단일 오브젝트는 분해되지 않습니다.

❷ 라이노에 있어서 조인

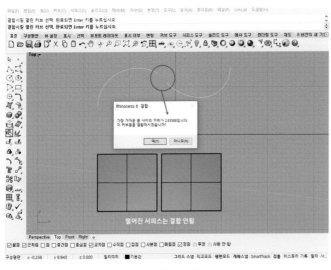

떨어진 커브를 연결할 경우

🛞 Join 명령은 커브나 서피스 오브젝트를 결합하는 명령입니다.
두 커브가 떨어져 있을 때 Join을 하면 조인 여부를 물어봅니다. 떨어진 서피스는 Join(결합)되지 않습니다.

❸ 두 서피스를 하나로 만들기

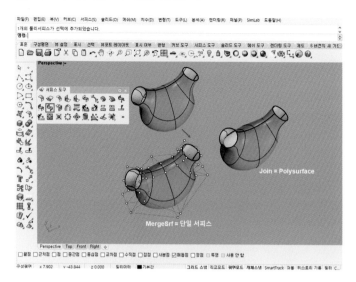

MergeSrf 명령은 두 서피스를 트림되지 않은 가장자리에서 하나의 서피스로 결합합니다.

Seam에 대해 알아보자

라이노에서 Seam(이음새 또는 접합부)이란 서피스가 시작될 때 처음 Edge 부분과 마지막 Edge 부분이 만나는 접합부입니다. 서피스의 Edge가 굵게 표시된 부분이 Seam입니다.

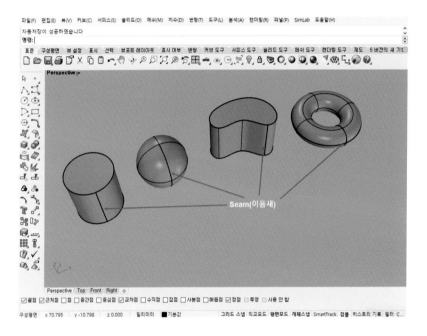

❶ Seam의 위치를 자를 때

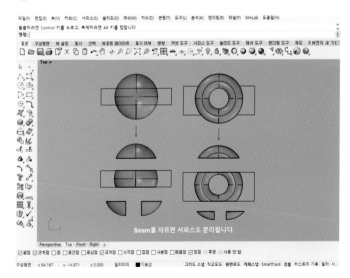

Seam을 지나는 커브로 서피스를 자르면 서피스는 자동으로 두 개로 나뉩니다.

Seam을 자른 경우

❷ 원에서 Seam의 위치

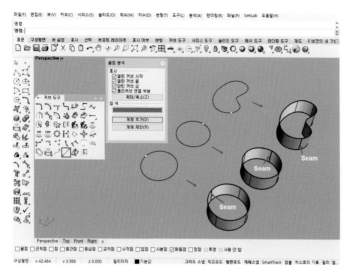

원의 Seam의 위치

원을 어느 방향으로 그리냐에 따라서 Seam의 위치가 달라집니다. ✎ShowEnds 명령으로는 닫힌 커브의 Seam 위치를 확인할 수 있습니다.

반올림　　올바르게 원이나 구 만들기

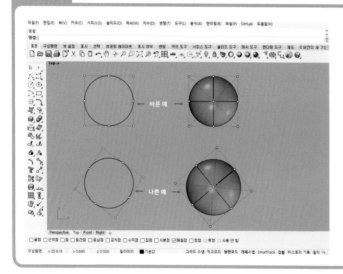

원이나 구를 만들 때 Seam의 위치가 문제를 일으키는 경우가 있으므로 항상 올바르게 만들도록 합니다.

Lesson 06   Kink(킹크)란 무엇일까?

Kink는 끊긴 점 또는 꼬인 점입니다. 커브에 Kink를 추가하여 제어점을 당겨보면 각지게 나옵니다. 커브를 분해
(Explode)하면 Kink점을 기준으로 커브가 분리됩니다.

❶ Kink점이 있는 커브를 당겼을 경우

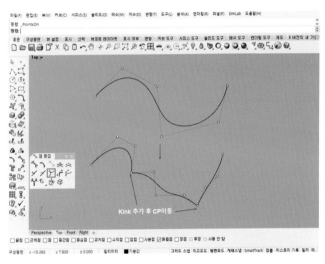

Kink점 이동

✏ InsertKink 명령으로 자유곡선에 Kink점을
추가한 후 그 제어점을 당기면 각지게 됩니다.

❷ Kink가 있는 커브로 서피스를 만들었을 경우

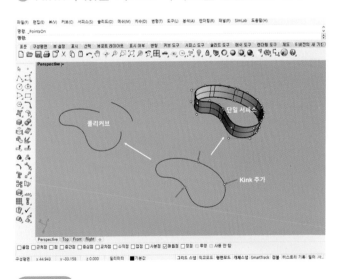

Kink를 커브에 추가하면 커브는 폴리커브로
분해되지만, 서피스는 분해되지 않습니다.

Q&A   kink를 없앨 수는 없나요?

🐾 Rebuild 명령으로 커브를 Degree(차수)가 3차 이상으로 재설정해주면 Kink점은 사라집니다. 또는 곡률 연
속인 형태로 커브나 서피스를 만들어주면 됩니다.

CPlane(작업평면)이란 무엇인가?

CPlane은 Construction Plane의 약어로, 각 뷰포트에 존재하고 있는 작업평면을 말합니다. 모든 오브젝트들은 각 뷰의 작업평면을 기준으로 해서 그려집니다. Top에서 그리면 Top 뷰의 작업평면에, Right에서 그리면 Right 뷰의 작업평면에, Front에서 그리면 Front 뷰의 작업평면에 그려지게 됩니다.

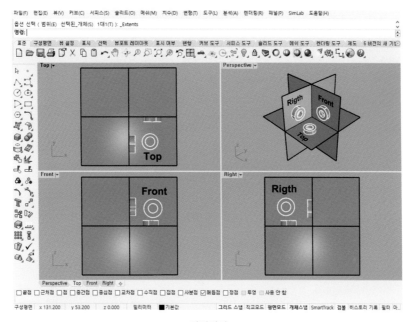

작업평면

Q&A CPlane을 응용한 명령어는 없나요?

모델링 작업을 하다 보면 작업평면을 바꾸어주면서 오브젝트를 생성할 때가 있습니다. 이때 쓰는 명령이 Set CPlane 명령입니다. AUTOCAD의 UCS 좌표를 바꾸어가면서 작업하는 것과 같은 비슷한 원리라고 생각하면 됩니다. 표준 툴바에 있는 구성평면 툴바를 보면 CPlanes을 설정하는 명령어들이 다양하게 있습니다.

변형 툴바에도 RemapCPlane 명령과 ProjecToCPlane 명령이 있습니다.

Polysurface(폴리서피스)와 Solid(솔리드)

Polysurface와 Solid오브젝트에 대해 알아보고 솔리드오브젝트 간의 Boolean(불리언)연산과 어떤 솔리드오브젝트가 있는지 알아보겠습니다.

❶ Polysurface(폴리서피스) 와 Solid(솔리드)

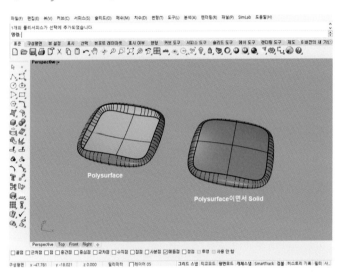

폴리서피스는 서피스가 2개 이상 붙어 있는 상태입니다. Solid는 서피스의 Edge(모서리)들이 결합하여 닫혀 있는 상태입니다.

Polysurface와 Solid

반올림 **서피스의 안과 바깥 설정**

라이노 Option 항목에서 서피스의 안과 밖을 설정할 수 있습니다.

❷ Solid의 종류

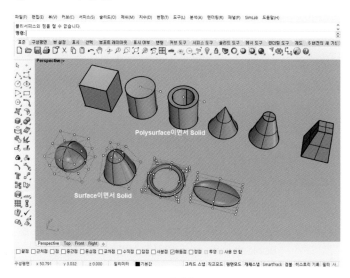

Solid

라이노에서 솔리드의 종류는 두 가지입니다. 첫번째는 2개 이상의 서피스가 결합하여 닫혀 있는 상태의 폴리서피스(Solid), 두 번째는 단일 서피스로 구성된 솔리드 오브젝트입니다. 이 둘의 차이점은 CP 편집의 유무에 있습니다. Polysurface는 CP 편집을 원칙적으로 할 수 없습니다.

❸ Solid 오브젝트의 Boolean 연산

솔리드 오브젝트를 합치거나 빼는 등 계산을 하는 게 Boolean 명령입니다. 불리언을 하려면 기본적으로 오브젝트가 솔리드여야 합니다. 라이노에서는 불리언 연산이 4가지가 있습니다.

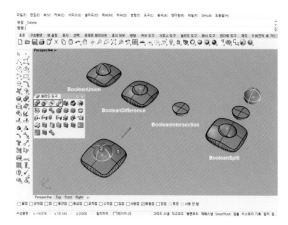

Boolean 연산

① Solid 오브젝트 간의 Boolean 연산

불리언은 기본적으로 솔리드 오브젝트끼리 합치고 빼는 작업입니다.

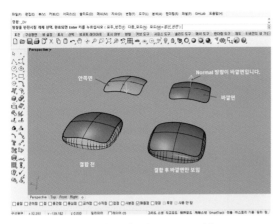

Surface와 솔리드의 Direction 방향

② Solid 오브젝트와 서피스의 Boolean 연산

열린 서피스의 Normal 방향은 앞, 뒤가 바뀔 수 있으며 Normal 방향이 서로 다른 서피스라도 결합(Join)되면 서피스의 Normal 방향은 자동으로 밖을 향하게 됩니다.

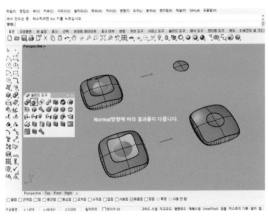

Solid와 Surface의 Booleandifference

솔리드와 서피스의 Normal 방향이 서로 다를 때 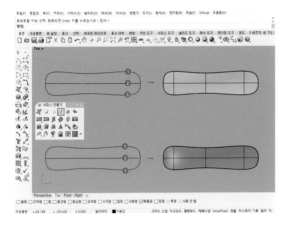 Boolean Difference 명령를 실행하면 결과물이 서로 다르게 나옵니다.

③ 서피스와 Normal 관계

커브의 선택 순서에 따라서 서피스의 안과 밖이 바뀝니다. 여러 서피스 명령들이 이런 원칙을 가지고 만들어 집니다. 서피스의 Normal은 Flip 명령으로 반전할 수 있습니다.

④ Solid의 특징

· 항상 Direction(Normal)은 밖을 향합니다.
· 닫혀 있습니다.
· 제어점을 켤 수 없습니다.

⑤ 불리언 연산에 오류가 나는 경우

파이프의 Seam 부분과 불리언하려는 서피스의 경계가 겹치면 불리언이 안 되는 경우가 종종 생깁니다. 이럴 때는 파이프의 Seam 위치를 변경하거나 Seam과 겹치지 않게 오브젝트를 이동시켜야 합니다.

4

NURBS 커브 이해하기

라이노에서는 커브에 대한 이해가 중요합니다. 커브의 속성은 서피스에도 똑같이 적용됩니다. Degree(차수)와 Knot에 대해서 더 자세히 알아보겠습니다.

Degree를 이해하고 이와 관련된 커브의 속성들을 알아봅시다.

❶ 라이노의 차수

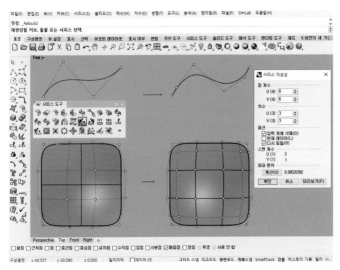

Degree(차수)는 양의 정수이며 1~11까지 존재합니다. 🐾 Rebuild 명령은 제어점 수와 차수를 변경할 수 있습니다.

Rebuild

Q&A   Rebuid 명령 말고 Degree를 변경하는 명령은 없나요?

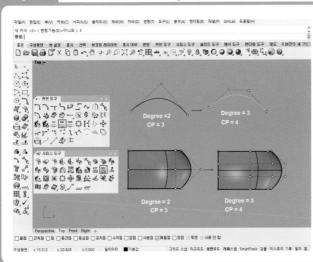

🖲 ChangeDegree와 📐 ChangeDegree 명령은 매듭점 구조를 유지하면서 스팬 사이의 제어점 수를 추가하거나 빼는 방법으로 커브 또는 서피스의 Degree를 변경합니다. Degree를 변경할 때는 낮은 차수에서 높은 차수 순으로 변경해야 CP 에디팅이 편해집니다.

❷ Degree

Degree는 NURBS Curve와 Surface의 차수를 말합니다.

❸ 선과 커브의 차수 구분

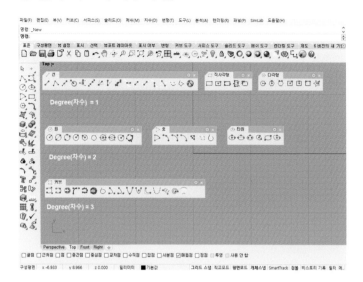

Line, Polyline, Rectangle. Polygon 같은 직선 형태는 모두 차수가 1이며 Arc, Circle, Ellipse는 차수가 2입니다. 라이노에서 곡선이나 곡면을 그리는 것은 Degree=3인 커브나 서피스입니다. 곡률 연속인 커브나 서피스를 만들기 위해서는 최소 Degree가 3 이상이어야 합니다.

❹ 차수에 따른 곡률

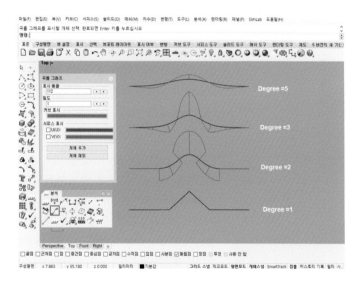

Degree가 높아지면 커브는 부드러워지나 편집하기는 어려워집니다. Degree가 높아질수록 CP(제어점)가 많아지기 때문입니다. 직선은 곡률이 없습니다.

◢ CurvatureGraph 명령으로 커브들의 곡률의 흐름을 볼 수 있습니다.

반올림   Degree = 2인 커브의 문제점 알아보기

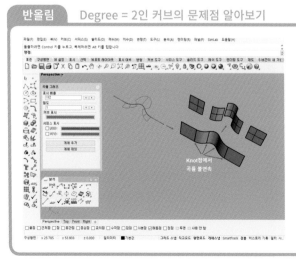

Degree=2인 커브도 곡선이긴 하나 Knot점에서 곡률이 불연속하기 때문에 폴리서피스가 생성됩니다.

❺ Order

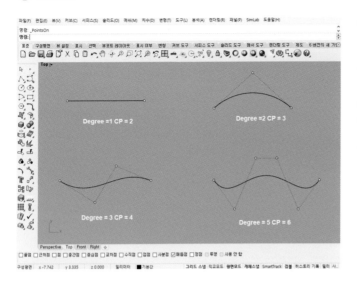

Order=degree+1, 즉 degree=order-1. 여기서 Order는 Degree를 표현하는데 필요한 최소한의 컨트롤 포인트 수입니다. Degree=3인 커브를 생성하겠다면 최소한 CP를 4개 생성해야 합니다. 4개 이상 생성하는 건 상관없으나 3개를 생성하면 자동으로 Degree=2인 커브가 됩니다.

❻ 차수와 제어점

차수	1	2	3	5	7	9	11
최소CP수	2	3	4	6	8	10	12

차수와 CP와의 관계

Control Point는 적어도 Degree+1개인 포인트들의 개수입니다. Degree=3인 커브를 사용하고자 할 때는 CP가 4개 이상 필요합니다. 라이노는 차수가 11차까지 존재하며 소수로 만들어집니다.

❼ Knot와 제어점

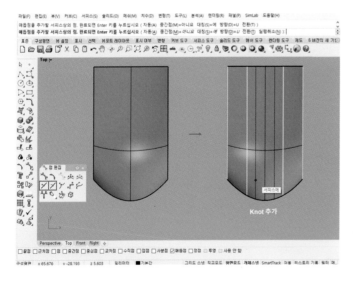

CP(Control Point)는 Knot에 의해 추가 또는 삭제됩니다. CP를 추가하기 위한 Parameter(매개변수)값이 Knot입니다. 이런 Knot(매듭점)를 추가 또는 삭제하는 명령이 InsertKnot 명령과 Remove-Knot 명령입니다.

❽ Knot

Knot(매듭점)은 또한 Segment(마디) 역할을 합니다. Knot와 Knot 사이가 한 마디가 되므로 이 잘린 마디의 속성은 차수의 속성을 그대로 따라갑니다. 다시 말하면 Degree = 3일 때 Knot과 Knot을 자르면 그 마디는 Degree = 3이고 CP = 4가 됩니다.

Lesson 02   Continity(연속성) 이해하기

Continity는 라이노 3D에서 가장 핵심적인 요소입니다. Continity는 커브와 커브, 또는 서피스와 서피스 간의 연결 속성을 결정짓습니다.

❶ Position(위치 연속성: G0)

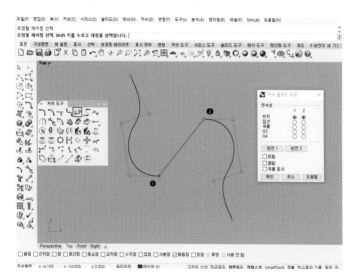

☞ BlendCrv 명령으로 위치를 선택해 연결하면 차수가 1인 직선이 만들어집니다. 제어점은 2개입니다.

❷ Tangency(위치+접선(기울기) 연속성: G1)

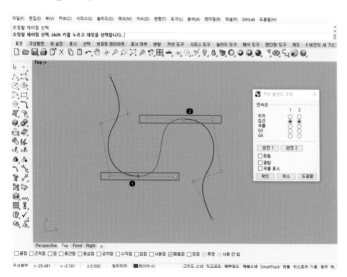

☞ BlendCrv 명령으로 접선을 선택해 연결하면 차수가 3인 곡선이 만들어집니다. 제어점은 4개입니다.

❸ Curvature(위치+접선(기울기)+곡률 연속성: G2)

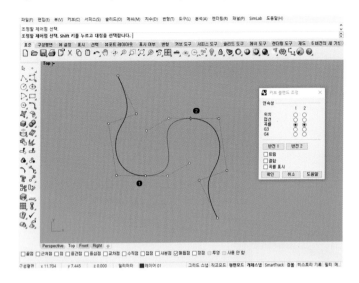

BlendCrv 명령으로 곡률을 선택해 연결하면 차수가 5인 곡선이 만들어지며 제어점은 6개입니다. G2 이상부터는 모두 곡률 연속을 보장합니다.

❹ GCon을 이용한 연속성 알아보기

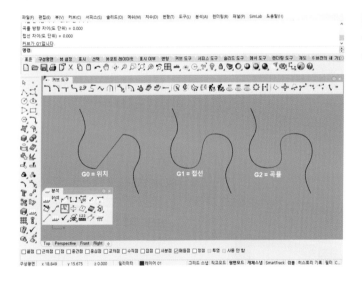

GCon 명령은 두 커브 사이의 기하학적 연속성을 보고합니다. 연속성을 확인해보면 BlendCrv의 연속성과 같습니다.

라이노의 중요한 서피스 명령어에는 연속성을 선택하는 옵션이 꼭 있습니다. 명령어의 종류는 다음과 같습니다.

❶ BlendSrf

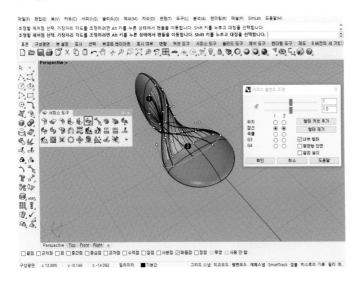

BlendSrf 명령은 두 서피스를 연결하는 서
피스를 만듭니다. 커브나 서피스의 연속성
속성은 같습니다.

❷ MatchSrf

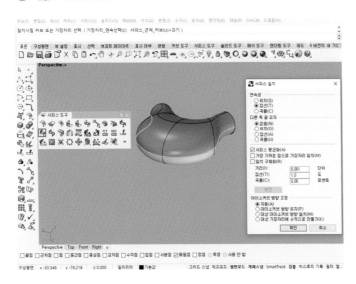

BlendSrf 명령은 두 서피스를 연결하는 서
피스를 만듭니다. 커브나 서피스의 연속성
속성은 같습니다.

❸ Sweep2

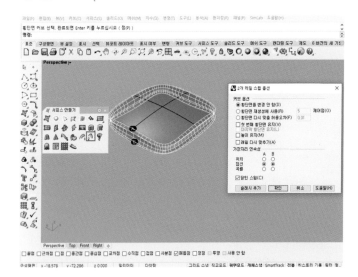

Sweep2 명령은 서피스의 가장자리를 정의하는 두 개의 커브와 서피스의 형태를 정의하는 일련의 프로파일 커브를 사용하여 서피스를 맞춥니다.

❹ NetworkSrf

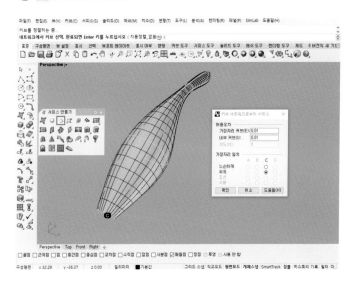

NetworkSrf 명령은 교차하는 커브로 이루어진 네트워크로 서피스를 만듭니다. 한 방향의 커브는 다른 방향에 있는 모든 커브와 교차해야 하며 또한 동일한 방향의 커브는 서로 교차하면 안 됩니다.

Lesson 04 Curvature 명령을 이용한 곡률연속 확인

Curvature 명령은 원의 반지름을 사용하여 커브 또는 서피스 위 한 점의 위치에서 곡률을 계산합니다.

❶ 두 커브를 Blend시켜 Tangency(G1 = 접선)로 설정한 경우

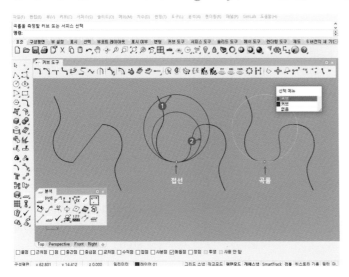

접선 일치일 때 ❶ 커브의 곡률 반경(빨간 원)과 ❷ 커브의 곡률 반경(파란 원)이 서로 다릅니다. 접선 일치는 곡률 불연속이기 때문입니다. 접선이 맞아 있기 때문에 각은 지지 않습니다.

❷ 접선 일치일 때 곡률 그래프로 살펴보기

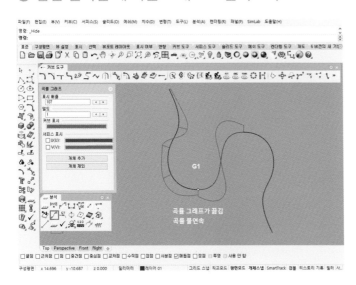

CurvatureGraph 명령은 그래프를 사용하여 곡률을 시각적으로 평가합니다. 접선 일치 부분에 곡률 그래프가 끊겨 있습니다. 곡률 불연속이기 때문입니다.

❸ 두 커브를 Blend시켜 Curvature(G2=곡률)로 설정한 경우

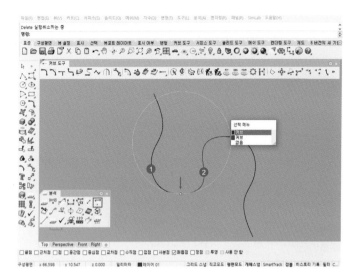

곡률 일치일 때는 ❶과 ❷ 커브의 곡률 반경이 일치하기 때문에 곡률 연속입니다. 라이노에서는 가장 이상적인 연결입니다.

❹ 앞 결과를 곡률 그래프로 살펴보기

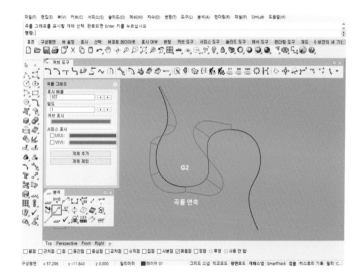

CurvatureGraph 명령으로 곡률 그래프가 끊기지 않고 이어져 있습니다. 이런 곡률 연속은 가장 자연스러운 커브나 서피스를 생성하게 합니다.

❺ Zebra 명령을 이용한 연속성 확인

✍ Zebra 명령은 줄무늬 맵을 사용하여 매끄러운 정도와 연속성을 시각적으로 평가합니다. Zebra 명령은 일련의 시각적인 서피스 분석 명령 중 하나입니다. 이런 명령은 NURBS 서피스 평가와 렌더링 기법을 사용하여 시각적으로 서피스의 매끄러움, 곡률, 기타 중요한 속성을 분석하는 데 도움을 줍니다.

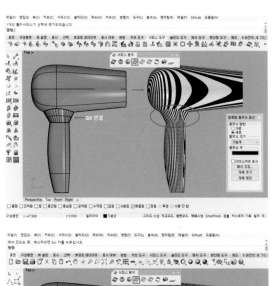

① 연속이 G0일 때 Edge에서의 Zebra

줄무늬가 서피스가 만나는 부분에서 연결되지 않고 끊겨 있습니다. 두 서피스가 서로 접하지만 각이져 있습니다.

② 연속이 G1일 때 Edge에서의 Zebra

줄무늬가 연결된 부분을 건너는 부분에서 급작스럽게 방향을 바꾸는 것은 두 서피스에서 위치와 접선 방향이 일치함을 의미합니다. 다른 뷰에서도 확인하기 바랍니다.

③ 연속이 G2일 때 Edge에서의 Zebra

줄무늬가 연결된 부분을 건너는 부분에서 급작스럽게 방향을 바꾸는 것은 두 서피스에서 위치와 접선 방향이 일치함을 의미합니다. 다른 뷰에서도 확인하기 바랍니다.

❻ Emap(Enviroment Map, 환경 맵)을 이용한 시뮬레이션

🌑 EMap 명령은 서피스에 반사된 이미지를 사용하여 서피스 표면의 매끄러운 정도를 시각적으로 평가합니다.

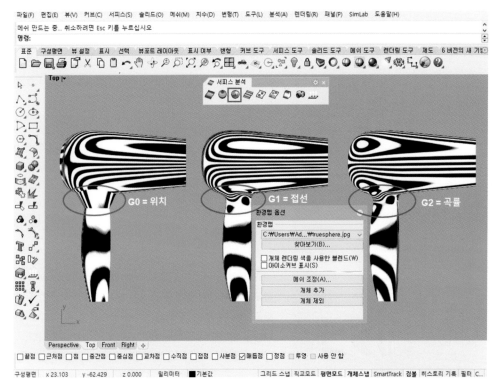

① 연속이 G0일 때 Edge에서의 환경 맵

서피스의 연결된 부위를 보면 환경 맵 자체가 단절되게 표현됩니다. 이는 G0 연속된 서피스이기 때문입니다. 맵핑이 끊기거나 시제품을 만들 때 이런 부위는 날카롭게 각이 집니다.

② 연속이 G1일 때 Edge에서의 환경 맵

G1보다는 좋은 서피스 특성을 보이며 접선 기울기가 맞아떨어진 곳이므로 곡률은 불연속일지라도 보다 자연스러운 맵핑이 가능하고 시제품 제작 시 각이 없는 형상이 만들어집니다.

③ 연속이 G2일 때 Edge에서의 환경 맵

가장 이상적인 곡률 연속을 가지므로 자연스럽게 서피스가 연결되고 맵핑 또한 자연스럽게 적용됩니다. 시제품 역시 깔끔한 형태의 서피스로 만들어집니다.

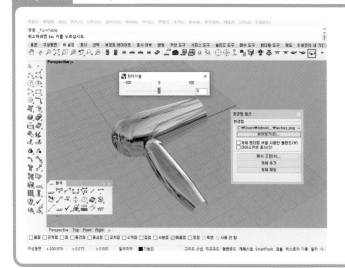

환경 맵이 적용된 상태에서 Turntable 명령을 실행하면 턴테이블 창이 나오고 슬라이더를 움직이면 오브젝트가 회전됩니다.

❼ 연속성을 유지한 채로 편집하기

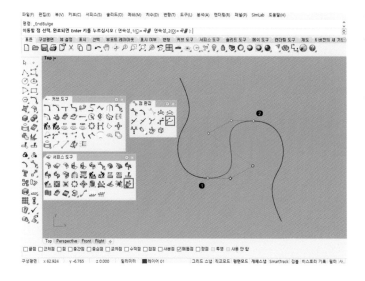

연속성을 맞추었으면 연속성의 조건이 되는 제어점을 유지하면서 CP를 편집해줄 수 있는데 이때 사용할 수 있는 명령이 EndBulge 명령입니다. 커브와 서피스에 둘 다 존재합니다.

Chapter

5

꼭 알아야 하는 명령어들

라이노의 명령어는 많이 있지만 이 장에서는 필수적으로 쓰이는 서피스 명령어들에 대해서 알아보겠습니다.

Lesson 01 　 Surface 툴바

🖼 서피스 만들기

라이노에서 서피스를 생성하는 중요한 명령어는 크게 6가지가 있습니다. 라이노를 처음 접하시는 분들은 꼭 이 6가지 명령어들을 이해하고 특징을 알고 있어야 합니다. 이외의 명령어는 의외로 간단하기 때문에 쉽게 익힐 수 있습니다.

❶ 🖼 EdgeSrf

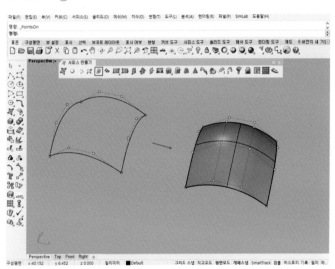

EdgeSrf 명령은 둘, 셋, 또는 네 개의 선택된 커브로 서피스를 만듭니다.

■ 특징

· 커브와 서피스의 제어점 수가 같습니다.
· 커브의 Degree(차수)가 2일 때 폴리서피스가 됩니다. 차수의 영향을 받습니다.
· Untrim 서피스입니다.

❷ 🖼 Loft

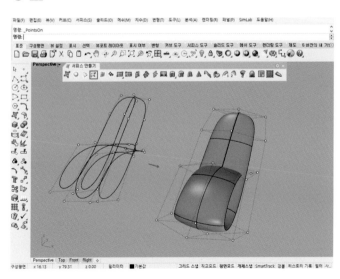

Loft 명령은 선택된 프로파일 커브에 서피스를 맞춥니다. 라이노에서 가장 활용도가 높은 명령입니다.

■ 특징

· 프로파일 커브의 제어점 수가 같아야 균일하게 아이소커브가 생성됩니다.
· 커브의 Degree가 2일 때 폴리서피스가 됩니다. 차수의 영향을 받습니다.

❸ 🔲 Sweep2

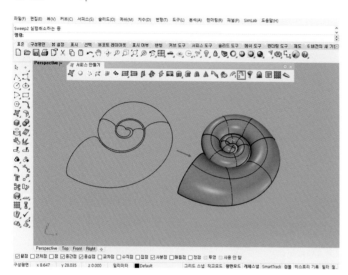

Sweep2 명령은 서피스 가장자리를 정의하는 두 개의 커브와 서피스 형태를 정의하는 일련의 프로파일 커브를 사용하여 서피스를 맞춥니다.

■ 특징

· 두 개의 레일 커브 속성(차수, 제어점 수)이 같아야 커브의 속성을 따라 서피스가 생성됩니다.
· 생성된 서피스는 중복된 Knot를 가집니다.
· 커브의 Degree가 2일 때 폴리서피스가 됩니다. 차수의 영향을 받습니다.
· Untrim 서피스입니다.

반올림   CP, Knot, Isocurve

라이노에서 CP와 Knot은 일심동체라고 보면 됩니다. 또한 Knot 지점에서 Isocurve가 생성되므로 CP, Knot, Isocurve는 항상 같이 붙어 다닙니다. CP를 추가하면 Knot도 자동으로 추가되며 만약 Knot 지우면 자동으로 CP가 지워집니다. 만약 Isocurve를 지우게 되면 Knot 와 CP도 동시에 지워집니다. 셋은 항상 같이 존재합니다.

❹ 🔲 NetworkSrf

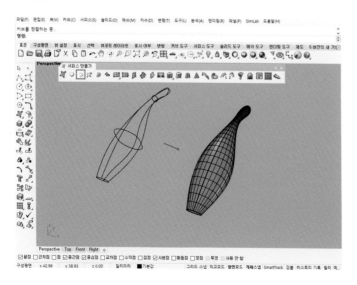

NetworkSrf 명령은 교차하는 커브로 이루어진 네트워크로 서피스를 만듭니다. 한 방향의 커브는 다른 방향에 있는 모든 커브와 교차해야 하며 또한 동일한 방향의 커브는 서로 교차하면 안 됩니다.

■ 특징

· 가장 복잡한 형태의 서피스를 만들 수 있습니다.
· 차수의 영향을 받지 않습니다. 무조건 Degree가 3인 서피스를 만듭니다.
· Untrim 서피스입니다.

❺ 🐾 RailRevolve

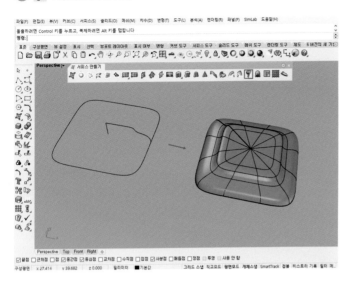

RailRevolve 명령은 서피스 가장자리를 정의하는 레일 커브를 중심으로, 서피스 형태를 정의하는 프로파일 커브를 회전시켜 서피스를 만듭니다

■ 특징

· 커브의 Degree가 2일 때 폴리서피스가 됩니다. 차수의 영향을 받습니다.
· Untrim 서피스입니다.

❻ 🖈 Patch

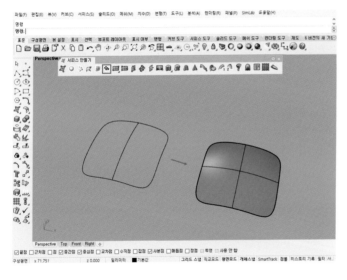

Patch 명령은 선택된 커브, 메시, 점 개체, 점 구름을 통과하도록 서피스를 맞춥니다.

■ 특징

· 차수의 영향을 받지 않으며 Degree가 3인 서피스를 만듭니다.
· Trim 서피스입니다.

Lesson 02 · Surface Tools 툴바

서피스 도구에 있는 명령어들은 주로 서피스의 연장, 옵셋, 필렛 등의 기본 툴과 서피스의 연속성을 맞춰주는 Match 명령, 서피스의 연속을 맞춰 서피스를 생성하는 Blend 명령, 서피스의 차수나 CP를 재설정하는 Rebuild 명령 등으로 구성됩니다.

❶ FilletSrf

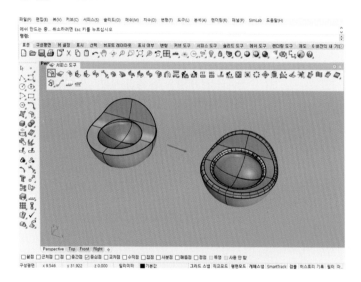

FilletSrf 명령은 두 개의 서피스 사이에 일정한 반지름을 가진 둥근 서피스를 하나 만듭니다. FilletEdge로 필렛이 깨질 때 FilletSrf를 활용해도 됩니다.

❷ MatchSrf

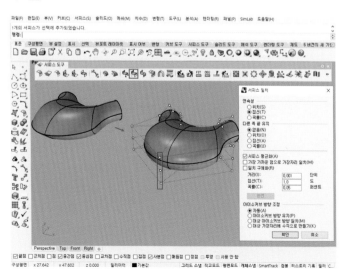

MatchSrf 명령은 두 개의 서피스가 맞닿아 있거나 떨어져 있을 때 두 서피스가 만나는 Edge에서의 위치, 접선, 곡률 연속성을 갖도록 조정합니다. 두 서피스가 맞닿아 있을 때는 반드시 쓰도록 합니다.

❸ 🔧 MergeSrf

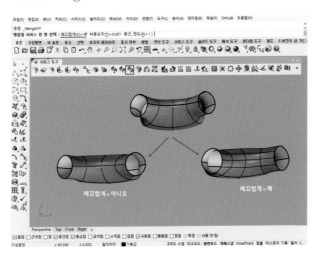

MergeSrf 명령은 두 서피스를 Edge에서 하나의
서피스로 결합합니다. Trim 서피스는 MergeSrf
를 할 수 없습니다.

❹ 🔧 BlendSrf

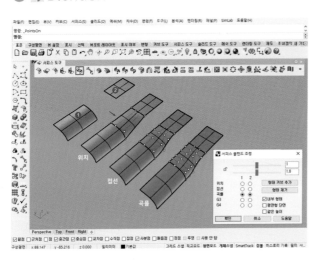

BlendSrf 명령은 두 개의 서피스가 서로 떨어져
있을 때 중간을 연결하는 새로운 서피스를 생성
합니다. 맞닿은 Edge는 MatchSrf가 됩니다.

반올림 BlendSrf와 MatchSrf의 관계

BlendSrf로 생성된 서피스는 기존의 서피
스와 맞닿기 때문에 MatchSrf가 된 것과
같습니다. MatchSrf에서 적용되었던 CP
순서가 BlendSrf에서도 똑같이 적용됩니
다. Position(끝점)을 체크하면 평면 형태
의 서피스가 생성되며 Degree(차수)=1,
CP(제어점)=2가 됩니다. Tangency(접선)
를 체크하면 곡면이 생성되며 Degree=3,
CP=4가 됩니다. Curvature(곡률)를 체
크할 경우 곡면이 생성되며 Degree=5,
CP=6이 됩니다.

⑤ 🛠 Rebuild

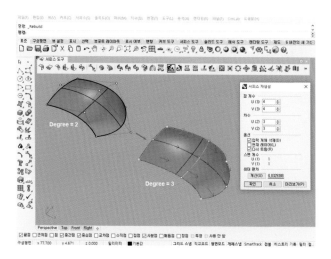

Rebuild 명령은 선택한 단일 서피스의 CP 개수와 차수를 재설정합니다. Rebuild를 하면 항상 Uniform 한 형태로 서피스가 변형되며 좀 더 부드럽게 서피스를 편집할 수 있습니다. 편차가 발생합니다.

⑥ DEG ChangeDegree

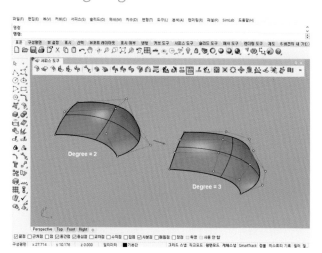

Rebuild 명령과 다르게 형태가 변형되지 않습니다. Degree(차수)를 증가시켜 CP(제어점 수)를 추가합니다.

Degree = 1 ⇨ CP = 2
Degree = 2 ⇨ CP = 3
Degree = 3 ⇨ CP = 4
Degree = 5 ⇨ CP = 6

⑦ 🛠 OffsetSrf

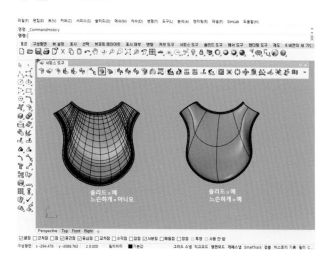

OffsetSrf 명령은 서피스 또는 폴리서피스를 복사하여 복사된 서피스의 위치가 원래 서피스로부터 동일하게 지정된 거리에 있게 됩니다.

⑧ 🔧 UnrollSrf

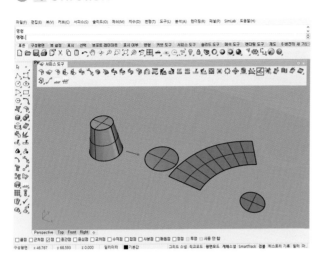

UnrollSrf 명령은 서피스 또는 폴리서피스를 평면형 서피스에 대해 1방향의 곡률로 전개합니다. 복곡면은 전개되지 않습니다.

반올림　단곡면과 복곡면 비교

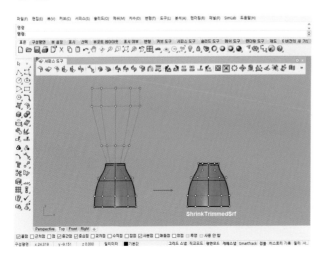

🔧 Curvature 명령어로 서피스의 곡률을 표시합니다. 명령 실행 후 서피스를 선택하면 곡률을 나타내는 선이 나옵니다. 복곡면인 경우 곡률이 양방향으로 표시됩니다. 단곡면인 경우 한쪽 곡률은 직선 형태를 띱니다.

---

⑨ 🔧 ShrinkTrimmedSrf

ShrinkTrimmedSrf 명령은 트림 서피스의 제어점을 서피스 경계에 가깝게 축소합니다.

⑩ RemoveMultKnot

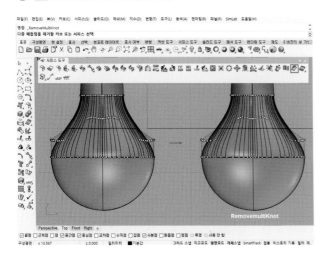

RemoveMultiKnot 명령은 서피스의 중복된 Knot(매듭점)를 제거합니다. Sweep2 명령과 BlendSrf로 만들어진 서피스는 중복된 Knot가 생성됩니다.

⑪ SrfSeam

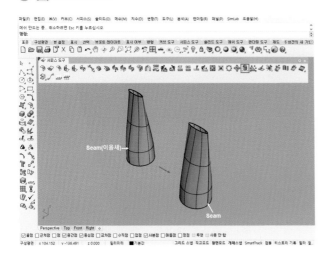

SrfSeam 명령은 서피스의 시작과 끝, 가장자리가 만나는 닫힌 서피스 상의 위치를 변경합니다.

⑫ ExtendSrf

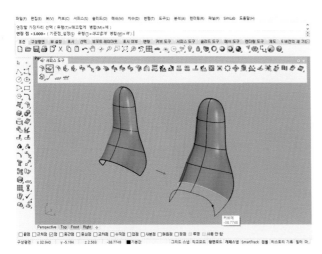

ExtendSrf 명령은 서피스 Edge를 움직여 서피스의 길이를 연장합니다.

솔리드 도구에는 솔리드를 합치거나 빼기, 필렛과 같은 명령어와 솔리드 오브젝트의 엣지나 서피스의 이동 구멍 등을
생성할 수 있는 명령어들이 포함되어 있습니다.

❶ BooleanDifference

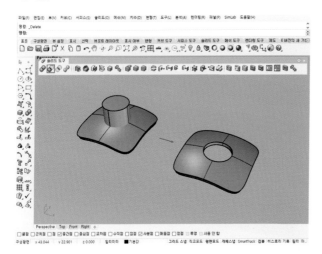

BooleanDifference 명령은 선택된 폴리서피스 또
는 서피스에서, 다른 폴리서피스 또는 서피스와
공통된 영역을 잘라냅니다.

❷ BooleanSplit

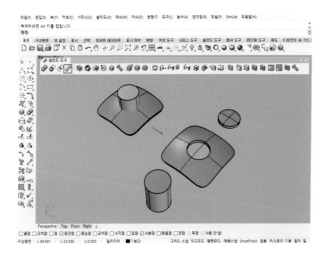

BooleanSplit 명령은 선택된 polysurfaces 또는 서
피스의 공통 영역을 나누고, 공통의 영역과 그렇
지 않은 영역을 별도의 폴리서피스로 만듭니다.

❸ 🔷 Shell

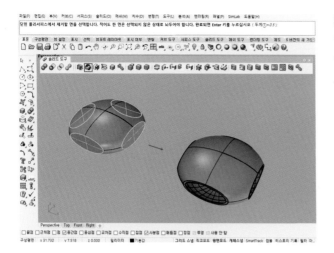

Shell 명령은 솔리드로 속이 빈 쉘(껍데기)을 만듭니다. 간단한 솔리드 다양체 폴리서피스에서만 실행됩니다. 이 서피스는 제거되고 남은 부분이 안쪽으로 간격 띄우기 실행됩니다.

❹ 🔷 FilletEdge

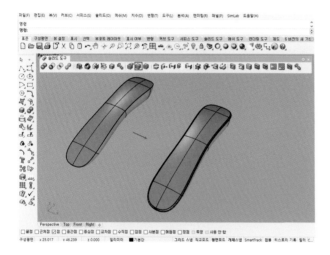

FilletEdge 명령은 여러 개의 폴리서피스 가장자리 사이에 다양한 반지름 값을 사용하여 접하는 서피스를 만들고, 트림 실행하여 이를 필렛 서피스에 결합합니다.

❺ 🔷 Cap

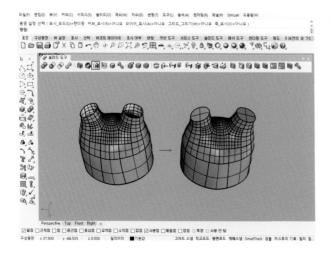

Cap 명령은 평면형 서피스를 구멍 가장자리에 결합시켜 서피스 또는 폴리서피스의 열린 부분을 채웁니다.

⑥ 🗇 ExtractSrf

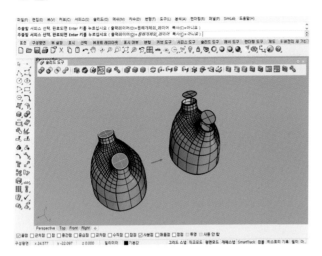

ExtractSrf 명령은 폴리서피스 면을 분리하거나 복사합니다.

⑦ 🗇 SolidPtOn

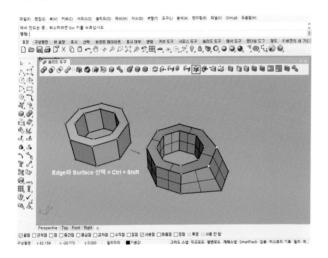

SolidPtOn 명령은 서피스 끝점, 결합된 폴리서피스 가장자리의 제어점을 켭니다.

Lesson 04 개체로 커브 만들기 툴바

Curve from Object 툴바에는 서피스에서 커브를 추출하거나, Isocurve를 통해 커브 및 교차선 등을 추출하거나, U, V 및 도면을 추출할 수 있는 명령어 등이 있습니다.

❶ 🖳 Project

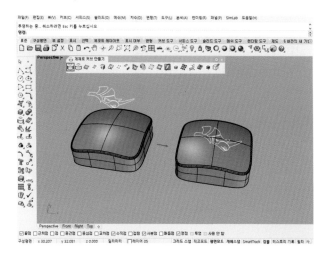

Project 명령은 구성 평면을 향하여 투영된 서피스와 커브, 점의 교차인 서피스에 커브 또는 점을 만듭니다. 현재 작업 창에서 보이는 커브가 그대로 투영됩니다.

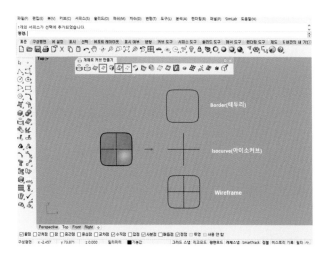

❷ 🖳 DupBorder

DupBorder 명령은 열린 서피스, 폴리서피스, 해치, 메시의 테두리를 복제하는 커브 또는 폴리라인을 만듭니다.

❸ 🖳 ExtractIsoCurve

ExtractIsocurve 명령은 서피스의 지정된 위치에 아이소커브를 복제하는 커브를 만듭니다.

❹ 🖳 ExtractWireframe

ExtractWireframe 명령은 와이어프레임 뷰에 표시되는 서피스, 폴리서피스 아이소커브, 메시 가장자리를 복제하는 커브를 만듭니다.

❺ 🔧 Blend_Perpendicular

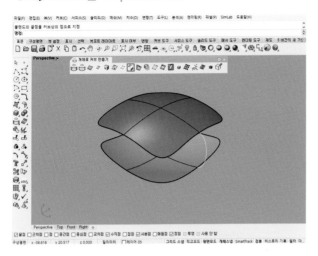

Blend_Perpendicular 명령은 Edge에 수직으로 블랜드 커브를 만듭니다.

❻ 🔷 Intersect

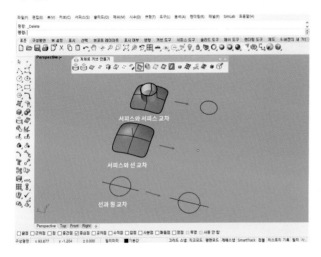

Intersect 명령은 두 개 이상의 커브와 서피스가 서로 교차하는 지점에 점 개체 또는 커브를 만듭니다.

❼ 🔶 Contour

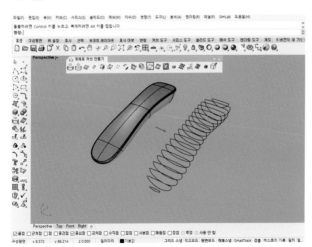

Contour 명령은 커브, 서피스, 폴리서피스, 또는 메시를 통과하는 정의된 절단 평면을 교차한 결과인, 일정한 간격을 둔 일련의 평면형 커브와 점을 만듭니다.

❽ ▣ Silhouette

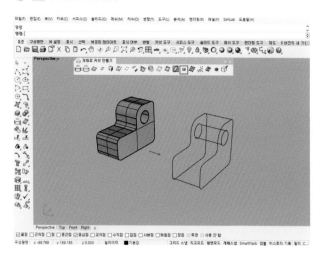

Silhouette 명령은 선택된 서피스, 돌출, 폴리서피스 또는 메시 개체로부터 외곽선 커브를 만듭니다.

❾ ▣ CreateUVCrv

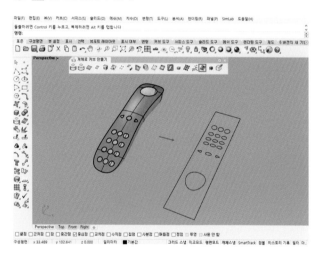

CreateUVCrv 명령은 서피스의 트림되지 않은 경계를 투영하고 커브를 절대좌표 XY 평면 상에 트림합니다. 제어 다각형은 UV 커브의 크기를 결정합니다.

반올림   Control Polygon(제어 다각형)

제어점과 제어점를 잇는 점선입니다.

Control Point(제어점)   Control Polygon(제어 다각형)

❿ 🗊 Make2D

Make2D 명령은 지오메트리를 구성 평면에 투영하여 2D 도면을 만듭니다.

Lesson 05 변형 툴바

이 툴바에는 오브젝트를 회전, 복사, 배열, 크기 조정할 수 있는 명령어들과 솔리드 오브젝트를 변형할 수 있는 다수의 명령어가 있습니다.

❶ SoftMove

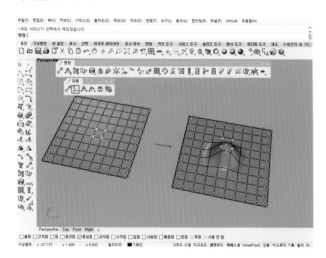

SoftMove 명령은 Falloff 커브로, 이동의 기준 또는 참조 위치에 대하여 상대적으로 개체를 이동합니다.

❷ Orient3Pt

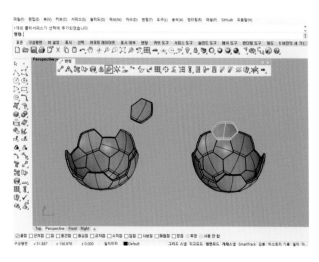

Orient3Pt 명령은 세 개의 참조점과 세 개의 대상점을 사용하여 개체를 복사/이동하고 회전시킵니다.

③ OrientOnSrf

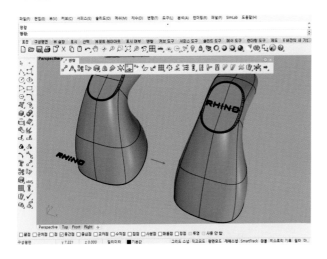

OrientOnSrf 명령은 서피스 법선 방향을 방향의 기준으로 사용하여 서피스 상의 개체를 이동/복사하고 회전시킵니다.

④ OrientOnCrv

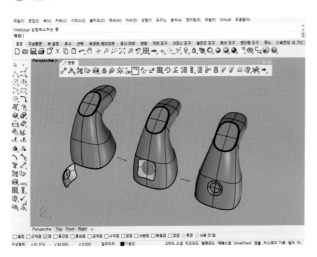

OrientOnCrv 명령은 커브 방향을 방위로 사용하여 커브를 따라 개체를 이동/복사하고 회전시킵니다.

⑤ RemapCPlane

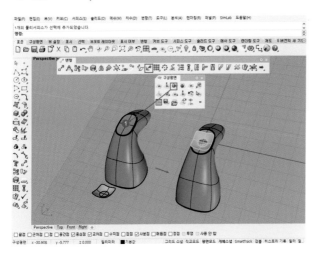

RemapCPlane 명령은 선택된 개체를 다른 구성 평면으로 다시 방위 변형합니다.

⑥ ArrayCrvOnSrf

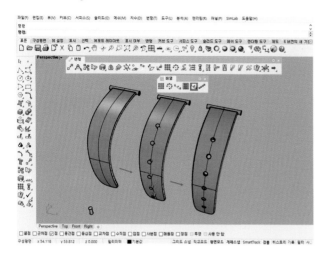

ArrayCrvOnSrf 명령은 서피스 상에 있는 커브를 따라 개체의 복사본을 지정된 간격으로 배열하고 회전시킵니다.

⑦ SetPt

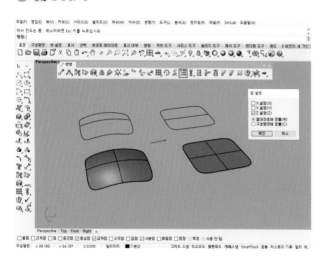

SetPt 명령은 개체를 X, Y, 와/또는 Z 방향으로 지정된 위치로 이동시킵니다.

⑧ Twist

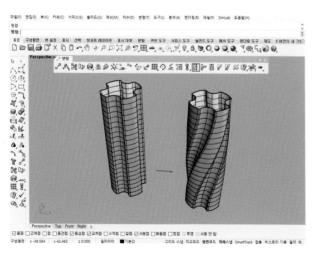

Twist 명령은 축을 중심으로 개체를 회전시켜 변형합니다.

❾ Flow

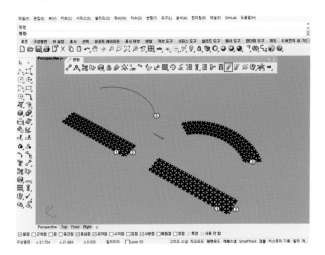

Flow 명령은 기준 커브에서 대상 커브까지 개체 또는 개체 그룹을 다시 정렬합니다.

❿ FlowAlongSrf

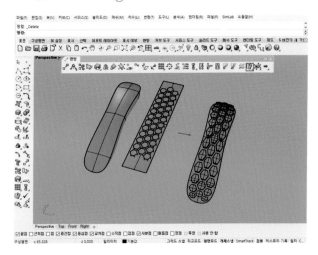

FlowAlongSrf 명령은 원본 서피스에서 대상 서피스로 개체를 모프(morph) 변형합니다.

⓫ CageEdit

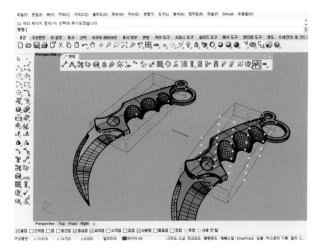

CageEdit 명령은 2차원, 3차원적인 케이지 개체를 사용하여 개체를 매끄럽게 변형합니다.

Lesson 06 분석 툴바

분석 툴바에는 각종 이상 유무를 검사하는 명령과 서피스의 흐름 등을 분석하는 명령어들이 있습니다.

❶ Dir

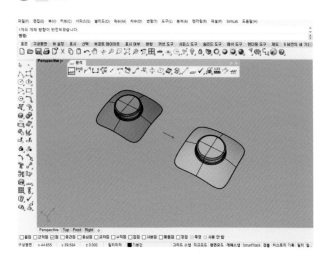

Dir 명령은 방향 분석 제어를 열고, 커브, 서피스, 폴리서피스의 방향을 표시합니다.

❷ CurvatureGraph

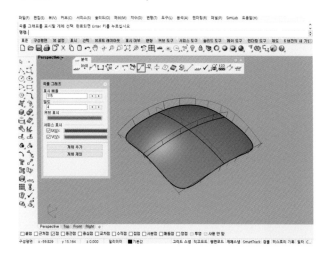

CurvatureGraph 명령은 그래프를 사용하여 곡률을 시각적으로 평가합니다.

❸ 🗂 ShowEdges

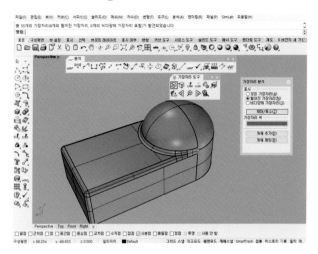

ShowEdges 명령은 서피스, 폴리서피스, 메시의 열린 Edge를 표시합니다.

❹ 📐 SplitEdge

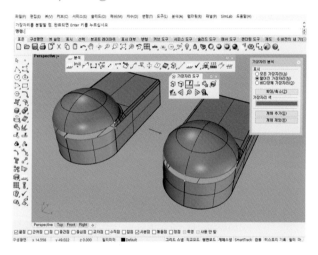

SplitEdge 명령은 지정한 위치에서 서피스 가장자리를 나눕니다.

❺ 🗂 JoinEdge

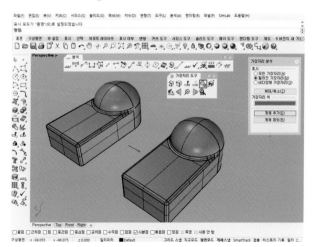

JoinEdge 명령은 허용오차의 범위를 넘는 두 개의 떨어진 가장자리를 결합합니다.

Rhino 3D 6 새 명령

이 장에서는 Rhino 3D 6에 추가된 새 명령어들에 대해서 알아보겠습니다. Rhino 3D 6에서는 오류들이 개선되어 좀 더 편리한 사용이 가능해졌습니다.

❶ AddGuide 튼

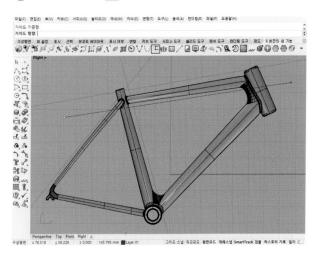

이 명령어는 임시 모델링 보조 기능으로 사용할 수 있는 무한대의 선을 만듭니다. 튼 RemoveGuide 명령으로 보조선을 제거합니다.

❷ AMF 파일 가져오기 / 내보내기

라이노에서 재질 적용

모든 3D 프린터에서 가공되는 3D 객체의 모양과 구성을 기술할 수 있도록 설계된 XML 기반 파일 형식입니다. 이전 모델인 STL 형식과 달리 AMF 는 개체의 색상과 재료에 대한 정보를 가지고 있습니다.

AMF파일과 STL파일 비교

다음 그림은 AMF와 STL 파일을 비교한 것입니다. 금속 재질의 경우 검은색으로 표현되며 플라스틱 재질은 적용된 색상이 표현됩니다.

❸ Catanary ⌣

Catenary 명령은 케이블 또는 사슬이 양쪽 끝에만 고정되어 자체 무게로 인해 아래로 쳐져 매달린 커브, 즉 현수선(양 끝이 고정되어 있는 끈이 중력에 의하여 이루는 자연스러운 곡선)을 그립니다.

Catenary 활용 사슬

❹ CopyLinkedBlock(아이콘화 되지 않았습니다.)

Insert로 불러온 파일을 블록 지정한 후 CopyLinkedBlock 명령으로 복사해 링크합니다.

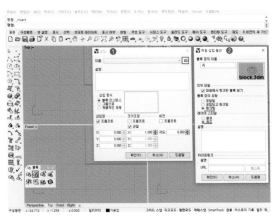

① 🗐 Insert 명령으로 'block.3dm'파일을 불러옵니다. 블록 정의 이름을 A로 하고, 옵션을 그림처럼 체크합니다.

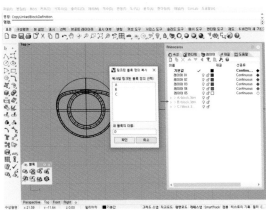

② 명령 프롬프트에 CopyLinkedBlockDefinition를 입력하고 새 블록 이름을 B, C, D 순으로 반복해 복사합니다. 레이어 창에 복사된 블록이 나타납니다. 레이어 색상을 변경합니다.

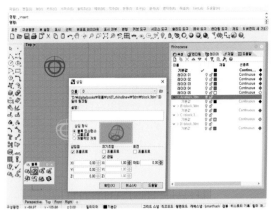

③ Insert 명령으로 이름 항목에 B, C, D 순으로 삽입합니다.

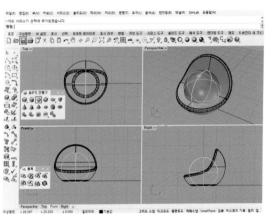

④ 라이노를 새롭게 시작해 'block.3dm' 파일을 불러온 후 Sphere 명령으로 구를 만들고 Save 명령으로 저장합니다.

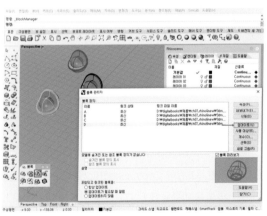

⑤ BlockManager 명령으로 각 블록을 선택하고 '업데이트'를 해줍니다.

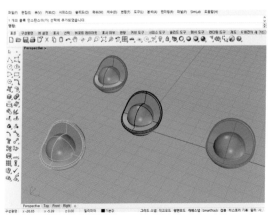

⑥ 복사된 블록이 변경됩니다.

❺ DevLoft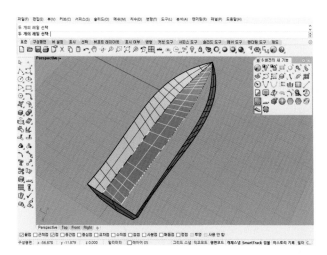

DevLoft 명령은 두 레일 사이에 전개 가능한 단일 서피스를 만듭니다. 결과로 얻은 서피스는 UnrollSrf 명령으로 평면화할 수 있습니다.

DevLoft로 만든 서피스

반올림   Interactive Mode(대화식 모드) 사용 방법

명령어 앞에 하이픈을 입력합니다. 예) -DevLoft

대화식 모드에서는 옵션을 통해 세밀하게 조정하여, 원하는 서피스를 만들 수 있습니다.

■ Rulings(룰링) 직선 긋기. 전개 가능한 서피스 상의 직선 단면을 가로지르는 선입니다. 전개 가능한 서피스는 스트레치 또는 압축 왜곡을 최소화하고, 룰링 선을 따라 구부려 평평한 평면이 될 수 있습니다.

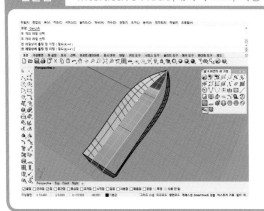

❻ Distribute ⚏

Distribute 명령은 개체를 균일하게 분산시킵니다.

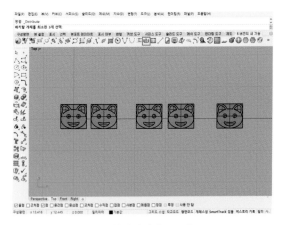

불균등하게 나열된 오브젝트

1️⃣ 불균등하게 오브젝트가 배열된 상태

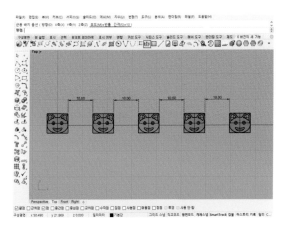

모드 = 빈틈과 간격 = 10 X축 배열

2️⃣ Distribute 명령으로 오브젝트 배열(빈틈 모드)

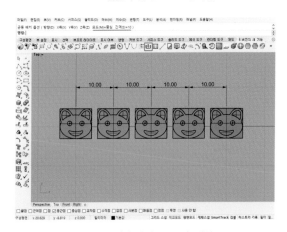

모드 = 중심과 간격 = 10 X축 배열

3️⃣ Distribute 명령으로 오브젝트 배열(중심 모드)

❼ DragStrength 🕐

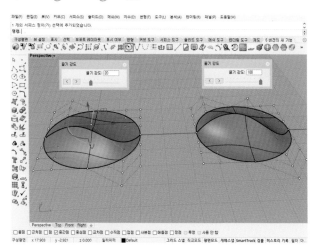

DragStrength 명령은 검볼을 끌어오는 세기를 말합니다. 개체를 마우스로 끌어오는 세기(제어점 포함)를 설정합니다. 수치가 높을수록 많이 당겨집니다.

❽ ExtendSrf 🗔의 강화

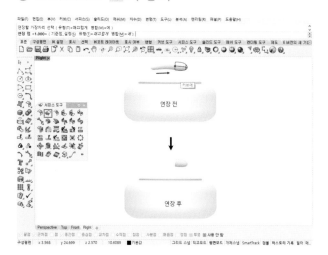

ExtendSrf 명령으로 보다 쉽게 가장자리를 클릭하여 안과 밖으로 끌어 연장시킬 수 있습니다. 또한 추가된 병합 옵션을 통해, 연장(또는 수축)이 별도의 서피스가 될 수 있습니다.

❾ FilletEdge 🔲

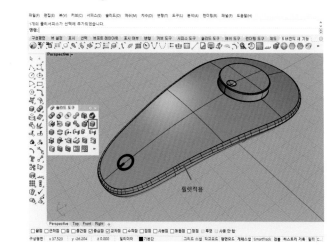

FilletEdge의 필렛을 했을 때는 반지름과 선택을 편집할 수 있습니다. 편집은 필렛 처리된 폴리서피스의 복사본과 파일 내보내기/가져오기에서도 유지됩니다. 또한 필렛 명령이 개선되었습니다.

적용된 필렛을 변경하고자 할 경우에는 Fillet-Edge(편집) 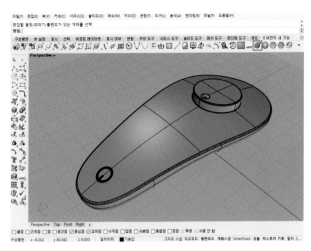 명령으로 리모콘의 몸체를 선택한 후 적용된 엣지의 필렛 반지름을 변경하면 됩니다.

필렛값을 변경 후

❿ FlowAlongSrf

FlowAlongSrf 명령의 새로운 '법선 제한' 옵션을 사용하여 개체를 모프 변형할 때 기본적인 구조를 유지할 수 있습니다. 평면에 있는 개체에 구배를 추가하고 개체의 구배 방향을 유지할 수 있게 되었습니다.

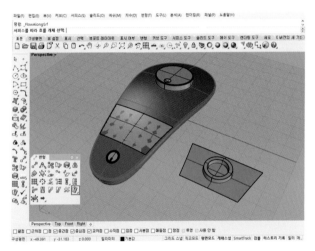

FlowAlongSrf 명령 전

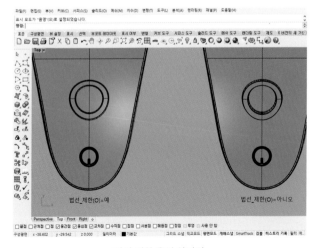

법선 제한 옵션 차이점

⓫ History의 강화

■ MatchSrf 🔧 에서 히스토리 사용

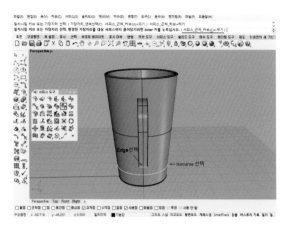

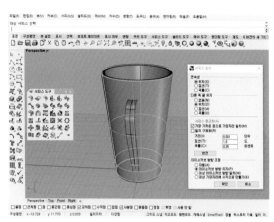

① MatchSrf 명령을 실행하고 손잡이 아랫부분의 엣지를 선택합니다. '서피스 근처 커브(C)=켜기'로 변경한 다음 Isocurve를 선택합니다.

② 옵션은 다음 그림과 같이 체크 한 뒤 명령을 마칩니다.

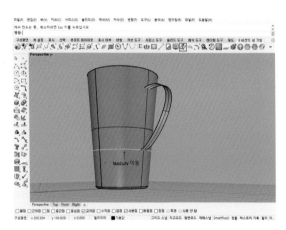

③ MoveExtractedIsocurve 🔧 명령으로 Isocurve를 이동하면 매치된 부분의 손잡이 끝부분도 같이 움직입니다.

■ BlendSrf 🔧 에서 히스토리 사용

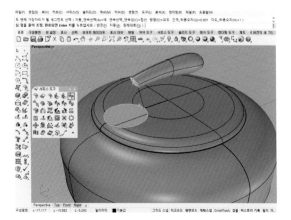

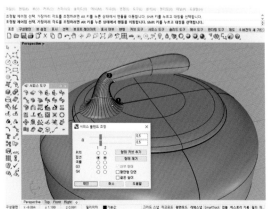

① BlendSrf 명령으로 연결할 두 엣지를 선택합니다.

② 옵션을 설정합니다.

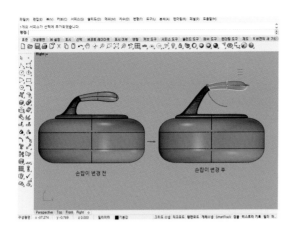

③ 손잡이를 선택하고 검볼을 사용하여 이동하면 블렌드로 생성된 서피스도 함께 움직입니다. 검볼을 사용하여 회전, 스케일도 변경 가능합니다.

⑫ IPlane(InfinitiPlane)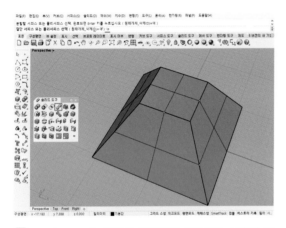

무한 평면(InfinitePlane) 옵션을 사용하면 개체와 무한대로 펼쳐진 어느 한 평면을 교차시켜 점/커브를 얻을 수 있습니다. 단독 명령으로도 쓰이고 BooleanSplit 과 같은 명령과 함께 쓰이기도 합니다.

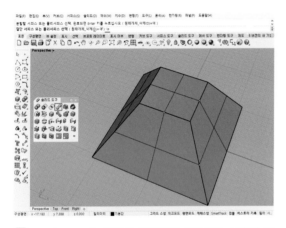

① BooleanSplit 명령을 실행하고 육면체를 선택한 다음 Enter 합니다. ip를 입력하고 Enter 합니다.

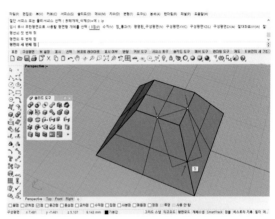

② 옵션 중에 3점(P) 항목을 클릭한 다음 3점을 선택합니다.

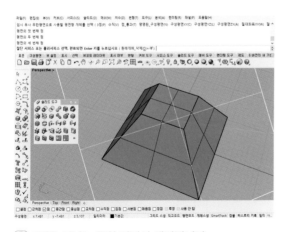

③ 3점을 지나는 무한 평면이 생성됩니다.

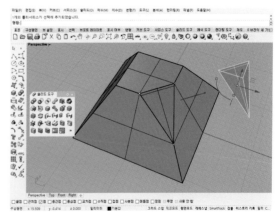

④ 잘린 서피스를 이동시킬 수 있습니다.

⑬ Isolate 🔧

Isolate 명령은 기존 버전에 있었던 '숨기기 반전'을 대체합니다.

⑭ Gumball Extrude(검볼 돌출)

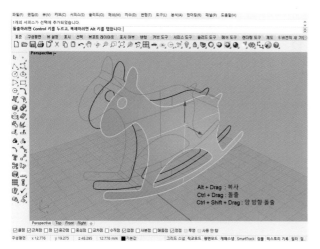

검볼을 사용하여 점 또는 양쪽 변을 돌출시킬 수 있습니다. Point를 선택하여 (Ctrl)+Drag하면 선으로 돌출됩니다.

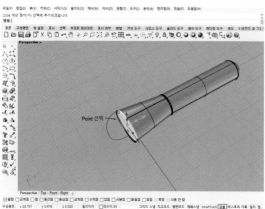

[1] Point를 선택합니다.

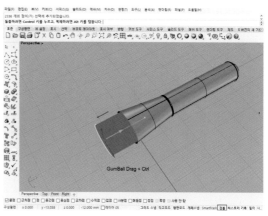

[2] 검볼로 Point를 이동하고 (Ctrl) 키를 누릅니다.

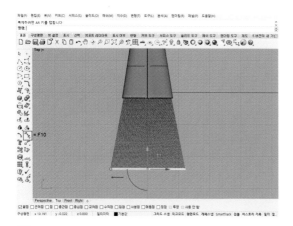

[3] 선의 제어점을 켜고 검볼의 크기 조정 핸들로 크기를 늘립니다.

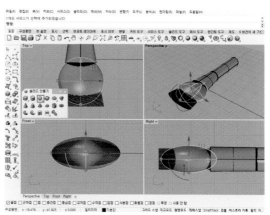

[4] 🔵 Sphere 명령어로 구를 그리고 검볼을 활용해 크기를 줄입니다.

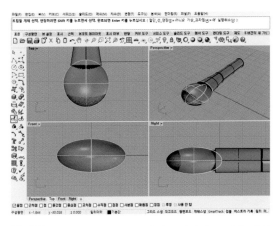

[5] Trim 명령으로 구를 경계로 튀어나온 선을 지워 줍니다. 구는 지웁니다.

[6] Pipe 명령으로 선을 선택하고 파이프를 만듭니다.

⑮ MeshFromLines

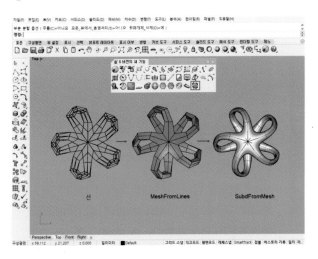

MeshFromLines 명령은 교차하는 선으로 메시를 만듭니다.

선   MeshFromLines   SubdFromMesh

Q&A   SubdFromMesh 명령은 어디에 있나요?

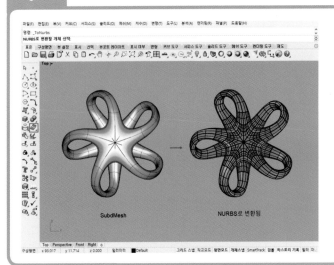

SubdMesh   NURBS로 변환됨

MeshFromLines과 SubdFrom-Mesh 명령은 기존의 T-Splines에 있던 명령어로, Rhino 3D 6 버전에 추가되었습니다. Rhino 3D 6 WIP(개발 버전) 당시에는 명령 프롬프트에서 명령어 앞 단어만 입력하면 자동 완성되었으나 SubdFromMesh 명령은 그 설정에서 제외되어서 명령어를 모두 입력한 상태에서 (Enter)해야 실행됩니다.

다음 버전인 Rhino 3D 7에 다양한 기능이 포함될 예정입니다. SubdMesh는 ToNurbs 명령으로 NURBS로 바뀝니다.

⑯ OneView ▣

OneView 명령은 하나의 창에서 모델링하는 방식에 적합하게, 활성화시킨 구성 평면을 절대좌표 Top, Bottom, Front, Right, Left, Back에 설정할 수 있습니다. 이 모드는 뷰포트를 최대화된 Perspective 뷰로 자동 설정합니다. 뷰를 회전하여 절대좌표 구성 평면의 평면 뷰, 절대좌표 Top, Bottom, Front, Right, Left, Back에 가까이 가면, 해당 뷰와 연결된 구성 평면이 활성화됩니다.

⑰ OffsetMultiple 〰

OffsetMultiple 명령은 여러 커브를 복사하여, 복사된 커브 상의 모든 위치가 원래 커브로부터 지정된 거리로 떨어지게 합니다.

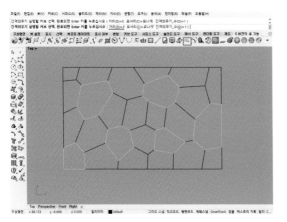

1️⃣ OffsetMultiple 실행 후 옵셋하고자 한 선을 모두 선택합니다.

2️⃣ 폐곡선의 안쪽을 클릭하면 안쪽으로 옵셋됩니다.

⑱ Picture ▣

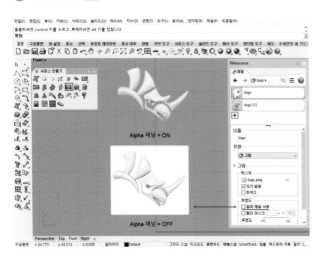

Picture 명령은 기존의 BackgroundBitmap 명령과 PictureFrame 명령을 대체하며, 자체적인 간단한 재질 유형을 갖췄습니다.

⑲ PointCloudContour(아이콘화 되지 않았습니다)

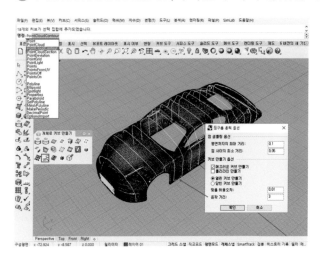

PointCloudContour 명령은 점 또는 점 구름 개체와 평면을 교차시켜 평면형 커브를 만듭니다. 유사 명령은 PointCloudSection 명령입니다.

⑳ RemoveAllNakedMicroEdges

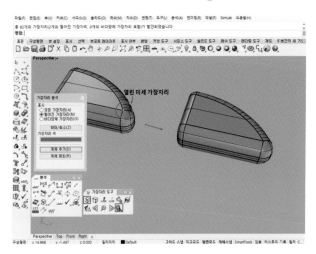

RemoveAllNakedMicroEdges 명령은 크기가 매우 작은, 떨어진 단일 가장자리를 제거합니다. 이러한 가장자리는 연산 오류를 일으키는 원인 중의 하나입니다. 열린 Edge의 확인은 ShowEdges 명령으로 열린 미세 가장자리를 확인하고 RemovedAllNakedMicroEdges 명령으로 열린 미세 가장자리를 메꾸어 줍니다.

㉑ ShowEnds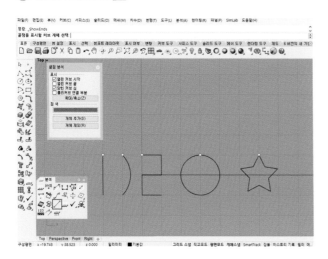

ShowEnds 명령은 끝점 분석 제어를 열고, 커브의 끝점을 표시합니다.

㉒ Thickeness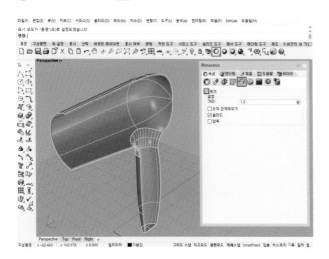

Thickeness 명령은 선택된 개체의 두께 속성을 관리합니다. Properties 명령의 개체 속성 명령어 중 하나입니다. 쉐이드나 랜더링 시 보이는 두께 입니다.

㉓ ViewCaptureTo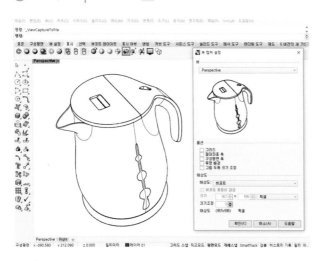

ViewCaptureToFile 명령은 현재 뷰의 이미지를 파일로 저장합니다.

■ 그 밖의 개선된 점들

· ReduceMesh 입력 메시의 감소를 더 많이 제어할 수 있게 되었습니다.
· 더 많은 명령에서 히스토리가 지원됩니다. 지원 되는 명령은 아래와 같습니다.

> BlendSrf
> Bounce
> ChamferSrf
> FilletSrf
> InterpCrvOnSrf
> MatchSrf
> MoveExtractedIsocurve
> VariableFilletSrf

· 부울 연산이 같은 위치를 공유하는 면에서 더욱 안정적으로 실행됩니다.
· STEP 가져오기 기능이 완전히 새롭게 작성되어 폴리서피스 지원이 향상되었습니다.

반올림　시작하기 전에 읽어두기

1 마우스 사용법

■ LMB(Left Mouse Button, 마우스 왼쪽 버튼)

오브젝트를 선택
Shift + 오브젝트 선택 ⇨ 오브젝트 추가 선택
Ctrl + 오브젝트 선택 ⇨ 선택 오브젝트 해제

■ RMB(Right Mouse Button, 마우스 오른쪽 버튼)

이전 명령 실행 또는 작업 마침
Pan(화면 이동) Perspective 뷰에서는(회전)

■ MMB(Middle Mouse Button, 마우스 가운데 버튼, 휠 버튼)

화면 확대/축소
Popup 메뉴

2 오브젝트 선택방법

■ Window Box(창 상자)　　LMB + 드래그(좌측에서 우측으로 드래그)

실선으로 표시되며 오브젝트가 포함되어야 선택됩니다.

■ Crossing Box(교차 상자)　LMB + 드래그(우측에서 좌측으로 드래그)

점선으로 표시되며 오브젝트가 점선에 걸치기만 해도 선택됩니다.

■ 추가 선택　　　　　　　Shift 키 누름
■ 선택 해제　　　　　　　Ctrl 키 누름

③ 자주 쓰는 단축키

Esc	작업 취소		F1	도움말 보기
Ctrl + N(New)	새로운 작업 시작		F2	History 보기
Ctrl + O(Open)	파일 열기		F3	Object Properties(객체 특성보기)
Ctrl + S(Save)	파일 저장		F7	Grid On, Off(격자 켜기/끄기)
Ctrl + C(Copy)	복사		F10	Control Points On(제어점 켜기)
Ctrl + V(Paste)	붙여넣기		F11	Control Points Off(제어점 끄기)
Ctrl + A(All)	모두 선택			
Ctrl + Z(Undo)	작업취소			

④ 자주 쓰는 용어 이해하기

Surface(면)	서피스 폴리곤은 Face라 부릅니다.
CP(Control Point, 제어점)	폴리곤은 Vertex라 부릅니다.
Solid(솔리드)	닫힌 오브젝트
Polysurface(폴리서피스)	두 개 이상 붙어있는 서피스
Object(객체)	라이노에서 사용되는 점, 선, 면 등을 통틀어 객체라 부릅니다.
Osnap(오스냅)	Object Snap
CPlane(Construction Plane)	작업 평면
Click(마우스 왼쪽 버튼 누름)	주로 선택하는 기능
Enter(마우스 오른쪽 버튼 기능)	키보드의 Space Bar도 같은 기능

⑤ 라이노 예제파일은 각 챕터의 3dm 폴더에 이미지는 image 폴더에 있습니다.

⑥ 영상강좌 일정은 http://cafe.naver.com/rhino3dworld 카페에 공지됩니다.

Chapter

7

Drip Server 만들기

이 장에서는 기초 명령을 활용하여 드립 서버의 각 부위를 만드는 방법을 다룹니다.

회전 명령과 간단한 편집하기

Revolve(회전) 명령을 이해하고 서피스를 편집하고 두께 주는 방법에 대해서 알아보겠습니다.

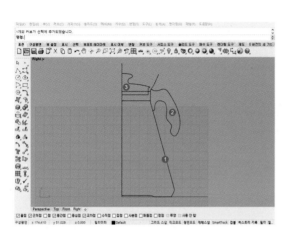

1 📂 클릭 후 (ch08/3dm/01.3dm) 파일을 불러옵니다. 그림처럼 세 부분으로 되어 있습니다.

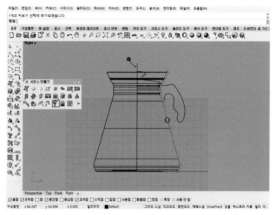

2 🍶 Revolve 명령으로 ❶번 커브를 Right 뷰에서 회전시켜줍니다.

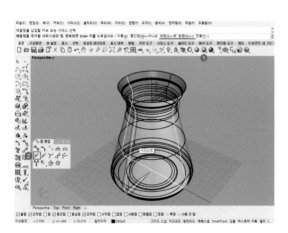

3 🔘 Shade(음영) 명령을 실행합니다. 서피스 안과 밖의 색상이 구별되어 표시됩니다. ✏️ InsertKnot 명령으로 Isocurve를 추가합니다. 대칭=예, 방향=V로 설정합니다.

서피스의 안과 밖의 색상은 어떻게 설정하나요?

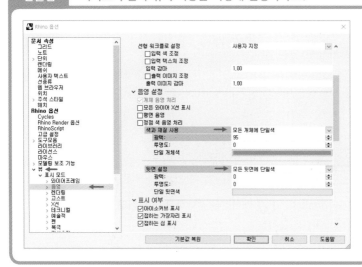

❀ Options 명령을 실행한 후 Rhino 옵션 창에서 다음과 같이 설정합니다.

뷰 > 음영에서 우측 항목의 화살표 부분을 다음과 같이 설정해 색상을 변경합니다.

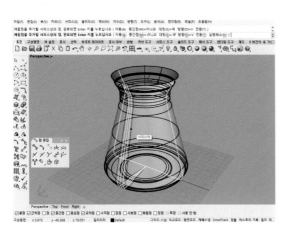

④ ✐ InsertKnot 명령을 재실행하여 Isocurve를 한 번 더 추가합니다. 위치는 그림을 참고하세요.

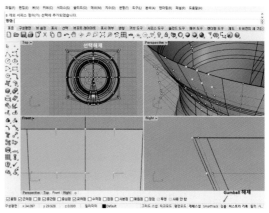

⑤ 서피스를 선택하고 F10을 누르면 Control Points (제어점)가 나타납니다. Front 뷰에서 제어점을 마우스로 드래그해 선택합니다. Top 뷰에서 보면 뒤쪽 제어점도 선택되었습니다. Ctrl 키를 누른 상태에서 뒤쪽 제어점을 드래그해 선택 해제합니다. 제어점 선택 시 Gumball이 방해가 될 때가 있습니다. 이때는 상태바에서 Gumball을 Off합니다.

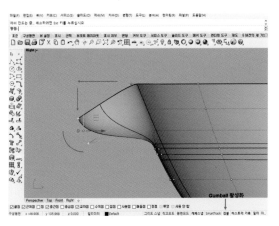

⑥ Gumball을 활성화하고 Right 뷰에서 Gumball을 이동해서 제어점을 이동시킵니다.

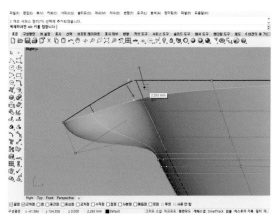

⑦ 제어점을 선택하고 약간 아래로 이동시킵니다.

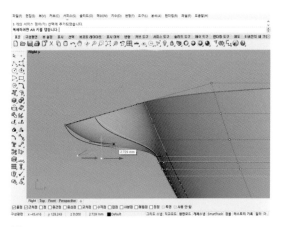

⑧ 제어점을 선택하고 이동시켜 서피스의 형태를 만들어 갑니다.

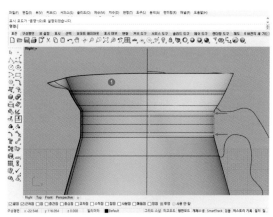

⑨ ❶ 서피스를 선택하고 Ctrl + C를 눌러 복사합니다. Osnap을 끝점 체크합니다. Split 명령으로 화살표 지점을 클릭해 서피스를 자릅니다.

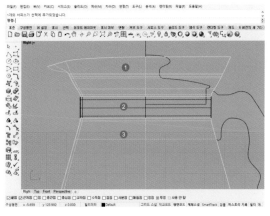

⑩ 서피스가 3등분되었습니다. ❶과 ❸ 서피스는 지웁니다.

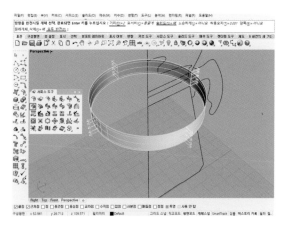

⑪ OffsetSrf 명령을 실행하고 서피스를 선택합니다. 옵션을 변경해 두께를 줍니다. 하얀 화살표가 안쪽으로 되어 있을 때는 모두 반전(F)을 선택하면 됩니다.

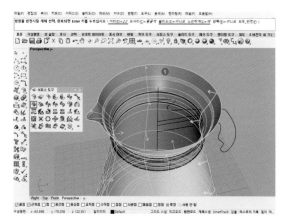

⑫ Ctrl + V (붙여넣기)합니다. OffsetSrf 명령을 다시 실행해 ❶번 서피스를 선택하고 옵션을 체크합니다. 화살표는 안쪽을 향하게 합니다.

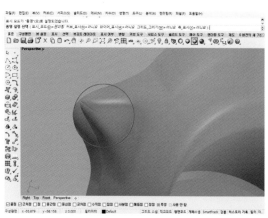

⑬ 🔘 Shade 실행한 뒤 확대한 부위를 보면 서피스 접합 부위가 각져 있을 것입니다.

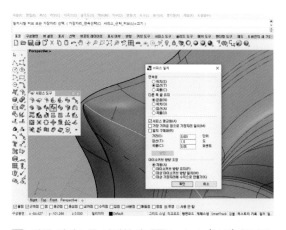

⑭ 안쪽 서피스를 선택한 후 🔽 Explode(분해) 합니다. 🔽 MatchSrf 명령을 실행해 맞닿은 부분의 엣지를 두 번 선택합니다. 옵션을 변경하고 확인 버튼을 누릅니다.

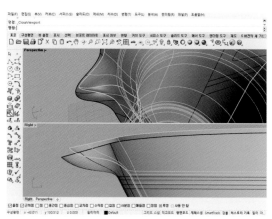

⑮ 안쪽 두 서피스를 선택하고 🧩 Join 명령을 실행합니다. 각진 부분을 다시 확대해 보면 매끄럽게 변경되었을 것입니다. Right 뷰에서 보면 안쪽 서피스가 높다는 걸 알 수 있습니다.

Q&A 🔽 OffsetSrf 명령하면 왜 서피스가 튀어나오게 되나요?

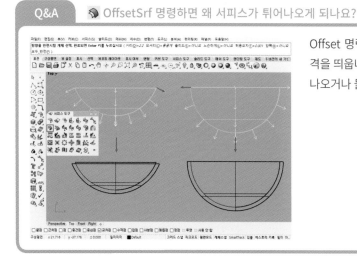

Offset 명령은 Normal(법선) 방향을 기준으로 간격을 띄웁니다. Normal 방향에 따라 서피스가 튀어나오거나 들어가기도 하고 수평이 되기도 합니다.

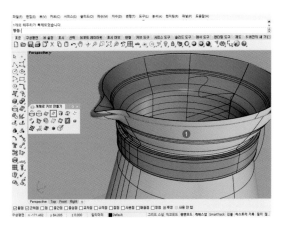

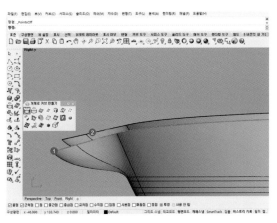

16 ❶번 서피스를 선택하고 🔲 DupBorder 명령으로 경계면의 엣지를 커브로 추출합니다.

17 Right 뷰에서 🔲 Project(투영) 명령으로 ❶번 커브를 선택하고 ❷번 서피스에 커브를 투영합니다.

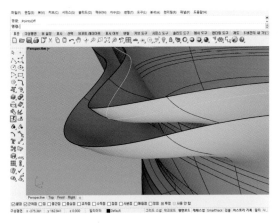

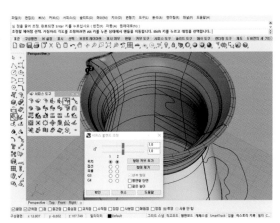

18 🔲 Trim 명령 후 커브를 선택하고 Enter를 누릅니다. 커브의 위쪽 면을 선택해 튀어나온 서피스를 지웁니다.

19 🔲 BlendSrf 명령으로 ❶과 ❷ 엣지를 선택해 서피스를 연결합니다. 옵션 창에서 위치를 체크하면 평면으로 연결됩니다.

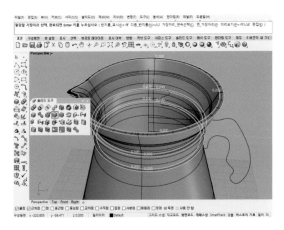

20 🔲 FilletEdge 명령 후 필렛값을 0.2mm로 설정하고 엣지를 선택해 필렛을 줍니다.

뚜껑과 손잡이 만들기

BooleanDifference 명령으로 솔리드를 만들고 마무리하는 방법에 대해 알아봅니다.

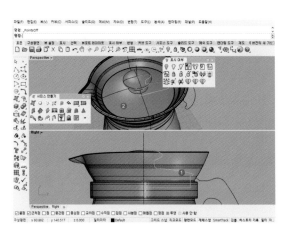

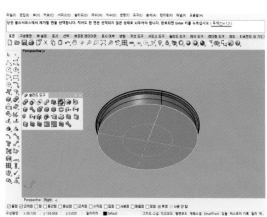

21 🔦 Revolve(회전) 명령으로 ❶번 커브를 선택하고 Right 뷰에서 회전시킵니다. 생성된 ❷번 서피스를 선택하고 🔦 Isolate 명령으로 나머지 오브젝트는 보이지 않게 합니다.

22 🔷 Shell(두께) 명령으로 아랫면을 선택해 두께를 1.5mm 줍니다.

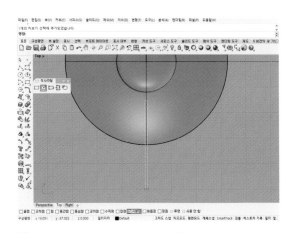

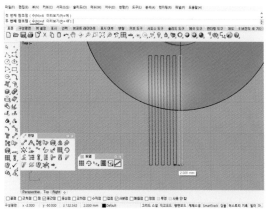

23 Top 뷰에서 Osnap(사분점)을 체크합니다. ⬚ Rectangle 명령으로 사각형을 그려줍니다.

24 Osnap(중간점)을 체크합니다. 🏹 ArrayLinear 명령으로 사각형을 좌측으로, 2mm 간격으로 6개 배열합니다.

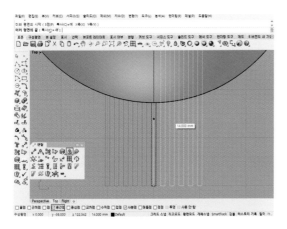

25 Mirror 명령으로 커브를 선택해 대칭 복사합니다.

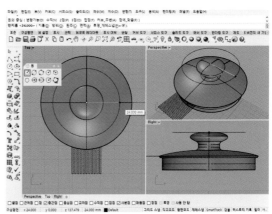

26 Top 뷰에서 Circle 명령으로 반지름이 24mm인 원을 만듭니다.

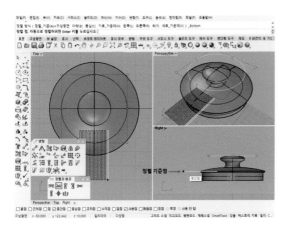

27 원과 배열된 사각형 모두를 선택하고 명령으로 Rhigt 뷰에서 아래 정렬합니다.

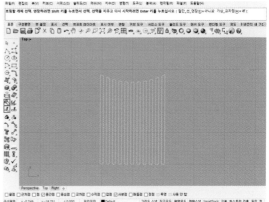

28 서피스를 선택하고 Hide 명령으로 선택된 서피스를 숨깁니다. 원과 사각형만 남은 상태에서 Trim 명령으로 필요 없는 부분을 지우고 Join 명령으로 커브들을 결합합니다.

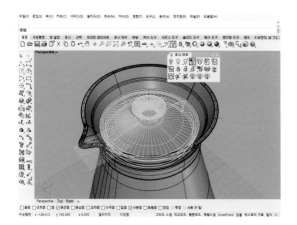

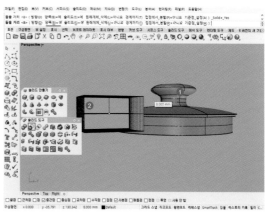

29 💡 Show 명령으로 오브젝트가 모두 보이게 합니다. 뚜껑과 사각형을 선택하고 💡 Isolate 명령을 실행합니다.

30 📦 ExtrudeCrv 명령으로 커브들을 양방향으로 8mm 정도 돌출시킵니다. ⚙ BooleanDifference 명령으로 ❶번 솔리드에서 돌출된 ❷번 솔리드를 빼줍니다.

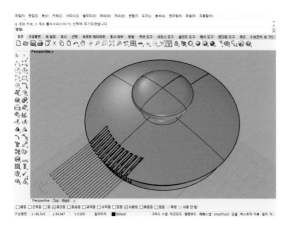

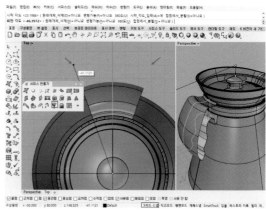

31 결과물을 확인하고 💡 Show 명령으로 오브젝트가 모두 보이게 합니다.

32 그리드 스냅을 체크합니다. Top 뷰에서 💡 Revolve 명령을 선택하고 손잡이 선을 중심점에서 회전시켜 서피스를 만듭니다.

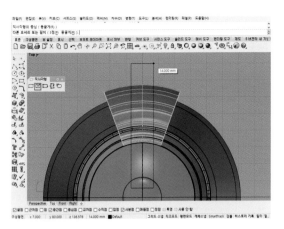

③③ ▢ Rectangle 명령으로 사각형을 그려줍니다.

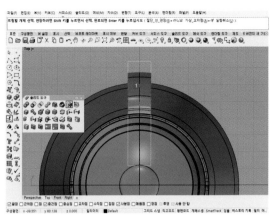

③④ ◿ Trim 명령으로 사각형의 바깥 면을 선택해 지웁니다. ❶번 서피스를 선택하고 🗗 Cap 명령으로 열린 서피스를 평면으로 닫아줍니다.

③⑤ 🔷 FilletEdge 명령으로 반지름을 0.5mm로 설정하고 엣지를 선택해 필렛을 줍니다.

③⑥ 🌀 SelCrv 명령으로 모든 커브를 선택합니다. 🔽 Layer를 활성화시킵니다. 레이어를 선택하고 마우스 오른쪽 버튼을 누릅니다. '개체 레이어 변경'을 선택한 후 레이어를 Off합니다.

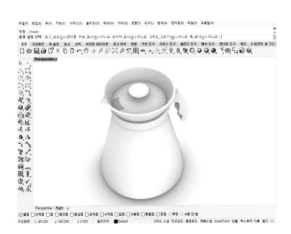

③⑦ ⬤ Shade 명령으로 렌더링 모드를 실행합니다.

Memo

Chapter

8

Game Controller 만들기

이 장에서는 기초 명령을 활용하여 Game Controller를 만드는 방법에 대해서 알아보겠습니다.

손잡이 만들기

Paraboloid 명령을 활용하여 Game Controller 손잡이를 만드는 방법에 대해서 알아보겠습니다.

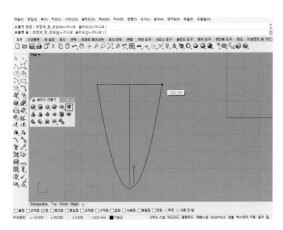

① 🛡 Paraboloid 명령으로 오브젝트를 생성합니다.

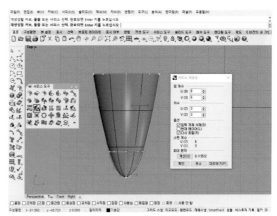

② 서피스를 선택하고 🛠 Rebuild 명령으로 서피스의 점 개수와 차수를 변경합니다.

예제 파일(ch09/3dm/01.3dm)을 오픈합니다.

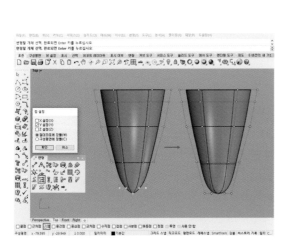

③ Top 뷰에서 Osnap(점)을 체크합니다. CP(제어점)를 드래그해(좌측) 선택합니다. 🔘 SetPt 명령으로 제어점을 Y축 방향으로 끝점에 맞춥니다.

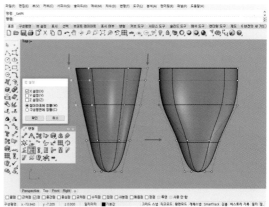

④ 제어점을 선택합니다. 🔘 SetPt 명령으로 제어점을 X축 방향으로 설정하고 화살표의 끝점으로 제어점을 이동합니다. 우측 제어점도 같은 방식으로 이동시켜줍니다.

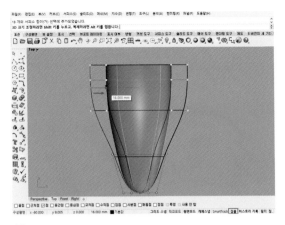

⑤ 제어점을 선택하고 검볼을 체크합니다. 크기 조정점을 X축으로 드래그해 크기를 줄입니다.

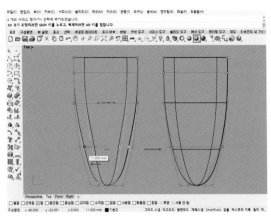

⑥ Wireframe 모드로 설정하고 제어점을 선택합니다. 크기 조정점을 좌측으로 약간 이동시켜 서피스가 자연스럽게 보이도록 합니다.

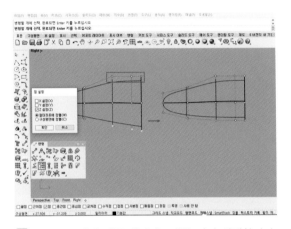

⑦ Right 뷰에서 위쪽 제어점 3개를 먼저 선택합니다. SetPt 명령으로 제어점을 Z축 방향으로 설정하고 제어점 3개를 수평으로 맞춥니다. 아래 제어점 3개도 수평으로 맞춰줍니다.

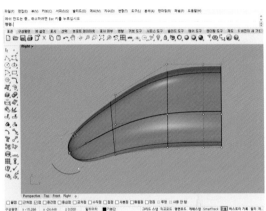

⑧ Right 뷰에서 제어점을 선택합니다. 검볼을 활용해 이동 회전하여 변형시켜줍니다.

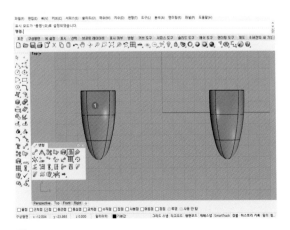

⑨ Mirror 명령으로 ❶번 서피스를 선택하고 원점을 기준으로 대칭 복사합니다.

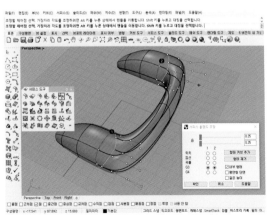

⑩ Perspective 뷰에서 BlendSrf 명령을 활용해 ❶과 ❷서피스의 엣지를 연결합니다. 옵션을 변경합니다.

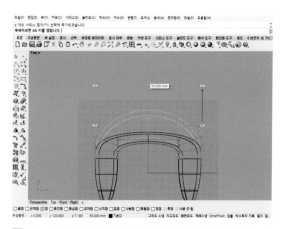

11 Top 뷰에서 제어점을 선택합니다. 검볼을 활용해 Y축 방향으로 55mm 이동합니다.

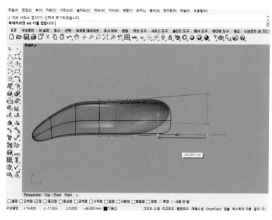

12 Right 뷰에서 제어점을 선택합니다. 검볼을 활용해 좌측으로 −46mm 이동합니다.

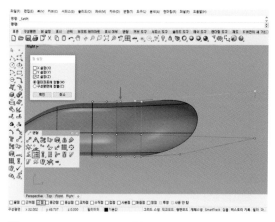

13 제어점을 선택합니다. SetPt 명령에서 Z축을 설정하고 화살표가 가리키는 제어점에 앞서 선택한 제어점을 이동시켜 수평하게 맞춥니다.

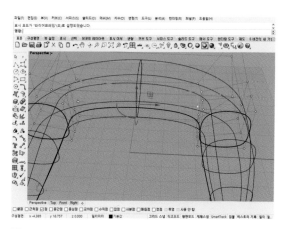

14 Wireframe 모드로 설정하고 제어점을 선택합니다.

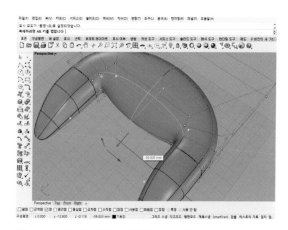

15 제어점을 선택하고 검볼을 Y축 방향으로 −59mm 이동시킵니다.

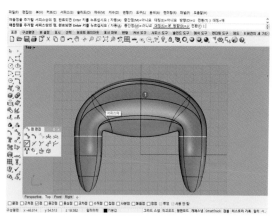

16 Top 뷰에서 ❶번 서피스를 선택합니다. Insert-Knot 명령으로 제어점을 대칭한 U방향으로 추가합니다.

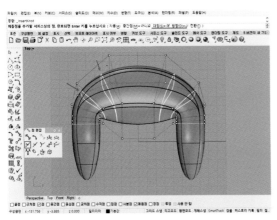

⑰ 다시 한 번 ✐ InsertKnot 명령으로 제어점을 대칭한
U 방향으로 추가합니다.

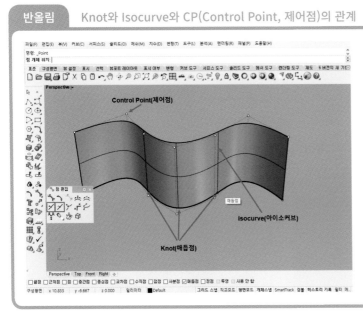

knot(매듭점)와 Isocurve 커브는 항
상 같은 위치에 존재하며 그 위치에
CP도 생성됩니다.

만약 Knot를 지우면 Isocurve와 CP
도 지워집니다. 셋은 항상 같이 존재
합니다. InsertKont와 Remove-
Knot가 이와 관련된 명령어입니다.

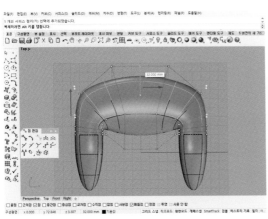

⑱ 제어점을 선택하고 검볼을 Y축 방향으로 32mm 이
동시킵니다.

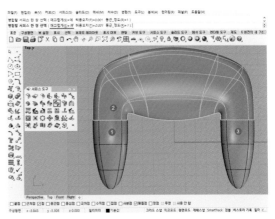

⑲ ⟱ MergeSrf 명령으로 ❶과 ❷서피스를 병합합니다.

Lesson 02　버튼 만들기

기본 명령을 활용하여 Game Controller의 버튼을 만드는 방법에 대해서 설명하겠습니다.

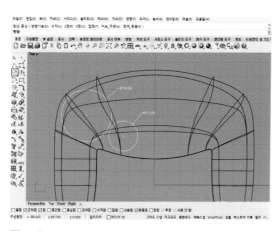

[20] 🔘 명령으로 Wireframe 모드로 변경합니다. ⏱️
Circle 명령으로 두 개의 원을 만듭니다.

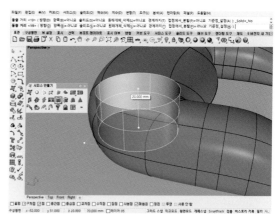

[21] 🔲 Extrude 명령으로 원을 20mm 돌출시킵니다.

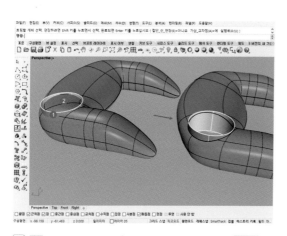

[22] 🔧 Trim 명령으로 ❶번 서피스를 선택하고 Enter 한
뒤 ❷번 서피스 지점을 선택해 안쪽 면을 지웁니다.

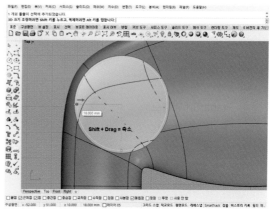

[23] Top 뷰에서 돌출된 서피스를 선택합니다. 검볼의 크
기 조정자를 Shift + Drag해 축소합니다.

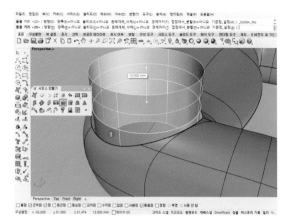

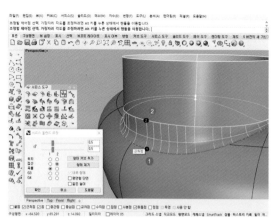

24 🗐 Extrude 명령으로 ❶번 서피스의 엣지를 선택해 12mm 돌출시킵니다. ❶번 서피스는 지웁니다.

25 🗐 BlendSrf 명령으로 ❶번 서피스 엣지와 ❷번 서 피스의 엣지를 선택하고 서피스를 연결합니다. 옵션을 변 경합니다. ❷번 서피스는 지웁니다.

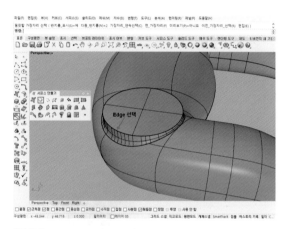

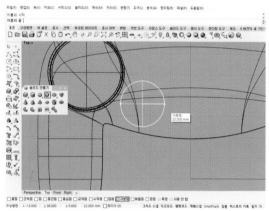

26 🗐 PlanarSrf 명령으로 엣지를 선택해 평면으로 만들 어줍니다. 🗐 Join 명령으로 모든 서피스를 결합합니다.

27 그리드 스냅과 사분점을 선택합니다. 원 위에 🗐 Sphere 명령으로 Top 뷰에서 구를 듭니다.

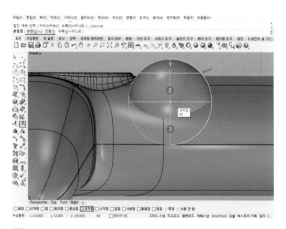

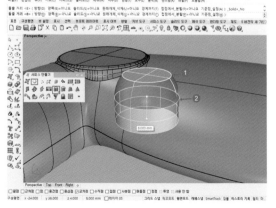

28 오스냅(교차점)을 선택합니다. Front 뷰에서 화살표 지점을 클릭해 🗐 Split 명령으로 구를 U 방향으로 자릅 니다. ❶과 ❸ 서피스는 지웁니다.

29 Perspective 뷰에서 🗐 PlanarSrf 명령을 통해 ❶번 엣지를 평면으로 만듭니다. 🗐 Extrude 명령으로 ❷번 엣지를 8mm 아래로 돌출시킵니다.

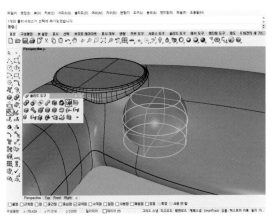

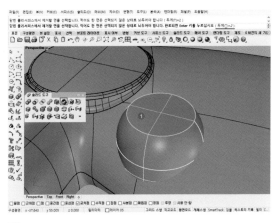

30 두 면을 선택하고 🔧 Join 명령으로 결합합니다. 결합된 면을 선택하고 📦 Cap 명령으로 열린 평면을 닫아 줍니다.

31 📦 Shell 명령으로 ❶번 서피스를 선택하고 두께 =2mm로 설정합니다.

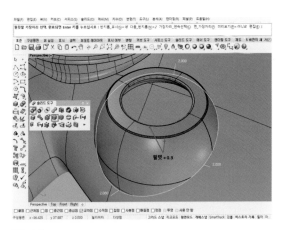

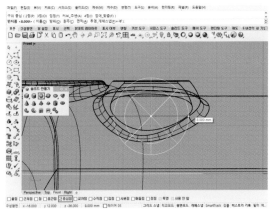

32 📦 BooleanUnion 명령으로 두 오브젝트를 선택해 하나의 오브젝트로 합쳐 줍니다. 📦 Fillet-Edge 명령으로 엣지를 선택해 각각 0.3과 2mm 필렛을 줍니다.

33 Front 뷰에서 오스냅(중심점)을 선택합니다. 🔵 Sphere 명령으로 반지름이 8mm인 구를 만듭니다.

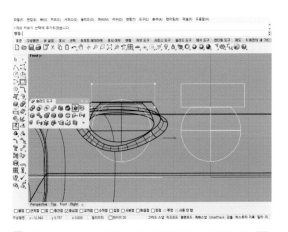

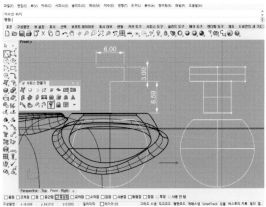

34 ▭ Rectangle 명령으로 사각형을 그려줍니다. ✂ Trim으로 사각형 안쪽의 구를 지워 줍니다. 잘린 구를 선택한 다음 📦 Cap 명령으로 닫아줍니다.

35 중심점에서 ⅄ Polyline 명령으로 선을 그리고 3mm 이동시켜 중심축이 맞도록 맞춰줍니다. 💡 Revolve 명령으로 선을 회전시킵니다.

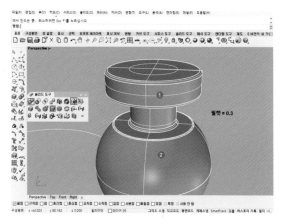

㊱ BooleanUnion 명령으로 ❶과 ❷서피스를 선택해 하나의 오브젝트로 합쳐줍니다. Fillet-Edge 명령으로 엣지를 선택해 0.3mm 필렛을 줍니다. 합쳐진 오브젝트를 Cap 명령으로 닫아줍니다.

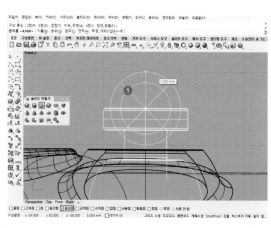

㊲ Front 뷰에서 오스냅(중심점)을 선택합니다. Sphere 명령으로 반지름이 5mm인 구를 만듭니다.

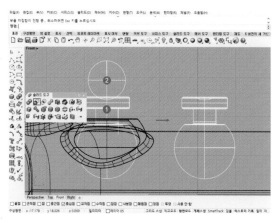

㊳ 구를 1mm 정도만 교차되게 위로 이동시킵니다. BooleanDifference 명령으로 ❶번 서피스에서 ❷번 구를 빼줍니다.

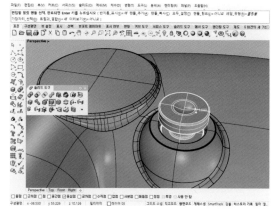

㊴ FilletEdge 명령으로 위쪽 엣지를 선택하고 1mm 필렛을 줍니다.

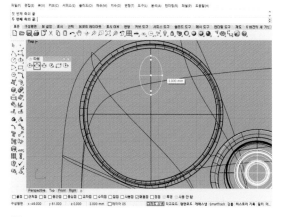

㊵ Top 뷰에서 그리드 스냅이 선택된 상태에서 Ellipse 명령으로 5, 3mm인 타원을 만듭니다.

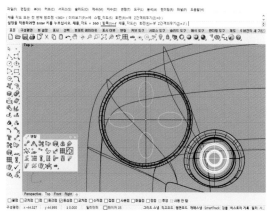

㊶ ArrayPolar 명령으로 타원을 선택하고 중심점에서 원형 배열을 4개 합니다.

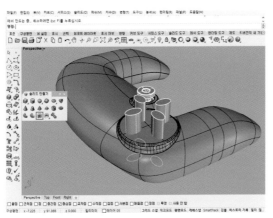

[42] Extrude 명령으로 4개의 타원을 돌출시킵니다.

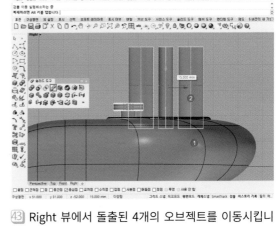

[43] Right 뷰에서 돌출된 4개의 오브젝트를 이동시킵니다. BooleanIntersection 명령을 실행하고 ❶번 오브젝트를 선택해 Enter한 후 ❷번 4개 오브젝트를 선택해서 교차된 부분을 자릅니다.

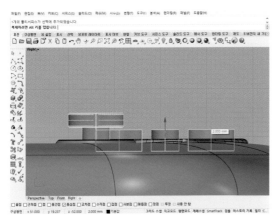

[44] 필요 없는 위쪽 4개의 오브젝트를 지웁니다. 교차되어 잘린 오브젝트를 Z축 방향으로 2mm 올립니다.

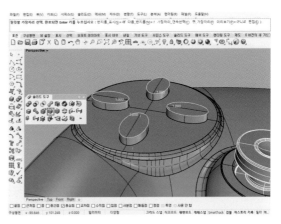

[45] FilletEdge 명령으로 엣지를 선택해 1mm 필렛을 줍니다

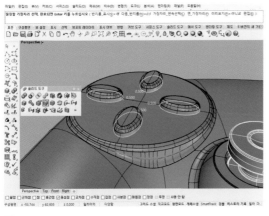

[46] FilletEdge 명령으로 엣지를 선택해 0.5mm 필렛을 줍니다.

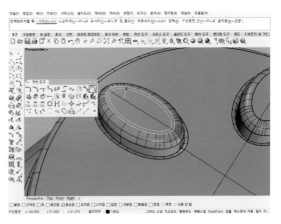

[47] Offset 명령으로 엣지를 선택해 안쪽으로 0.3mm 띄웁니다.

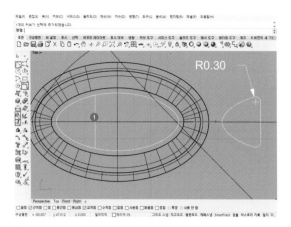

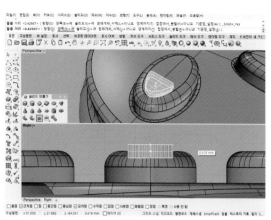

48 Top 뷰에서 오스냅(근처점, 교차점)을 선택합니다. ⏶ Polyline 명령으로 ❶번 선을 그려 줍니다. ✂ Trim 명령으로 ❶번 선의 오른쪽 부분의 타원 커브를 지웁니다. ⬡ Join 명령으로 선을 결합한 후 ⏋ Fillet 명령으로 모서리를 0.3mm 필렛합니다.

49 ⬛ Extrude 명령으로 양쪽 방향으로 0.4mm 돌출시킵니다.

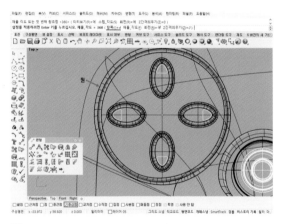

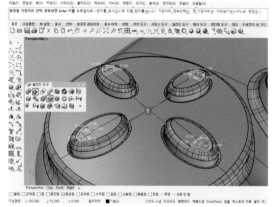

50 Top 뷰에서 돌출된 오브젝트를 ⬡ Array-Polar 명령으로 중심점에서 4개 원형 배열합니다.

51 ⬤ BooleanDifference 명령으로 ❶번 오브젝트에서 위에서 원형 배열한 4개의 오브젝트를 빼줍니다. ⬡ FilletEdge 명령으로 엣지를 선택해 0.1mm 필렛을 줍니다.

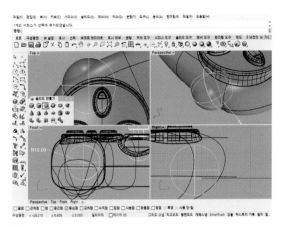

52 Front 뷰에서 ⬤ Sphere 명령으로 반지름이 10mm 인 구를 만듭니다. Top 뷰에서 구를 이동해 위치시킵니다.

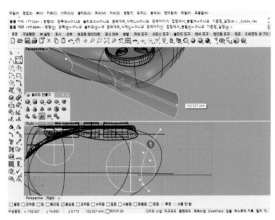

53 Right 뷰에서 ▢ Curve 명령으로 ❶ 커브를 그립니 다. 🏛 Extrude 명령으로 커브를 돌출시킵니다.

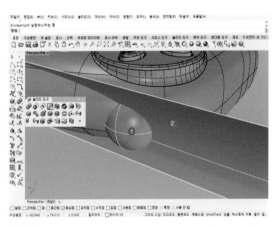

54 🔗 BooleanIntersection 명령을 실행합니다. ❶번 오브젝트를 선택하고 (Enter)합니다. ❷번 서피스를 선택 해서 교차된 부분을 자릅니다. ❷번 서피스를 지우고 잘 린 ❶번 구의 앞부분도 선택해 지웁니다.

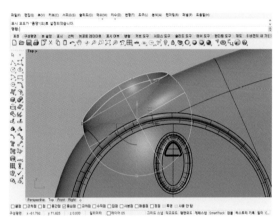

55 Top 뷰에서 검볼의 회전과 이동 기능을 활용해 오브 젝트의 위치를 조정합니다.

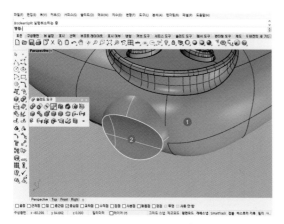

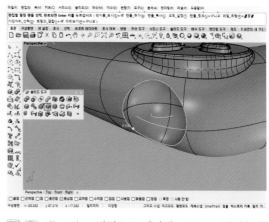

56 Perspective 뷰에서 🔩 BooleanIntersection 명령을 실행합니다. ❶번 오브젝트를 선택하고 Enter한 후 ❷번 서피스를 선택해서 교차된 부분을 자릅니다. ❷번 오브젝트를 선택하고 💡 Hide 명령으로 오브젝트를 숨깁니다.

57 ⬡ FilletEdge 명령으로 엣지에 0.5mm 필렛을 줍니다.

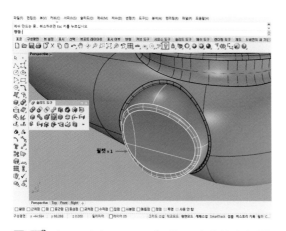

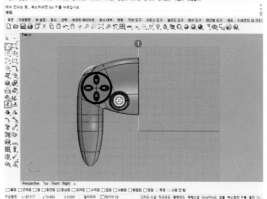

58 💡 Show 명령으로 오브젝트를 보이게 합니다. ⬡ FilletEdge 명령으로 엣지에 1mm 필렛을 줍니다.

59 Top 뷰에서 ⟋ Polyline 명령을 실행해 원점에서 ❶번 선을 그려줍니다. ✂ Trim 명령으로 선의 오른쪽 서피스를 지워줍니다.

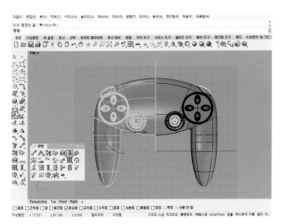

60 Mirror 명령으로 오브젝트 전체를 선택해서 원점을 기준으로 우측으로 대칭 복사합니다. 복사된 오브젝트와 원본을 선택해 Join 명령으로 결합합니다.

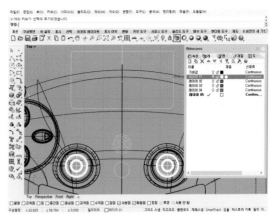

61 Layer를 활성화해 '레이어 01'을 켭니다.

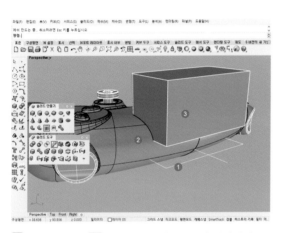

62 ❶번 커브를 Extrude 명령으로 돌출시킵니다. 돌출된 박스(❸)를 검볼을 활용해 위쪽으로 이동시킵니다. BooleanIntersection 명령을 실행하고 ❷번 오브젝트를 선택해 Enter 한 후 ❸번 박스를 선택해서 교차된 부분을 자릅니다.

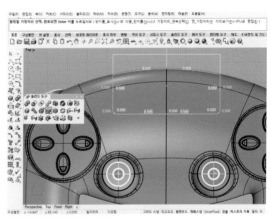

63 Top 뷰에서 FilletEdge 명령을 실행합니다. 마우스로 드래그해 엣지를 선택하고 0.5mm 필렛을 줍니다.

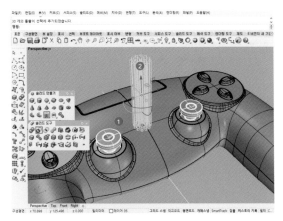

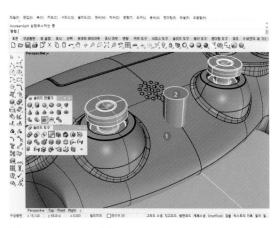

64 원형 배열된 작은 원들을 선택해 🔲 Extrude 명령으로 커브를 돌출시킵니다. 🔩 BooleanDifference 명령으로 ❶번 오브젝트에서 위에서 ❷번 오브젝트들을 빼줍니다.

65 원을 선택하고 🔲 Extrude 명령으로 커브를 돌출시킵니다. 🔩 BooleanIntersection 명령을 실행하고 ❶번 오브젝트를 선택해 Enter 한 후 ❷번 오브젝트를 선택해 오브젝트를 자릅니다.

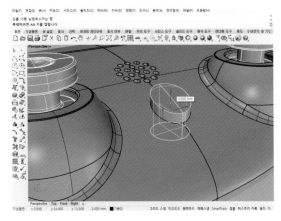

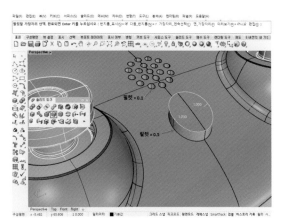

66 필요 없는 위쪽 부분을 지웁니다. 교차된 부분의 오브젝트를 검볼을 활용해 2mm 위쪽으로 이동시킵니다.

67 🔲 FilletEdge 명령을 실행하고 엣지를 선택해 각각 0.1mm와 0.5mm 필렛을 적용합니다.

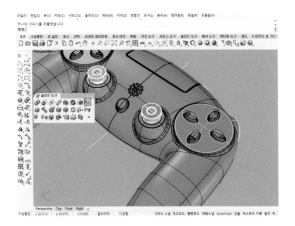

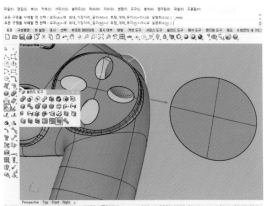

68 📚 ExtractSrf 명령으로 위쪽 서피스를 선택해 서피스를 분리 합니다.

69 🔳 Untrim All Holes 명령으로 분리된 서피스를 선택합니다. Trim된 구멍이 모두 메꾸어집니다. 분리된 서피스를 본체와 🔩 Join 명령으로 결합합니다.

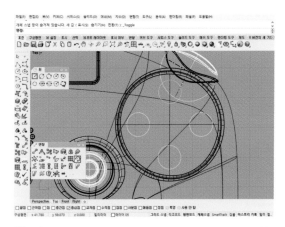

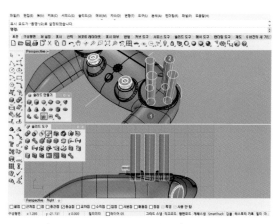

70 Top 에서 반지름이 4mm인 원을 그려줍니다. ArrayPolar 명령으로 4개의 원을 원형 배열합니다. 그리드 스냅이 선택된 상태에서 작업하세요.

71 Extrude 명령으로 4개의 원을 돌출시킵니다. Right 뷰에서 돌출된 오브젝트를 Z축 방향으로 이동시킵니다. BooleanIntersection 명령을 실행합니다. ❶번 오브젝트를 선택하고 (Enter)한 후 ❷번 오브젝트들을 선택하여 오브젝트를 자릅니다.

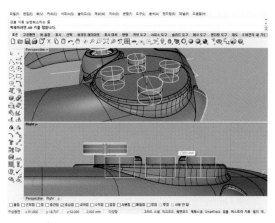

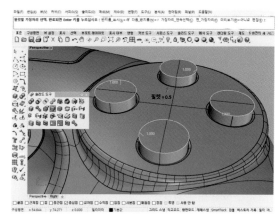

72 불필요한 윗부분을 지웁니다. 교차돼 잘린 부분만 선택해 검볼로 2mm Z축 방향으로 이동시킵니다.

73 FilletEdge 명령을 실행하고 엣지를 선택해 각각 0.5mm와 1mm 필렛을 적용합니다.

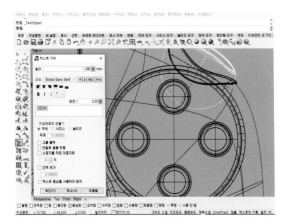

74 Top 뷰에서 ✏ TextObject 명령으로 숫자 1, 2, 3, 4
를 입력합니다.

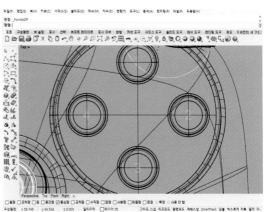

75 검볼을 활용해 숫자를 이동시킵니다.

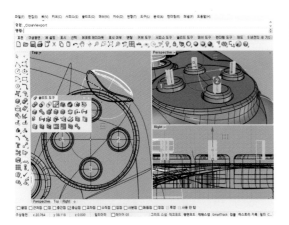

76 🔲 Extrude 명령으로 숫자를 돌출시킵니다. Right
뷰에서 돌출된 오브젝트를 Z축 방향으로 이동시킵니다.
🔵 BooleanIntersection 명령을 실행합니다. ❶번 오브
젝트를 선택하고 Enter 한 후 ❷번 오브젝트들을 선택해
오브젝트를 자릅니다. 교차된 부분만 남기고 필요 없는
부분은 지웁니다.

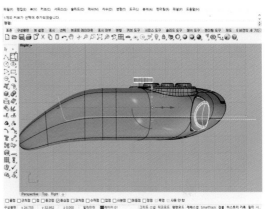

77 Right 뷰에서 ⟲ Curve 명령으로 커브를 그립니다.

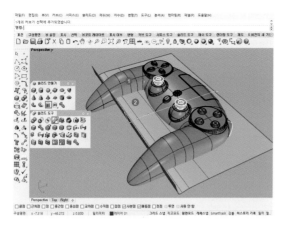

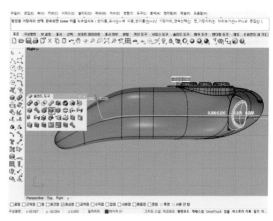

[78] Extrude 명령으로 커브를 양방향으로 돌출시킵니다. BooleanIntersection 명령을 실행합니다. ❶번 오브젝트를 선택하고 Enter한 후 ❷번 오브젝트들을 선택해 오브젝트를 자릅니다. ❷번 서피스는 지웁니다.

[79] Right 뷰에서 FilletEdge 명령을 실행합니다. 마우스로 드래그해 엣지를 선택하고 0.2mm 필렛을 적용합니다.

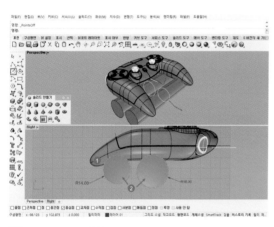

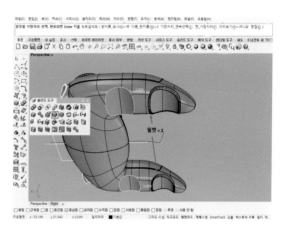

[80] Right 뷰에서 Circle 명령으로 각각 반지름이 14, 16mm인 원을 그려줍니다. Extrude 명령으로 두 원을 양방향으로 돌출시킵니다. BooleanDifference 명령으로 ❶번 오브젝트 위에서 ❷번 오브젝트들을 빼줍니다.

[81] FilletEdge 명령으로 엣지를 선택해 각각 2, 3mm 필렛을 적용합니다.

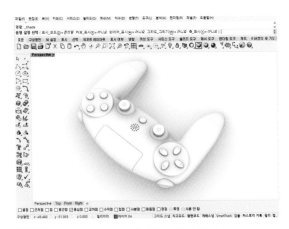

82 🌑 Shade 명령으로 결과물을 확인합니다.

Microphone 만들기

이 장에서는 기초 명령을 활용해 Microphone을 만드는 방법에 대해서 알아보겠습니다.

Loft 명령과 BlendSrf 명령을 활용해 서피스를 만드는 방법입니다.

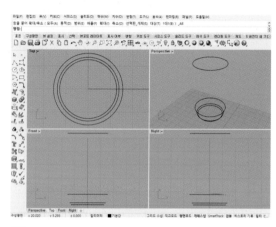

1 예제 파일 'microphone.3dm'을 엽니다.

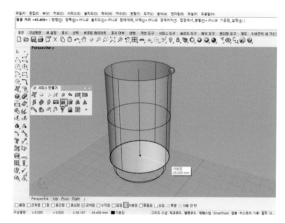

2 🗔 Extrude 명령으로 ❶번 원을 아래 원의 사분점까지 돌출시킵니다.

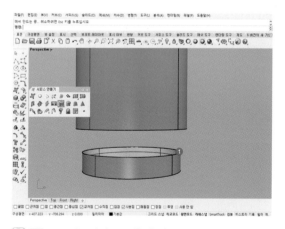

3 🗔 Extrude 명령으로 ❶번 원을 돌출시킵니다.

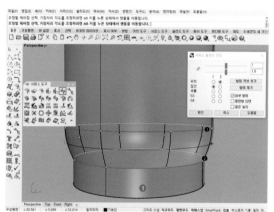

4 🦢 BlendSrf 명령으로 서피스를 연결합니다. ❶번 서피스는 지웁니다.

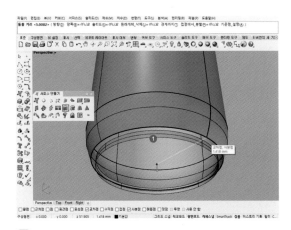

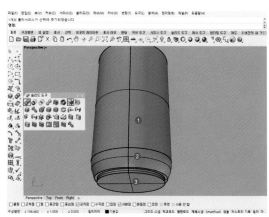

⑤ 🔲 Extrude 명령으로 ❶번 원을 사분점까지 돌출시킵니다.

⑥ 🔧 Cap 명령으로 ❶, ❷, ❸ 면을 모두 닫아줍니다.

🔩 BooleanUnion 명령으로 ❶, ❷, ❸ 면을 결합해 하나로 만들어줍니다.

기초 명령을 활용해 받침대 만드는 방법에 대해 알아보겠습니다.

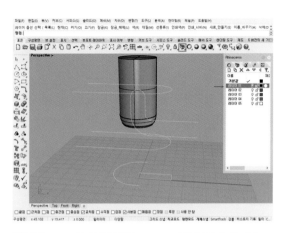

[7] Layer를 활성화해 'Layer 01'을 보이게 합니다.

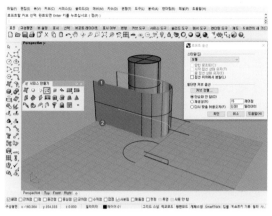

[8] Loft 명령으로 ❶과 ❷ 커브를 선택해 서피스를 만듭니다.

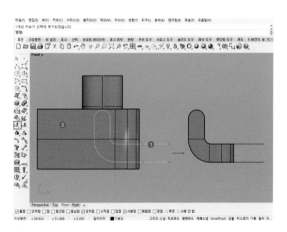

[9] Trim 명령으로 ❶번 커브를 경계로 해 ❷번 서피스를 선택해서 바깥 면을 지웁니다.

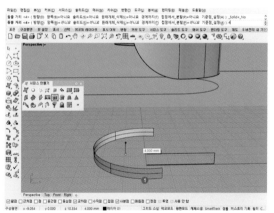

[10] Extrude 명령으로 ❶번 커브를 4mm 돌출시킵니다.

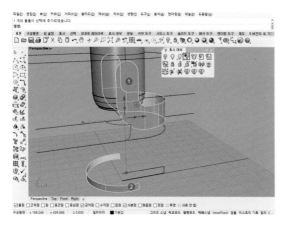

⑪ ❶, ❷번 서피스를 선택하고 🔘 Isolate 명령으로 나머지 오브젝트는 숨깁니다.

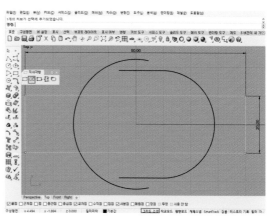

⑫ Top 뷰에서 🔲 Rectangle 명령으로 원점에서 80x20mm로 사각형을 그립니다.

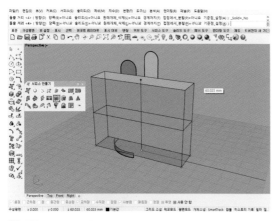

⑬ 🔲 Extrude 명령으로 사각형을 돌출시킵니다.

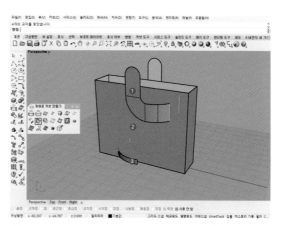

⑭ 🔳 Intersect 명령으로 ❶, ❷, ❸서피스를 모두 선택해 교차선을 만듭니다. ❷번 서피스는 지웁니다.

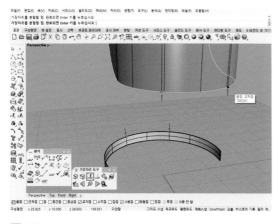

⑮ 🔳 SplitEdge 명령으로 화살표 지점(교차선의 끝점)의 Edge를 자릅니다.

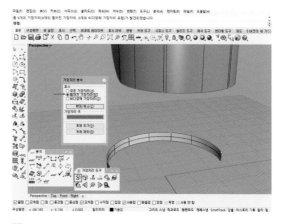

⑯ 🔳 ShowEdge 명령으로 서피스를 선택해 Edge가 제대로 잘렸는지 확인합니다.

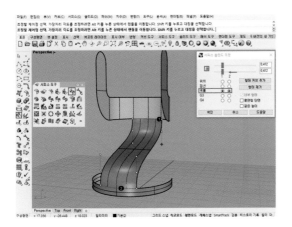

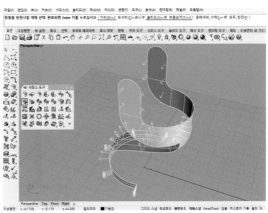

17 ⟲ BlendSrf 명령으로 서피스를 연결합니다. 면을 모두 선택하고 ⟳ Join 명령으로 합칩니다.

18 ⟳ OffsetSrf 명령을 실행해 2mm 두께로 솔리드를 만듭니다.

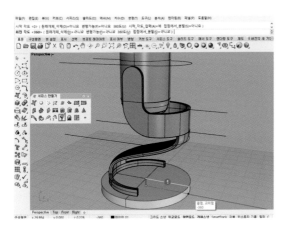

19 ⟳ Show 명령으로 오브젝트를 모두 보이게 합니다.
⟳ Revolve 명령으로 ❶번 커브를 회전시킵니다.

Microphone 버튼과 파팅라인

BooleanSplit 명령의 활용과 파팅라인을 만드는 법에 대해서 설명합니다.

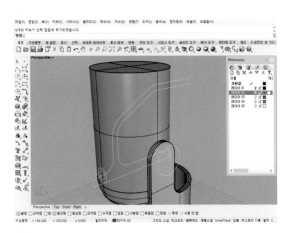

20 🛡 Layer 를 활성화하여 '레이어 01'은 OFF, '레이어 02'는 ON합니다.

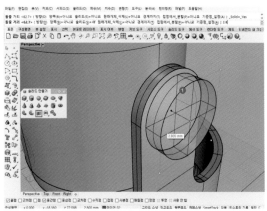

21 🗔 Extrude 명령으로 ❶번 커브를 2.8mm 돌출시킵니다.

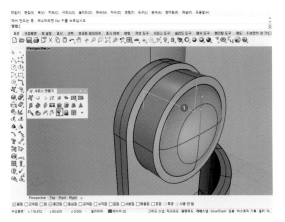

22 🍷 Revolve 명령으로 ❶번 커브를 회전시킵니다.

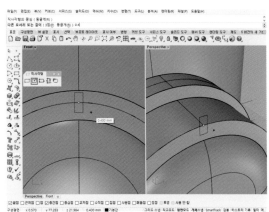

23 Front뷰에서 ▭ Rectangle 명령으로 길이가 0.4mm 인 사각형을 만듭니다.

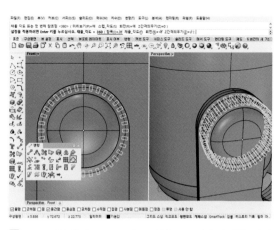

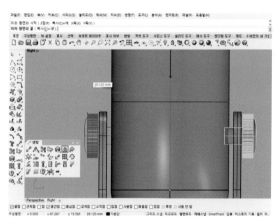

24 🔲 Extrude 명령으로 사각형을 2.8mm 돌출시킵니다.

25 Front 뷰에서 ArrayPolar 명령으로 직육면체를 선택해 36개 원형 배열합니다.

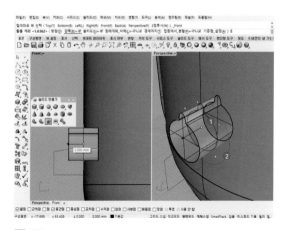

26 ⚙ BooleanDifference 명령을 실행합니다. ❶번 서피스를 선택하고 Enter 합니다. ✂ SelLast 명령을 클릭하고 마지막으로 생성한 오브젝트를 선택합니다. 선택되지 않은 직육면체 하나도 선택해서 오브젝트를 빼줍니다.

27 Right 뷰에서 앞에서 만든 두 오브젝트를 ◫ Mirror 명령으로 대칭 복사합니다.

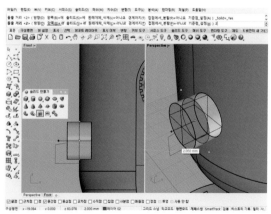

28 🔲 Extrude 명령으로 ❶번 커브를 양방향으로 2mm 돌출시킵니다. ❷번 커브를 선택합니다.

29 🔲 Extrude명령으로 앞에서 선택한 커브를 양방향으로 2mm 돌출시킵니다.

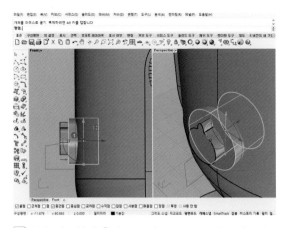

[30] 볼을 이용하여 ❶번 오브젝트를 1mm 뒤로 이동시킵니다.

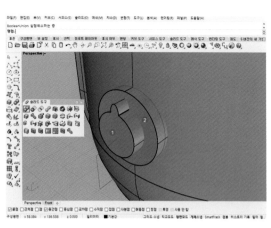

[31] 🔘 BooleanUnion 명령으로 ❶, ❷ 오브젝트를 합칩니다.

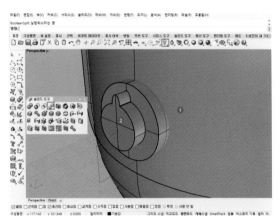

[32] 🔘 BooleanSplit 명령으로 ❶번 오브젝트를 선택하고 Enter 한 후 ❷번 오브젝트를 선택하고 Enter 합니다. 교차된 부분을 잘라냅니다. 💡 hide 명령으로 ❷번 오브젝트를 숨깁니다.

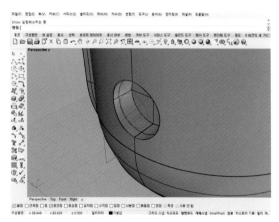

[33] 교차된 부분의 잘린 오브젝트를 지우면 위 그림처럼 됩니다. 💡 Show 명령으로 오브젝트를 보이게 합니다.

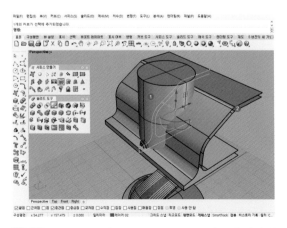

[34] 🔳 Extrude 명령으로 커브를 선택해서 돌출시킵니다. 🔘 BooleanSplit 명령으로 ❶번 오브젝트를 선택하고 Enter 한 후 ❷번 서피스 두 개를 선택하여 오브젝트를 자릅니다.

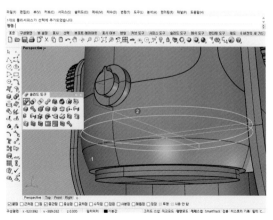

[35] 🔘 BooleanUnion 명령으로 ❶, ❷ 오브젝트를 선택해서 하나로 합칩니다.

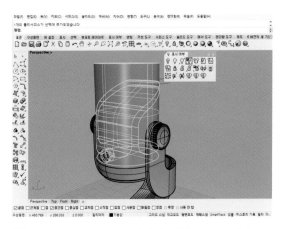

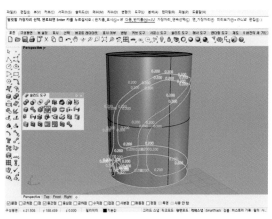

36 그림처럼 오브젝트를 선택하고 Isolate 명령으로 나머지 오브젝트는 숨깁니다.

37 FilletEdge 명령을 선택하고 필렛값을 0.2mm로 설정합니다. Edge를 드래그해 선택한 후 필렛을 줍니다.

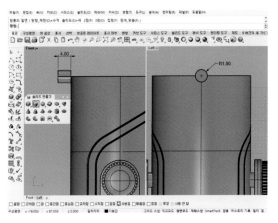

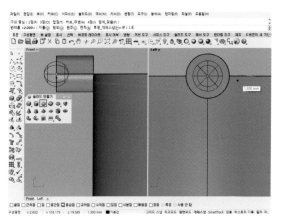

38 Left 뷰에서 Cylinder 명령을 실행합니다. 사분점에서 반지름 R=1.9, 길이 4mm인 실린더를 만듭니다.

39 Sphere 명령으로 실린더 중심점에서 반지름이 1.3mm인 구를 만듭니다.

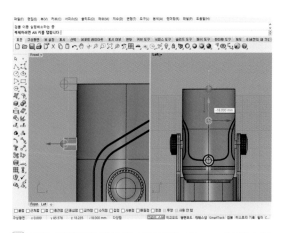

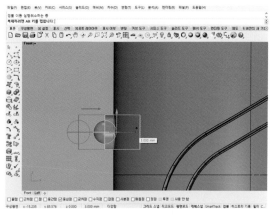

40 구와 실린더를 검볼을 사용해서 –18mm 아래로 이동시킵니다.

41 Front 뷰에서 구와 실린더를 3mm 뒤로 이동시킵니다.

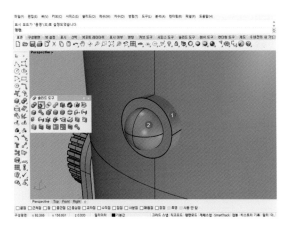

42 ❷번 구를 Ctrl + C (복사하기)합니다. ⬤ Boolean-Difference 명령으로 ❶번 실린더에서 ❷번 구를 뺍니다.

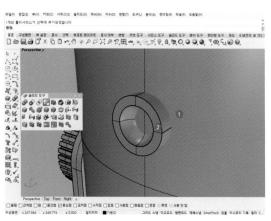

43 ⬤ BooleanSplit 명령으로 ❶번 오브젝트를 선택하고 Enter 한 후 ❷번 오브젝트를 선택해 자릅니다. ❷번 오브젝트는 💡 Hide 명령으로 숨깁니다.

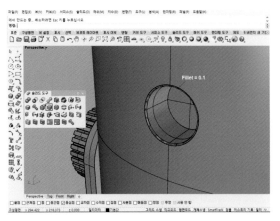

44 교차되어 잘린 부분은 선택해서 지워주고 ⬛ FilletEdge 명령으로 Edge를 선택해서 필렛을 0.1mm 줍니다.

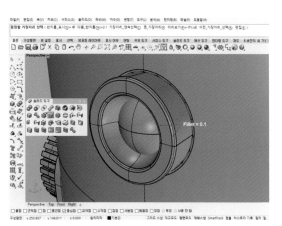

45 구를 Ctrl + C (붙여넣기)합니다. 💡 Show 명령으로 오브젝트를 보이게 한 후 ⬛ FilletEdge 명령으로 Edge를 선택해서 필렛을 0.1mm 줍니다.

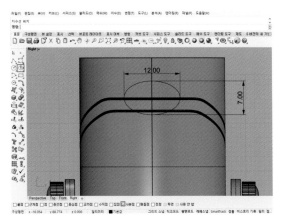

46 Right 뷰에서 ⬤ Ellipse 명령으로 7x12인 타원을 그립니다.

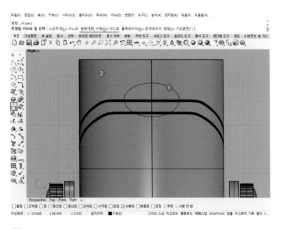

47 Right 뷰에서 🗑 Project 명령으로 ❶번 타원을 ❷번 서피스에 투영합니다.

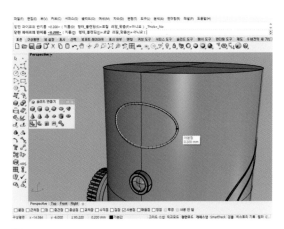

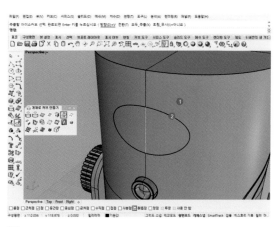

48 투영된 커브를 선택해 🎨 Pipe 명령으로 0.2mm인 파이프를 만듭니다. 파이프를 숨깁니다.

49 🔧 Split 명령으로 ❶번 오브젝트를 ❷번 커브로 자릅니다. 🖊 ExtractIsoCurve 명령으로 V 방향의 커브를 추출합니다.

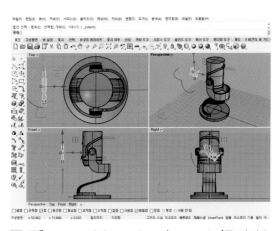

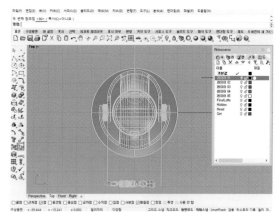

50 📂 Import 명령으로 Rhino 'Logo.3dm'를 가져온 후 검볼을 사용해 이동시킵니다.

51 🗂 Layer를 활성화해 '레이어 01'을 ON합니다. Top 뷰에서 모든 오브젝트를 선택하고 🔄 Rotate 명령으로 원점에서 90도 회전시킵니다.

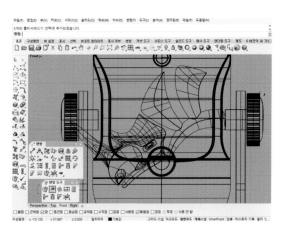

52 🎨 Splop 명령을 실행해 코뿔소 머리를 선택합니다. 오스냅 점을 선택합니다.

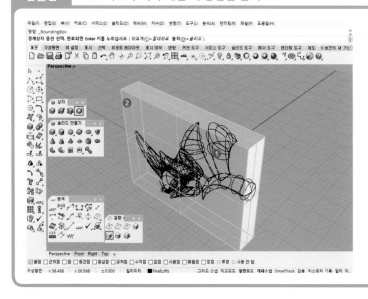

BoundingBox 명령으로 ❶번 코뿔소 머리를 선택하여 오브젝트를 전부 ❷번 박스로 감쌉니다. 그런 다음 VolumeCentroid 명령으로 박스의 중심점을 구하면 됩니다.

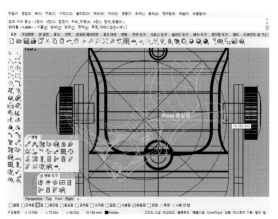

53 중심점을 점으로 설정하고 코뿔소 머리를 감쌀 정도의 구를 Shift 키를 눌러 만듭니다.

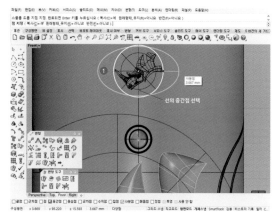

54 ❶번 서피스와 선의 중간점을 선택합니다. 코뿔소 머리를 마우스로 드래그해 크기를 설정하고 Shift 키를 누르고 클릭합니다.

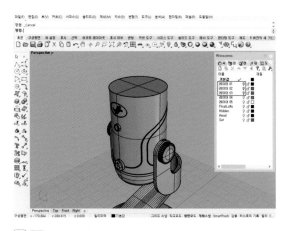

55 Layer를 활성화해 레이어 01, 02, 03을 OFF합니다.

Microphone 망 가져오기

Microphone 같은 둥근 형태의 망은 라이노 명령으로 표현하기가 어렵습니다. 이런 경우는 3DMax나 Modo, Maya, Cinema4D, Blender 같은 소프트웨어를 활용하면 보다 쉽게 만들 수 있습니다.

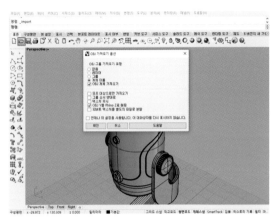

56 📂 Import 명령으로 'weave.obj' 파일을 가져옵니다.

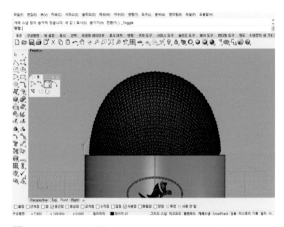

57 Front 뷰에서 ⟋ Arc 명령으로 호를 그려줍니다.

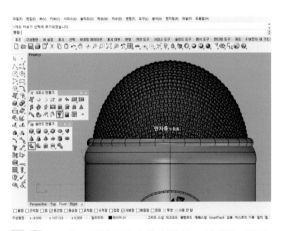

58 ⟱ Revolve 명령으로 호를 선택하고 원점을 기준으로 360도 회전시켜 서피스를 만듭니다. ⟲ Pipe 명령 실행 후 서피스의 위쪽 Edge를 선택하고 반지름이 0.8mm인 파이프를 만듭니다.

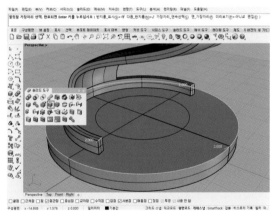

59 🔲 FilletEdge 명령으로 Edge를 선택하고 필렛을 2mm 줍니다.

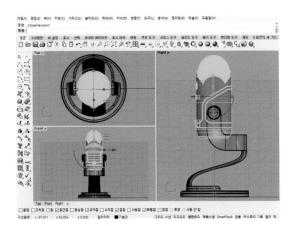

60 마이크 안쪽 부분을 드래그해 선택합니다.

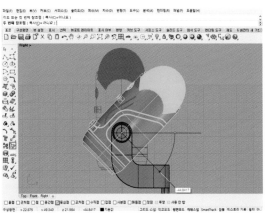

61 Right 뷰에서 Rotate 명령으로 회전시켜줍니다.

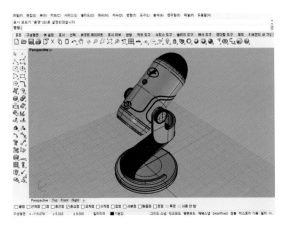

62 Perspective 뷰에서 음영 모드입니다.

63 Shade 뷰입니다.

Chapter

10

Character 만들기

이 장에서는 기초 명령을 활용해 간단한 캐릭터를 만들어봅니다.

제어점을 편집해 머리의 기본적인 형태를 만드는 방법에 대해서 알아보겠습니다.

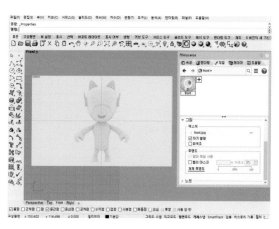

1️⃣ Front 뷰에서 🖼 Picture 명령으로 toyfront.jpeg 파일을 불러옵니다. 그리드 스냅을 체크하고 원점을 기준으로 마우스로 드래그해 그리드 경계에 위치시킵니다.

2️⃣ 이미지를 선택하고 ⭕ Properties > 재질 > 투명도 > 개체 투명도를 50%로 설정합니다.

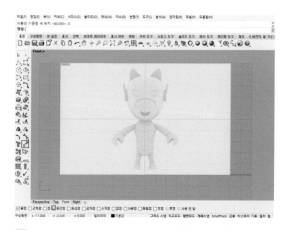

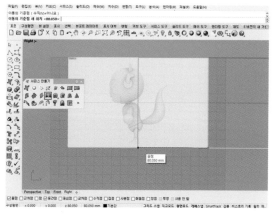

3️⃣ ➡ Move 명령으로 이미지의 중간점을 선택하고 원점으로 이미지를 이동합니다.

4️⃣ 🖼 Picture 명령으로 'toyright.jpeg' 파일을 불러온 후 투명도를 50%로 하고 이미지를 원점으로 이동합니다.

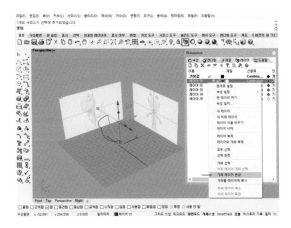

⑤ 이미지를 그리드 경계로 이동시킵니다. 🖼 Layer 명령으로 두 이미지를 '레이어 01'로 변경하고 레이어는 잠급니다.

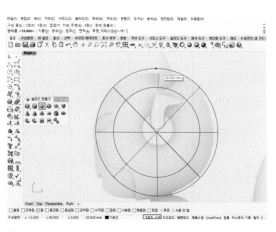

⑥ Right 뷰에서 ⚪ Sphere 명령으로 반지름이 20mm인 구를 만듭니다.

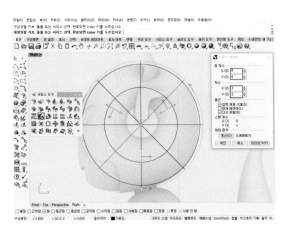

⑦ 🏠 Rebuild 명령으로 구를 점 개수=8, 차수=3로 변경합니다.

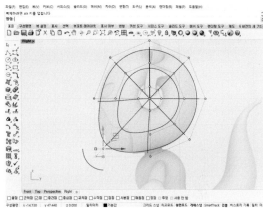

⑧ 그리드 스냅을 해제하고 제어점을 선택해 배경 이미지에 맞게 이동시킵니다. 구를 선택하고 (F10)으로 제어점을 켭니다.

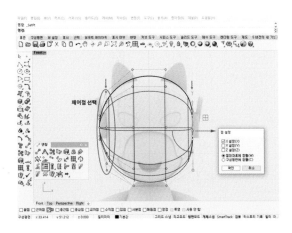

⑨ 오스냅 점을 체크합니다. ⚙ SetPt 명령으로 제어점을 선택한 후 X 설정하고 화살표 지점에 제어점을 정렬시킵니다. 반대편도 같은 방법으로 제어점을 정렬시킵니다.

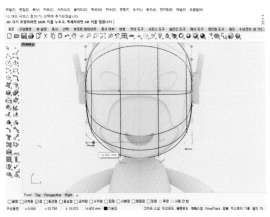

⑩ 아래 2열의 제어점을 선택하고 검볼을 활용해 백그라운드 이미지에 맞게 제어점을 안쪽으로 줄여줍니다.

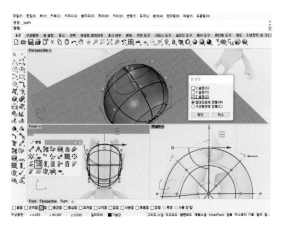

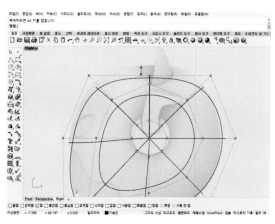

⑪ 제어점을 선택합니다. SetPt 명령으로 제어점을 선택한 후 Z 설정 변경하고, 화살표 지점에 제어점을 정렬시킵니다.

⑫ Right 뷰에서 보면 선택한 제어점이 수평으로 정렬된 걸 알 수 있습니다. 백그라운드 이미지와 간격이 있습니다.

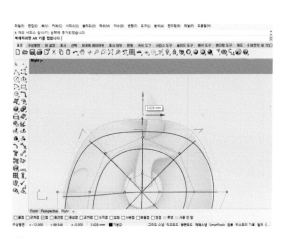

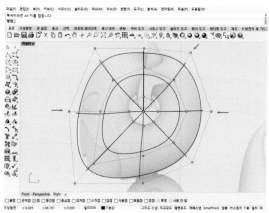

⑬ 위쪽 제어점을 선택하고 검볼을 활용해 이동시킵니다.

⑭ 화살표가 표시된 지점의 제어점들을 조금씩 이동시켜 백그라운드 이미지에 맞게 형상을 잡아갑니다.

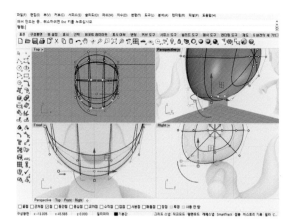

15 아래쪽 제어점을 선택해 Front 뷰에서 안쪽으로 약간 줄여줍니다. 에디팅 작업은 제어점을 당겨서 형태를 잡아가는 방식이므로 모양이 조금씩 다를 수 있습니다. 개인이 이미지를 참고하여 제어점을 이동합니다.

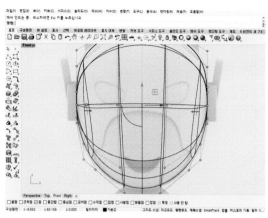

16 Front 뷰에서 제어점을 선택하고 검볼을 활용해 제어점을 약간 안쪽으로 줄입니다.

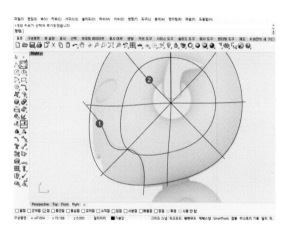

17 Right 뷰에서 ⬚ Curve 명령으로 ❶번 커브를 그리고 ⬚ Split 명령으로 ❷번 오브젝트를 ❶번 커브로 자릅니다.

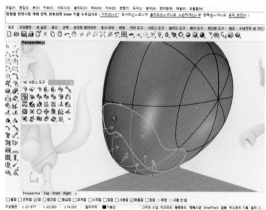

18 ⬚ OffsetSrf 명령으로 ❶번 서피스를 안쪽으로 0.7mm 띄웁니다. 옵션을 위 그림처럼 체크합니다.

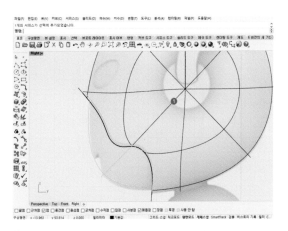

19 💡 Hide 명령으로 ❶번 서피스를 숨깁니다.

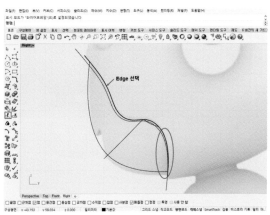

20 빨간 타원 부분의 서피스 Edge 간격이 없으므로 🖱 Untrim 명령으로 Edge를 선택해 잘린 서피스를 다시 재생성합니다.

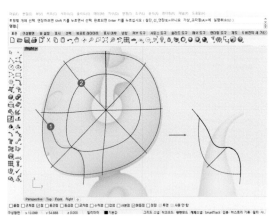

21 🖱 Trim 명령으로 ❶번 커브를 기준하여 ❷번 서피스를 지워줍니다.

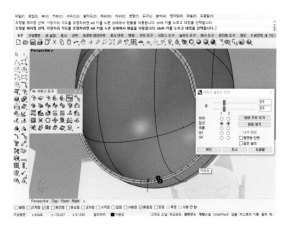

22 💡 Show 명령으로 서피스를 보이게 한 후 🗇 BlendSrf 명령으로 두 서피스를 연결합니다.

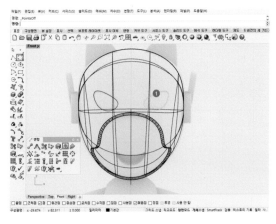

23 Front뷰에서 ⬭ Curve 명령으로 커브를 그리고 🎚 Mirror 명령으로 ❶커브를 원점에 대해 대칭 복사합니다.

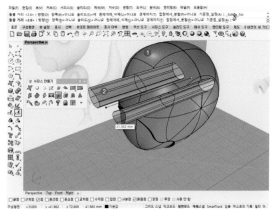

24 ⬡ Extrude 명령으로 두 커브를 돌출시킨 후 🖱 Split 명령으로 ❶번 서피스를 ❷번 두 서피스로 자릅니다. ❷번 서피스는 지웁니다.

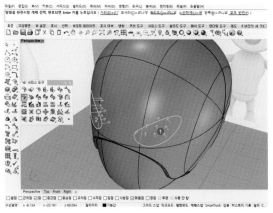

25 OffsetSrf 명령으로 ❶과 ❷ 서피스를 안쪽으로
0.7mm 띄웁니다. 옵션을 위 그림처럼 설정합니다.다.

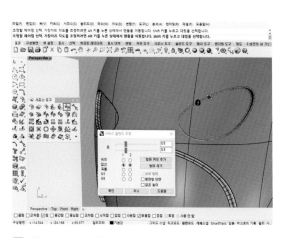

26 BlendSrf 명령으로 두 서피스를 연결합니다.

27 Front뷰에서 Paraboloid 명령으로 파라볼로이드
를 만듭니다.

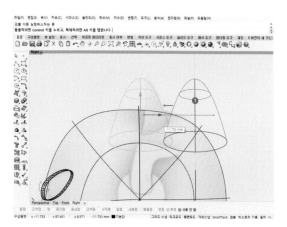

28 Right 뷰에서 ❶오브젝트를 앞쪽으로 이동시킵니다.

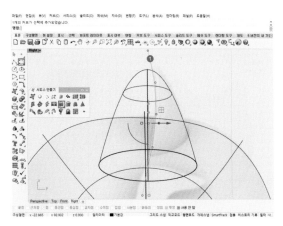

29 Front 뷰에서 Curve 명령으로 ❶ 커브를 그리고
Extrude 명령으로 파라볼로이드를 교차하게 돌출시
킵니다.

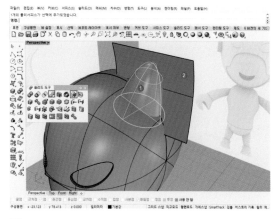

30 ❶ 오브젝트를 선택하고 Cap 명령으로 닫아줍니
다. BooleanSplit 명령으로 ❶ 오브젝트를 ❷ 서피스
로 자릅니다. 필요 없는 서피스는 지웁니다.

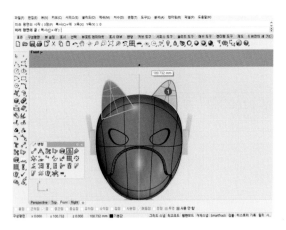

③1 Mirror 명령으로 ❶오브젝트를 대칭복사 합니다.

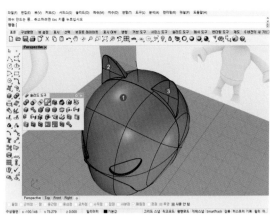

③2 BooleanSplit 명령으로 ❶ 오브젝트를 ❷와 ❸ 오브젝트로 자릅니다. ❷와 ❸ 오브젝트를 숨깁니다.

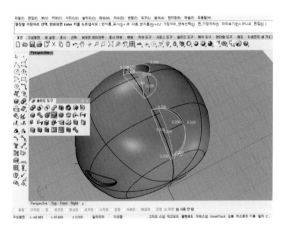

③3 겹친 부분은 필요 없으므로 오브젝트를 지웁니다. FilletEdge 명령으로 Edge를 선택하고 0.2mm 필렛을 줍니다.

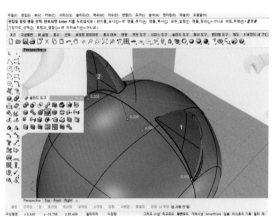

③4 Show 명령으로 오브젝트를 보이게 합니다. FilletEdge 명령으로 ❶과 ❷오브젝트의 Edge를 선택해 필렛을 0.2mm 줍니다.

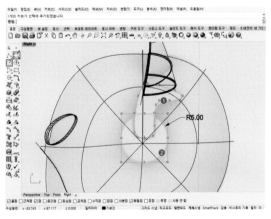

③5 Curve 명령으로 ❶커브를 그리고 Circle 명령으로 반지름이 5mm ❷원을 그립니다.

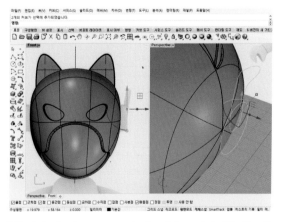

③6 원과 커브를 Front 뷰의 백그라운드 이미지를 참고해서 이동합니다.

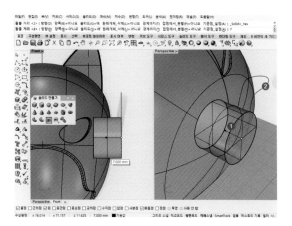

37 Extrude 명령으로 ❶ 커브를 7mm 돌출시키고 ❷ 커브는 2mm 돌출합니다.

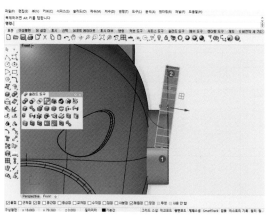

38 ❷ 오브젝트를 그림처럼 검볼로 약간 회전시키고 BooleanSplit 명령으로 ❶ 오브젝트를 ❷ 오브젝트로 자릅니다.

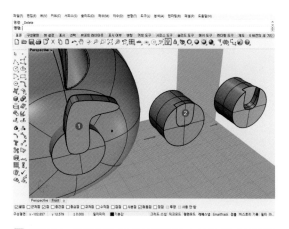

39 Hide 명령으로 ❶ 오브젝트를 숨기고 ❷ 오브젝트를 지웁니다.

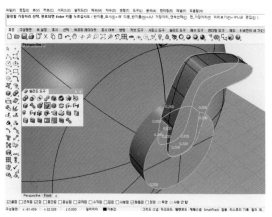

40 Show 명령으로 오브젝트를 보이게 합니다. FilletEdge 명령으로 Edge를 선택하고 필렛을 0.2mm 줍니다.

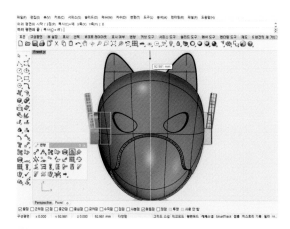

41 Mirror 명령으로 오브젝트를 대칭 복사합니다.

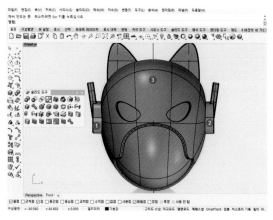

42 BooleanSplit 명령으로 ❶ 오브젝트를 ❷와 ❸ 오브젝트로 자릅니다.

Chapter 10 Character 만들기

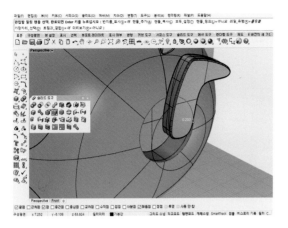

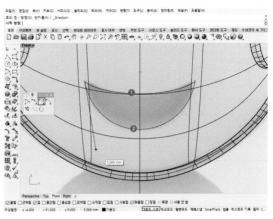

43 필요 없는 부분을 지우고 🔲 FilletEdge 명령으로 Edge 선택 후 0.2mm 필렛을 줍니다.

44 Front 뷰에서 그리드 스냅을 체크하고 ◥ Arc 명령으로 ❶과 ❷호를 그립니다.

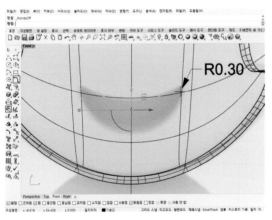

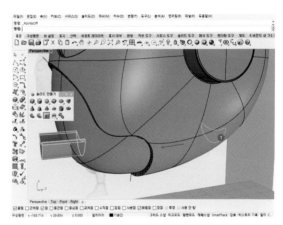

45 ◥ Fillet 명령으로 두 호 끝점을 필렛한 후 🔹 Join 명령으로 커브를 모두 선택해 합칩니다.

46 ❶커브를 앞쪽으로 이동시킨 후 🔲 Extrude 명령으로 돌출시킵니다.

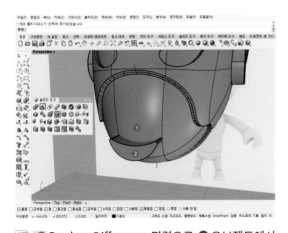

47 ◉ BooleanDifference 명령으로 ❶ 오브젝트에서 ❷ 오브젝트를 뺍니다. 🔲 FilletEdge 명령으로 Edge 선택 후 0.2mm 필렛 합니다.

Character 몸통과 팔다리 만들기

기본 명령을 활용하여 몸통과 팔다리를 만드는 방법에 대해서 알아보고 모델링 하다가 발생할 수 있는 사소한 에러 대처법에 대해서도 알아보겠습니다.

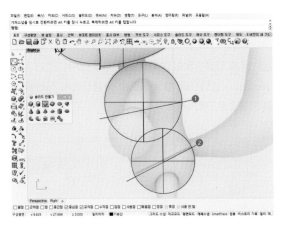

48 Right 뷰에서 ⬤ Sphere 명령으로 백그라운드 이미지를 참고해 두 개의 구를 만든 후 ∧ Polyline 명령으로 ❶과 ❷선을 그립니다.

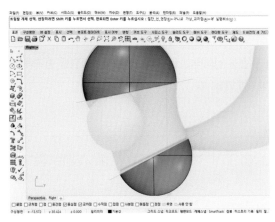

49 ⬡ Trim 명령으로 필요 없는 부분의 서피스를 지웁니다.

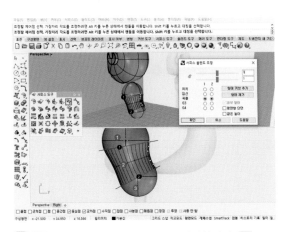

50 ⬡ BlendSrf 명령으로 두 구를 연결합니다. ⬡ Join 명령으로 ❶, ❷, ❸서피스를 합칩니다.

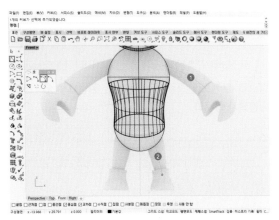

51 ⬡ Arc 명령으로 ❶호를 그리고 ∧ Polyline 명령으로 ❷선을 그립니다.

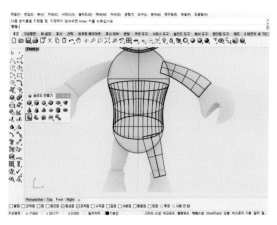

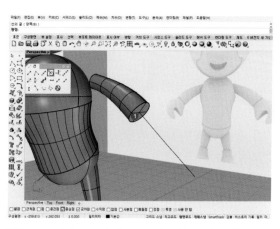

52 선을 선택하고 🟡 Pipe 명령으로 그림을 참고해 파이프를 만듭니다.

53 오스냅을 중심점으로 체크합니다. 🕐 Line (Normal) 명령으로 ❶ 서피스의 중심점에서 직선을 노말 방향으로 그립니다.

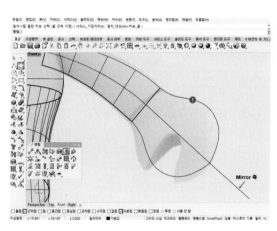

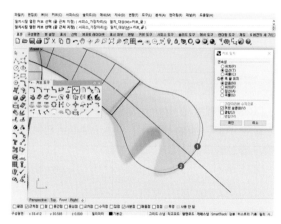

54 오스냅을 근처점과 사분점 선택합니다. 🗂 Curve 명령으로 ❶커브를 그린 후 🗿 Mirror 명령으로 ❶커브를 대칭복사 합니다.

55 🗠 Match 명령으로 ❶과 ❷ 커브를 접선 일치시킵니다. ❷커브는 지웁니다.

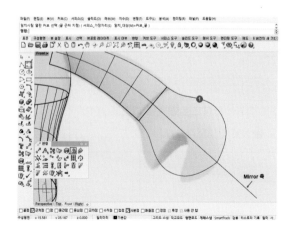

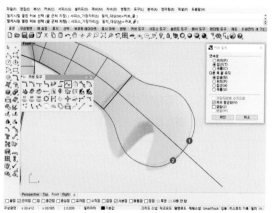

54 오스냅을 근처점과 사분점 선택합니다. 🗂 Curve 명령으로 ❶커브를 그린 후 🗿 Mirror 명령으로 ❶커브를 대칭복사 합니다.

55 🗠 Match 명령으로 ❶과 ❷ 커브를 접선 일치시킵니다. ❷커브는 지웁니다.

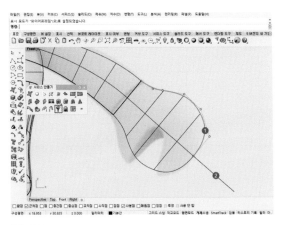

56 🍷 Revolve 명령으로 ❶ 커브를 ❷ 선을 중심축으로 해 회전시킵니다.

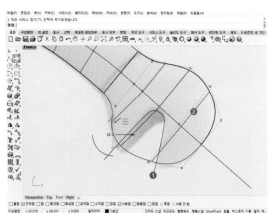

57 ◌ Curve 명령으로 ❶ 커브를 그린 후 ❷ 서피스의 제어점을 켜고 제어점을 이동합시킵니다.

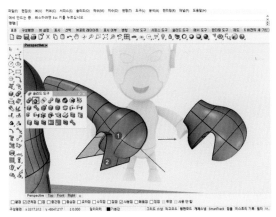

58 🔵 BooleanDifference 명령으로 ❶ 서피스에서 ❷ 서피스를 뺍니다.

반올림 Boolean 시 유의 사항

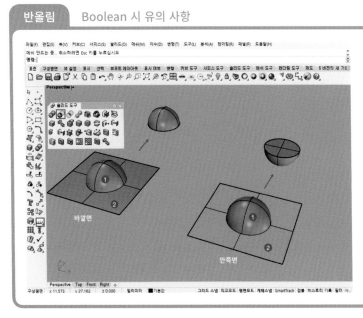

바깥면

안쪽면

🔵 BooleanDifference 명령 시 솔리드가 아닌 오픈된 서피스로 불리언할 때는 서피스의 Normal 방향에 따라 결과물이 달라집니다. 그림을 보면 ❶ 구에서 ❷ 서피스를 뺀 결과물이 서로 다르다는 것을 알 수 있습니다.

🔲 Dir 명령으로 서피스의 Normal 방향을 바꿔 서피스의 안과 밖을 변경할 수 있습니다.

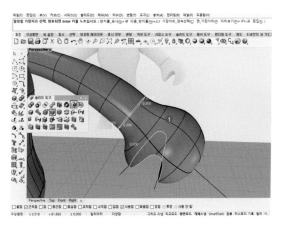

59 ❶ 서피스를 🔧 Cap 명령으로 솔리드를 만듭니다.
📦 FilletEdge 명령으로 Edge를 선택하고 Fillet을
0.3mm 합니다.

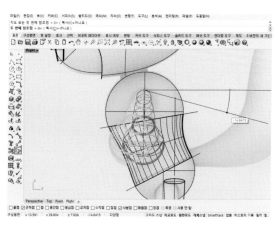

60 팔 오브젝트를 앞쪽으로 그림에 맞게 이동시킵니다.
🔄 Rotate 명령으로 팔을 회전시킵니다.

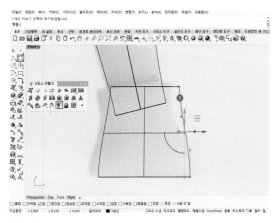

61 ⚬ Curve 명령으로 ❶ 커브를 그린 후 🔧 Revolve
명령으로 ❶커브를 회전시킵니다.

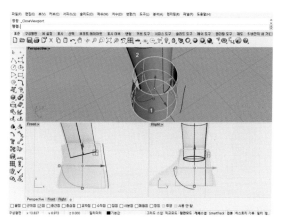

62 각 뷰를 참고하여 ❶ 서피스를 ❷ 서피스의 중간 정도
에 오게 검볼을 이용해 위치시킵니다.

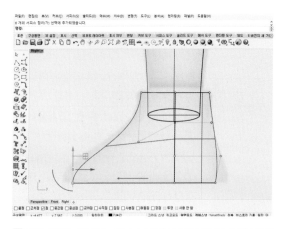

63 제어점을 켭니다. Right 뷰에서 검볼을 활용해 제어
점을 편집합니다.

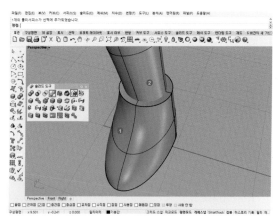

64 🔧 Cap 명령으로 ❶ 서피스를 닫고 🔩 Boolean-
Split 명령으로 ❶서피스를 ❷서피스로 자릅니다.

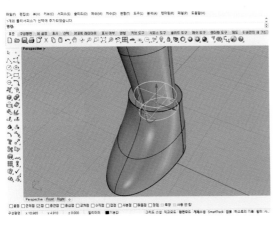

65 교차되어 잘린 안쪽 오브젝트를 선택해 지웁니다.

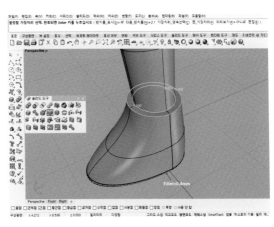

66 FilletEdge 명령으로 Edge를 선택하고 Fillet를 0.1mm 줍니다.

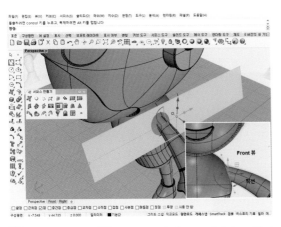

67 Front 뷰에서 Polyline 명령으로 직선을 그립니다. Extrude 명령으로 직선을 선택해 양방향으로 돌출시킨 후 검볼의 회전, 이동을 활용해 서피스를 위치시킵니다.

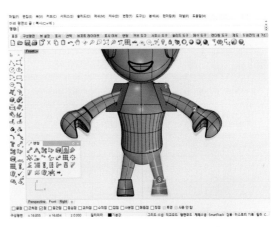

68 Front 뷰에서 Mirror 명령으로 ❶, ❷, ❸오브젝트를 대칭 복사합니다.

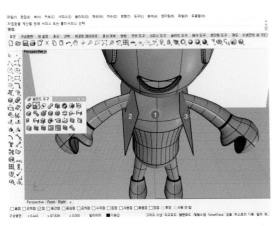

69 BooleanSrf 명령으로 ❶ 오브젝트에서 ❷와 ❸ 서피스를 뺍니다.

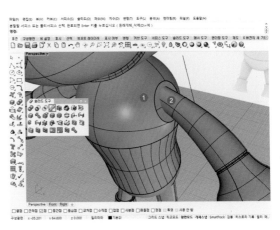

70 BooleanSplit 명령으로 ❶ 서피스를 ❷ 서피스로 자릅니다. 교차되어 잘린 오브젝트는 선택해서 지웁니다.

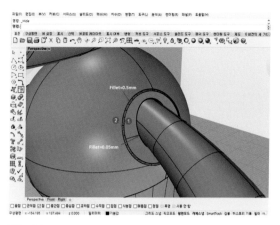

[71] FilletSrf 명령으로 ❶과 ❷ 서피스를 선택해서
Fillet을 0.5mm 줍니다. 반대편도 같은 방법으로 필렛을
한 다음 🐾 Join 명령으로 합칩니다.

반올림 📦 FilletEdge가 되지 않을 때

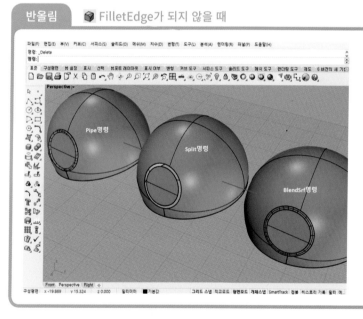

❶ FilletEdge로 필렛이 가끔 안 될
때는 🐾 FilletSrf 명령으로 필렛을
줄 수 있습니다. 이때는 서피스가 1:1
구조여야 합니다.
❷ 🌙 Pipe 명령을 활용하여 서피스
를 잘라 연결하는 방법입니다.

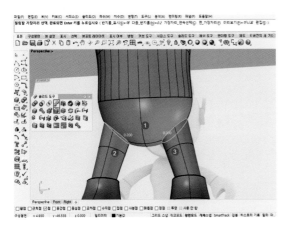

72 ⚙️ BooleanSplit 명령으로 ❶서피스를 ❷와 ❸서피스로 자릅니다. 교차되어 잘린 오브젝트는 선택해서 지우고 🔲 FilletEdge 명령으로 Edge를 선택해 Fillet을 0.3mm 줍니다.

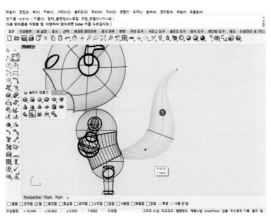

73 Right 뷰에서 ⬚ Curve 명령으로 ❶커브를 그린 후 🌀 Pipe 명령으로 그림에 맞게 파이프를 만듭니다.

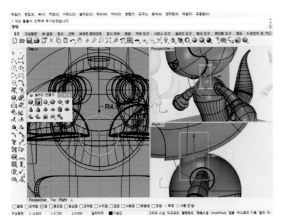

74 Top 뷰에서 🔘 Cylinder 명령으로 반지름이 4mm인 실린더를 만들어줍니다.

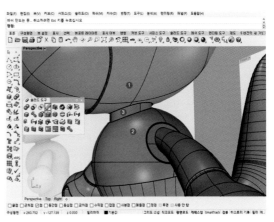

75 ⚙️ BooleanSplit 명령으로 ❶서피스를 ❷와 ❸서피스로 자릅니다. 교차되어 잘린 오브젝트는 선택해서 지우고 🔲 FilletEdge 명령으로 Edge를 선택해 Fillet을 0.3mm 줍니다.

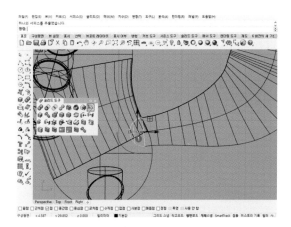

76 ⬦ ExtractSrf 명령으로 ❶서피스를 떼어내 지웁니다.

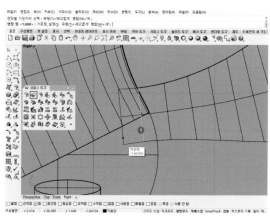

77 ⬦ ExtendSrf 명령으로 ❶ Edge를 선택해 1.7mm 정도 서피스를 연장합니다.

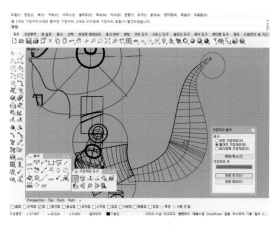

78 서피스를 연장하고 나면 문제가 발생합니다. ShowEdges 명령으로 ❶서피스를 선택하면 빨간 원 부분의 Edge가 열려 있습니다. 라이노에서는 서피스가 열려 있으면 안 됩니다.

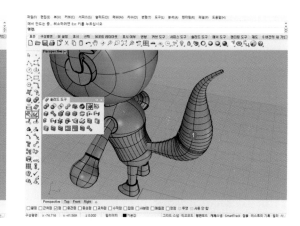

79 ❶서피스를 선택하고 ⬦ Explode 명령으로 서피스를 분해합니다. ⬦ Join 명령으로 열린 부분의 서피스를 둘 다 선택해 합칩니다. ⬦ Cap 명령으로 ❶오브젝트를 선택해 솔리드로 만듭니다.

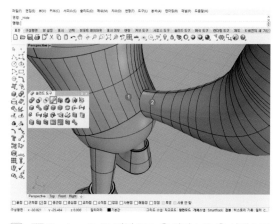

80 ⬦ BooleanSplit 명령으로 ❶서피스를 ❷서피스로 자릅니다. 교차된 부분의 오브젝트는 선택해서 지웁니다.

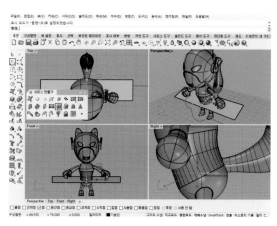

81 Right뷰에서 ⬦ Polyline으로 직선을 그린 후 ⬦ Extrude 명령으로 직선을 양방향으로 돌출시킵니다.

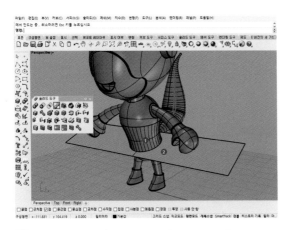

82 　BooleanSplit 명령으로 ❶ 서피스를 ❷ 서피스로
자릅니다.

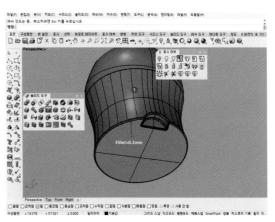

83 　Isolate 명령으로 ❶번 서피스를 선택하고 다른
오브젝트는 숨깁니다. 　FilletEdge 명령으로 Edge를
선택한 후 Fillet을 0.2mm 줍니다.

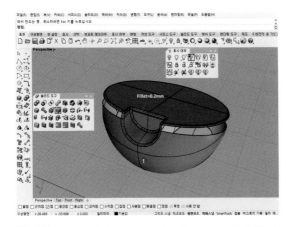

84 　Show 명령으로 오브젝트를 모두 보이게 한 후
❶ 서피스만 보이게 합니다. 　FilletEdge 명령으로
Edge를 선택하고 Fillet을 0.2mm 주면 서피스가 터지
게 됩니다.

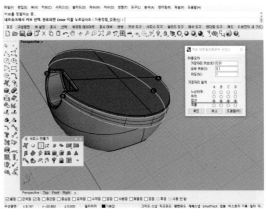

85 　NetworkSrf 명령으로 네 개의 Edge를 선택해서
서피스를 만듭니다.

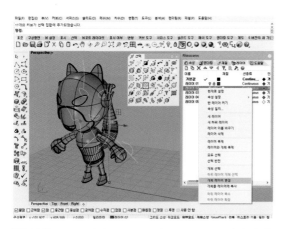

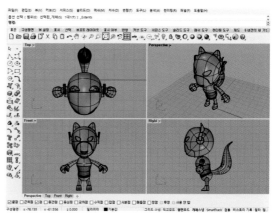

86 🖐 Show 명령으로 오브젝트를 모두 보이게 한 후 🖱 SelCrv 명령으로 커브를 모두 선택합니다. 🗂 Layer 명령으로 선택된 커브들을 '레이어 02'로 변경하고 레이어를 끕니다.

87 ⊞ 4View 명령 실행 후 ⊙ Zoom_Extents 명령으로 모든 뷰포트에서 모든 개체가 표시되도록 뷰를 확대합니다.

88 ◉ Shade 결과물입니다.

Memo

Chapter

11

Bottle 만들기

이 장에서는 Loft 명령과 BlendSrf 명령을 활용해 서피스를 만드는 과정에 대해 알아보겠습니다.

Loft 명령을 활용해 서피스를 만들고 에디팅(편집)하는 방법입니다.

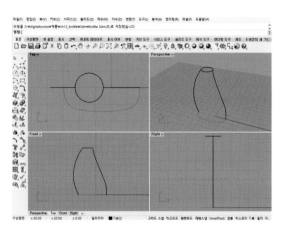

☐1 예제파일 'bottle.3dm'을 불러옵니다.

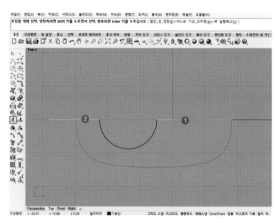

☐2 Top 뷰에서 🔫 Trim 명령으로 ❶과 ❷번 커브를 경계로 해서 원의 반을 지워줍니다.

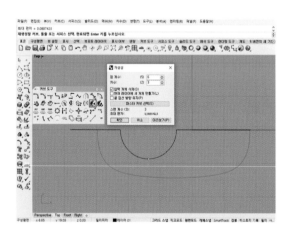

☐3 반원을 선택하고 🚴 Rebuild 명령으로 점 개수=6, 차수=3으로 설정하고 확인합니다.

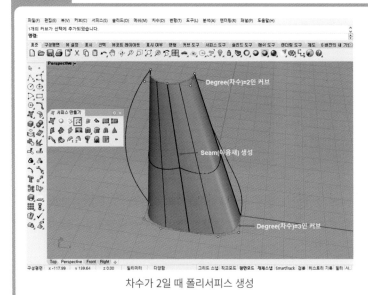

차수(Degree)가 2인 호, 원, 타원은 곡률 불연속이기 때문입니다. 차수가 2인 커브를 사용하면 라이노의 주요 서피스 명령 EdgeSrf, Loft, Sweep2, Sweep1 등은 면 생성 시 폴리서피스가 되어 CP 에디팅 시 문제가 됩니다. 이런 문제점을 미리 피하기 위해서 차수를 3, 5, 7 형태로 변경하고 차수에 맞게 포인트도 재설정해주어야 합니다.

차수가 2일 때 폴리서피스 생성

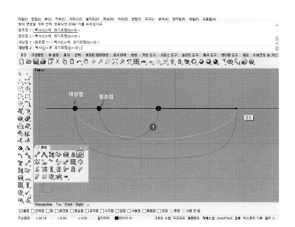

④ 🔷 Orient 명령으로 ❶번 커브의 양 끝점을 참조점으로 설정하고, 잠긴 커브 끝점을 대상점으로 설정해 커브를 복사합니다. 미리 옵션에서 '복사=예'로 설정합니다.

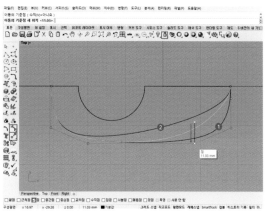

⑤ 🔓 Unlock 명령으로 잠김 해제합니다. ❶번과 ❷번 커브를 선택하고 F10을 눌러 제어점이 나타나게 한 다음 오스냅을 점으로 선택합니다. 🔀 Move 명령으로 ❷번 커브의 제어점을 ❶번 커브의 제어점 위치로 이동시킵니다.

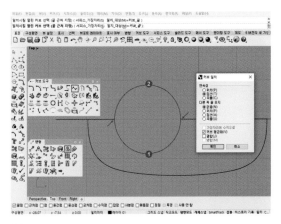

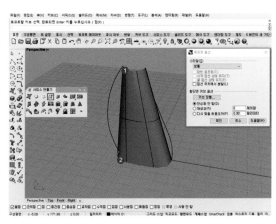

6️⃣ 🔧 Mirror 명령으로 ❶번 커브를 대칭 복사합니다. 〰️ Match 명령으로 맞닿은 커브의 양 끝점 연속성을 접선으로 체크하고 평균화로 커브 일치를 해줍니다.

7️⃣ 🔧 Loft 명령으로 ❶번과 ❷번 커브를 선택해 서피스를 만듭니다.

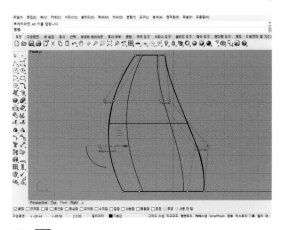

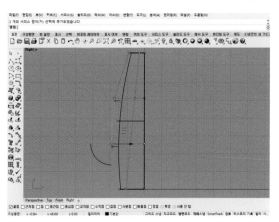

8️⃣ F10으로 제어점을 켜고 Front 뷰에서 좌, 우로 이동시켜 서피스의 Edge가 커브와 거의 일치하도록 이동시킵니다.

9️⃣ Right 뷰에서 가장 좌측 제어점을 선택해서 좌로 이동시킵니다.

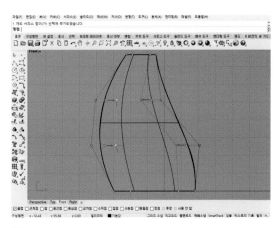

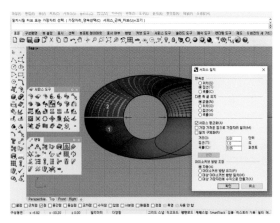

🔟 Front 뷰에서 안쪽의 제어점들을 안쪽으로 이동시켜 형상을 잡아 줍니다.

1️⃣1️⃣ Top뷰에서 🔧 Mirror 명령으로 ❶번 서피스를 대칭 복사합니다. 🔧 MatchSrf 명령으로 ❶번과 ❷번 서피스의 맞닿은 Edge를 선택해 서피스 일치를 시킵니다. 옵션도 설정해줍니다.

기본 명령어들을 활용해 손잡이와 몸체를 마무리하는 과정을 알아보겠습니다.

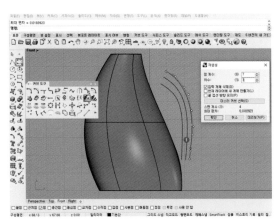

12 Front 뷰에서 ⬭ Curve 명령을 사용해 3개의 커브를 그려줍니다. 🐾 Rebuild 명령으로 3개 커브를 점 개수: 7, 차수=3으로 설정 합니다. ❶번 커브를 선택한 후 Right 뷰로 이동합니다.

반올림   🔀 Loft 명령으로 서피스 깔끔하게 만들기

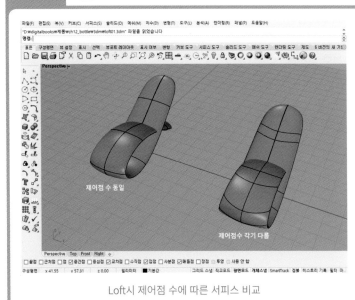

Loft시 제어점 수에 따른 서피스 비교

Loft를 실행할 때 커브를 Rebuild하여 점 개수와 차수를 같게 맞추어야 서피스가 깔끔하게 만들어집니다.

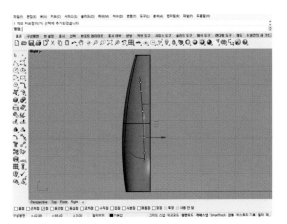

⑬ Right 뷰에서 좌측으로 커브를 이동시킨 후 F10으로 제어점을 켜고 포인트를 이동시켜 커브 형상을 만듭니다.

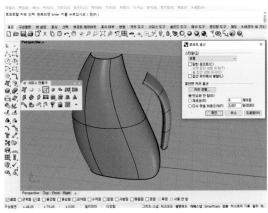

⑭ Loft 명령으로 커브를 순차적으로 선택해서 서피스를 만듭니다.

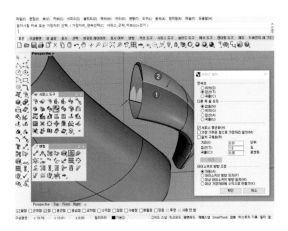

⑮ Mirror 명령으로 ❶번 서피스를 대칭 복사합니다. MatchSrf 명령으로 ❶번과 ❷번 서피스의 맞닿은 Edge를 선택해 서피스 일치를 시킵니다. 옵션도 설정해 줍니다.

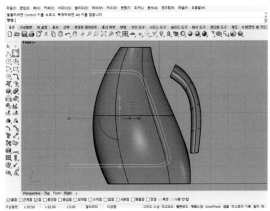

⑯ Curve 명령을 활용해서 2개의 커브를 만듭니다.

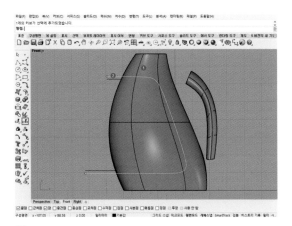

17 🔧 Split 명령으로 ❶번 서피스를 ❷번 커브로 자릅니다.

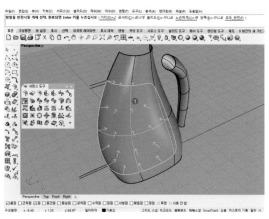

18 🎨 Offset 명령으로 ❶번 서피스를 안쪽으로 2mm 이동시킵니다. 옵션에서 '느슨하게=예'와 디렉션(화살표) 방향이 바깥을 향하고 있으면 '모두_반전'을 클릭합니다.

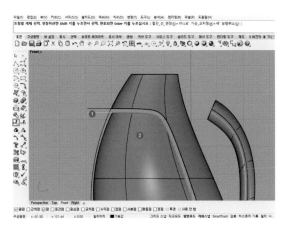

19 ✂️ Trim 명령으로 ❶번 커브를 선택하고 ❷번 서피스의 튀어나온 부분을 지워줍니다.

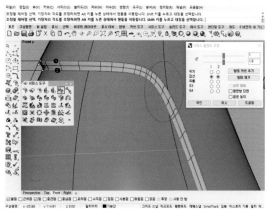

20 🔗 BlendSrf 명령으로 두 서피스를 연결하고 빨간 원 부분을 보면 아이소커브가 부자연스럽다는 걸 알 수 있습니다.

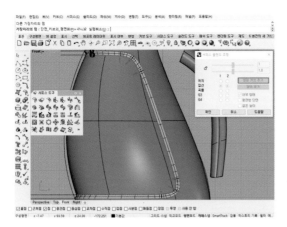

21 옵션 창에서 형태 커브 추가 항목을 선택하고 부자연스러운 부분에 Section(단면) 커브를 추가해 서피스의 흐름을 자연스럽게 잡아줍니다.

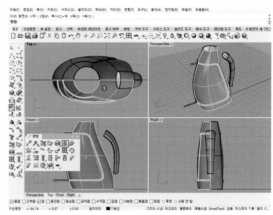

22 🔧 Join 명령으로 서피스를 모두 합쳐줍니다. 🔷 Mirror 명령으로 ❶번 서피스를 대칭 복사합니다.

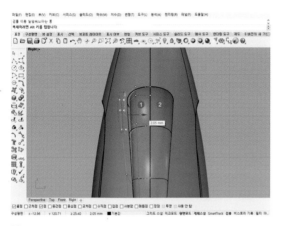

23 Right 뷰에서 손잡이가 될 서피스를 좀 더 수정하기 위해 (F10)으로 제어점을 켭니다. 제어점을 선택해 우측으로 약간 이동시킵니다. ❷번 서피스는 지우고 수정된 ❶번 서피스를 🔷 Mirror 명령으로 대칭 복사 후 🔧 조인합니다.

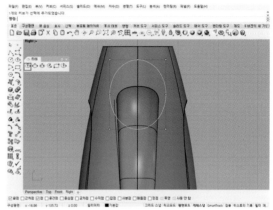

24 Right 뷰에서 ⊙ Ellipse 명령으로 타원을 그려줍니다.

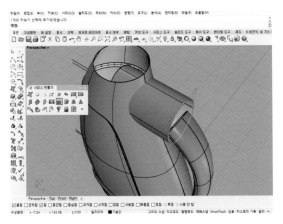

25 📦 Extrude 명령으로 타원을 돌출시킵니다. 오스냅을 끝점 설정하고 타원을 그린 후 약간 아래로 이동시키면 됩니다.

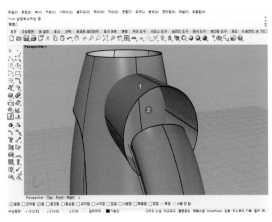

26 ✂ Trim 명령으로 ❶번 서피스를 경계로 해서 ❷번 서피스의 안쪽을 선택해 지웁니다. ❶번 서피스는 지웁니다.

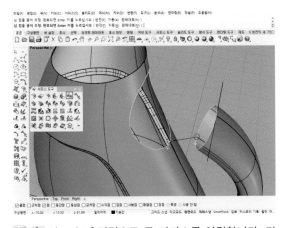

27 ✎ BlendSrf 명령으로 두 서피스를 연결합니다. 디렉션 방향은 항상 일치시킵니다.

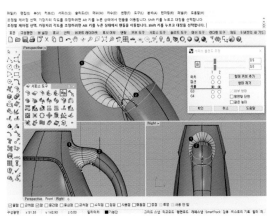

28 옵션 창에서 슬라이더를 잠급니다. 수치를 조정하고, 곡률로 설정하고, 서피스를 연결합니다.

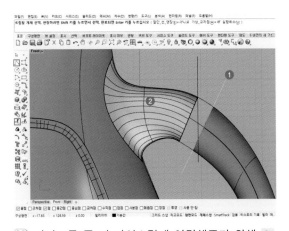

29 서피스를 좀 더 자연스럽게 연결해주기 위해 ⌇ Polyline 명령으로 ❶번 선을 그려준 후 ✂ Trim 명령으로 위 그림처럼 지워주고 ❷번 서피스는 지웁니다.

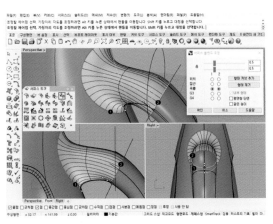

30 ✎ BlendSrf 명령으로 두 서피스를 연결합니다.

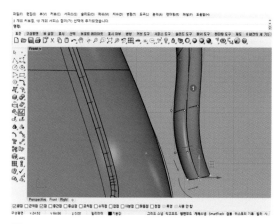

31 ❶번 서피스를 선택하고 F10으로 제어점을 켭니다. 제어점들을 이동하여 모양을 수정합니다. F11로 제어점을 끕니다.

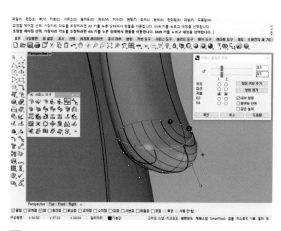

32 ⤴ BlendSrf 명령으로 두 서피스를 연결합니다. 🧩 Join 명령으로 두 서피스를 합칩니다.

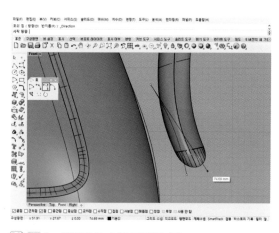

33 ⟍ Arc 명령으로 호를 그려줍니다.

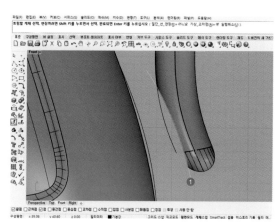

34 ⤵ Trim 명령으로 ❶번 호를 경계로 서피스를 지웁니다.

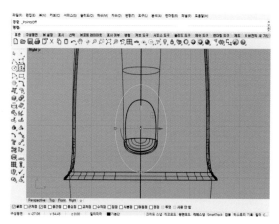

35 ⟐ SetDisplayMode를 Wireframe 모드로 변경합니다. Right 뷰에서 ⊕ Ellipse 명령으로 타원을 그립니다.

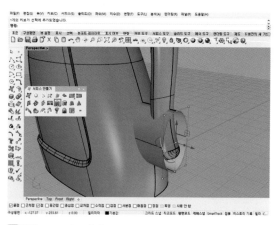

36 ⬚ Extrude 명령으로 호를 돌출시킵니다.

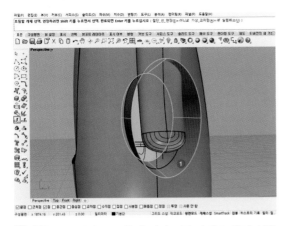

37 ✋ Trim 명령으로 ❶번 서피스를 경계로 해서 안쪽 서피스를 지웁니다.

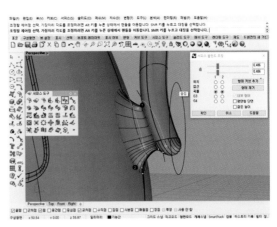

38 ⤴ BlendSrf 명령으로 두 서피스를 연결합니다.

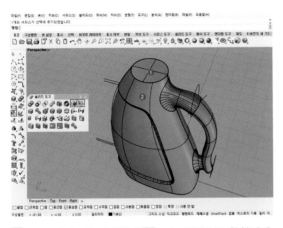

39 모든 서피스를 선택해서 ✿ Join 명령으로 합칩니다. ▨ Cap 명령으로 ❷번 서피스를 닫습니다. ▧ Extract-Srf 명령으로 ❶번 서피스를 떼어냅니다.

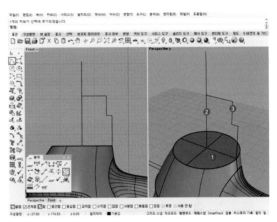

40 ◈ AreaCentroid 명령으로 ❶번 서피스의 중심점에 점을 만듭니다. Front 뷰에서 ⋀ Polyline 명령으로 점에서 ❷번 중심선과 ❸번 선을 그립니다.

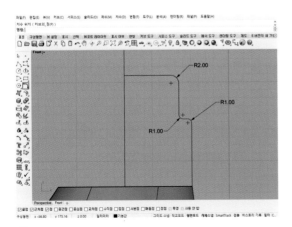

41 ❐ Fillet 명령으로 필렛을 줍니다.

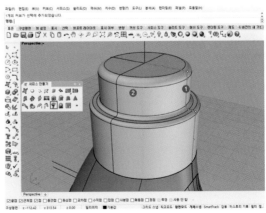

42 ◉ Revolve 명령으로 ❶번 커브를 회전시켜 ❷번 서피스를 만듭니다.

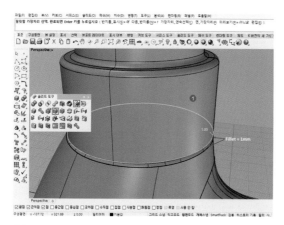

43 Cap 명령으로 ❶번 서피스를 선택해 솔리드로 만듭니다. FilletEdge 명령으로 Edge를 선택해서 1mm 필렛을 줍니다.

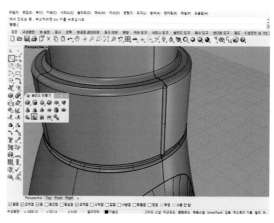

44 Polyline 명령으로 선을 그립니다. Pipe 명령으로 파이프를 만듭니다.

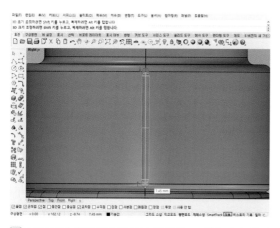

45 파이프를 선택하고 검볼을 활용해 크기를 약간 줄입니다.

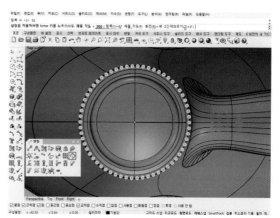

46 Top 뷰에서 ArrayPolar 명령으로 파이프를 선택해 원형 배열합니다.

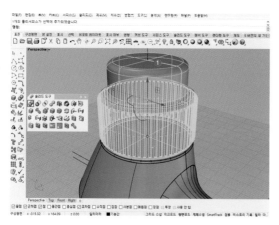

47 BooleanUnion 명령으로 ❶번 서피스와 파이프들을 선택해 하나로 합칩니다.

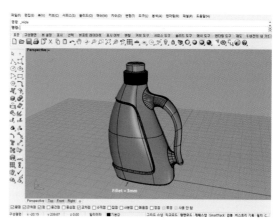

48 FilletEdge 명령으로 아래 엣지를 선택해서 3mm 필렛을 줍니다.

49 ⬤ Shade 명령으로 결과물을 확인합니다.

Chapter

12

Dryer 만들기

이 장에서는 Loft를 활용해 Dryer 만드는 방법과 그래스호퍼를 적용하는 방법에 대해서 알아보겠습니다.

Loft 명령을 올바르게 이해하고 활용하는 방법입니다.

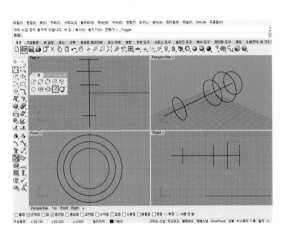

1 📂 Open 명령으로 'dryer.3dm' 파일을 엽니다. 체크된 명령을 활용해 선들을 그릴 수 있습니다.

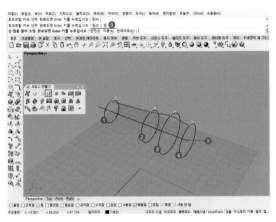

2 🖌 Loft 명령으로 ❶, ❷, ❸, ❹ 원을 선택합니다. ❺는 옵션에서 '점' 선택 후 ❺선의 끝점을 선택합니다.

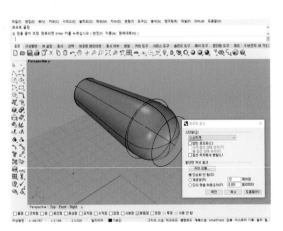

3 Loft 옵션에서 스타일을 '느슨하게'로 변경하고 서피스를 만듭니다.

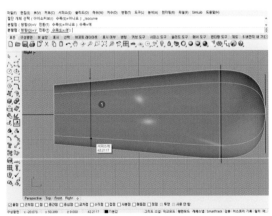

4 ⬛ Split 명령으로 ❶ 서피스의 화살표 지점을 자릅니다.

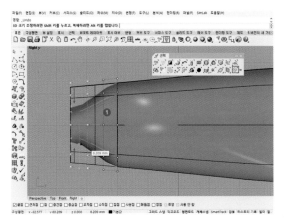

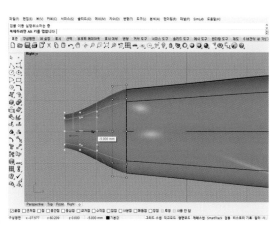

⑤ SelCrv 명령으로 커브들을 선택하고 Hide 명령으로 숨깁니다. ❶ 서피스의 제어점을 켜 그림과 같이 선택하고, 검볼을 활용해 줄입니다.

⑥ 선택된 제어점을 –5mm 이동시킵니다.

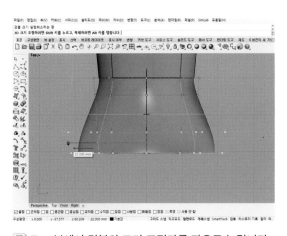

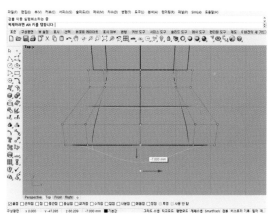

⑦ Top 뷰에서 검볼의 크기 조정자를 좌우로 늘립니다.

⑧ 중앙 제어점을 선택하고 –7mm 이동시킵니다.

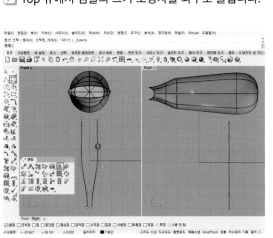

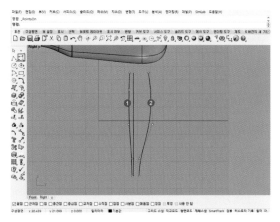

⑨ Front 뷰에서 Curve 명령으로 ❶커브를 그리고 Mirror 명령으로 ❶커브를 대칭 복사합니다.

⑩ Rigth 뷰에서 ❶, ❷커브를 만듭니다.

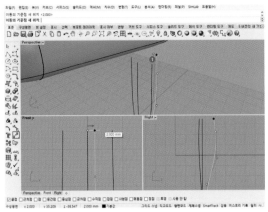

⑪ Move 명령으로 Front 뷰에서 ❶ 커브를 2mm 이동시킵니다.

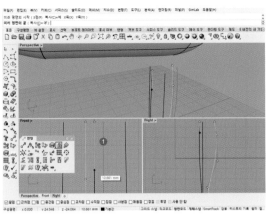

⑫ Mirror 명령으로 ❶ 커브를 대칭 복사합니다.

⑬ Loft 명령으로 ❶, ❷, ❸, ❹, ❺ 순으로 커브를 선택해 서피스를 만듭니다.

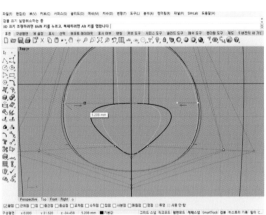

⑭ Wireframe 모드로 변경 후 Top 뷰에서 제어점을 켜고 검볼을 활용해 제어점을 조정합니다.

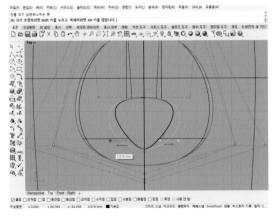

⑮ 그림처럼 검볼을 활용해 제어점을 조정합니다.

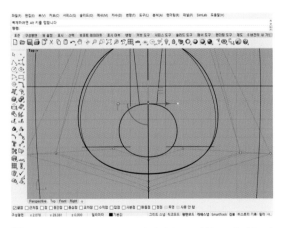

⑯ 둥그런 형태가 되도록 제어점을 조정하고 작업을 마칩니다.

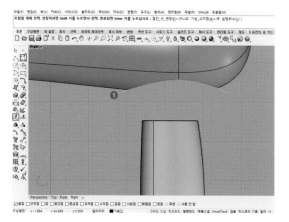

17 ⬡ Curve 명령어로 ❶커브를 만든 후 ✂ Trim 명령으로 ❶커브를 경계로 해서 아래쪽 서피스를 선택해 지웁니다.

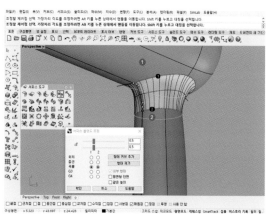

18 ✎ BlendSrf 명령으로 ❶, ❷서피스를 연결합니다.

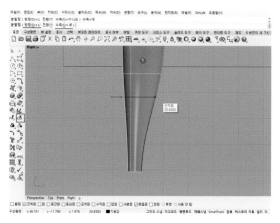

19 ✂ Split 명령으로 ❶ 서피스의 화살표 지점을 자릅니다.

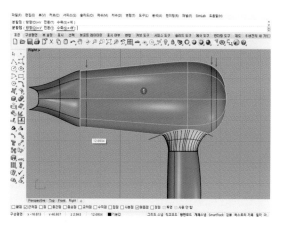

20 ✂ Split 명령으로 ❶ 서피스의 화살표 지점을 자릅니다.

반올림 🖱 Rip 명령 활용하기

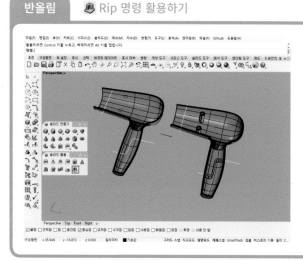

Rib 명령은 커브를 경계 서피스까지 두 방향으로 돌출시킵니다.

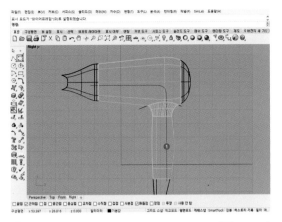

21 ⌐ Curve 명령으로 ❶커브를 만듭니다. ⚙ Join 명령으로 서피스를 결합합니다.

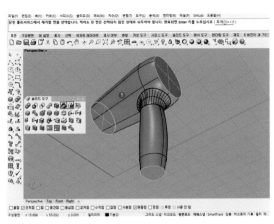

22 Cap 명령으로 ❶서피스를 솔리드로 만듭니다. ◈ Shell 명령으로 세 평면을 선택하고 두께를 1.5mm 줍니다.

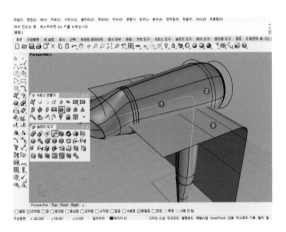

23 Extrude 명령으로 ❶커브를 양방향 돌출시킨 후 BooleanSplit 명령으로 ❷서피스를 ❸서피스로 자릅니다.

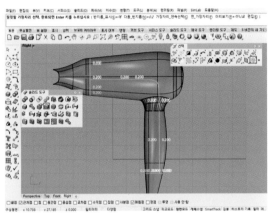

24 SelCrv 명령으로 커브를 선택하고 숨깁니다. FilletEdge 명령으로 Edge를 선택해 0.2mm 필렛을 줍니다.

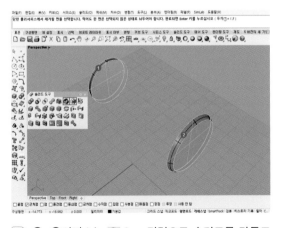

25 ❶, ❷서피스는 Cap 명령으로 솔리드를 만들고 ◈ Shell 명령으로 네 평면을 선택해 두께를 1.5mm 줍니다.

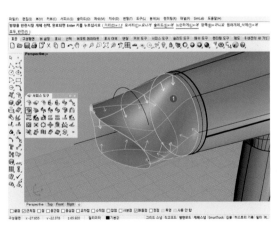

26 OffsetSrf 명령으로 ❶서피스를 선택해 두께를 줍니다.

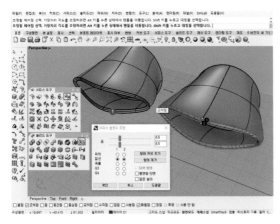

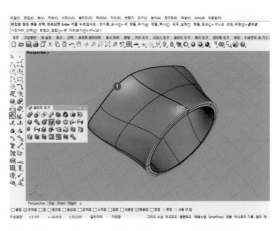

27 ⬡ ExtractSrf 명령으로 ❶ 서피스를 떼어내어 지웁니다. ⬡ BlendSrf 명령으로 두 서피스를 연결합니다.

28 ⬡ Join명령으로 ❶ 서피스를 조인한 후 ⬡ Fillet-Edge 명령으로 Edge를 선택해 필렛을 0.2mm 줍니다.

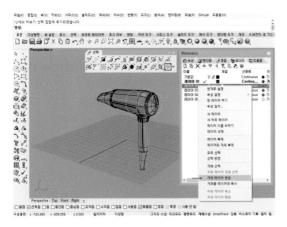

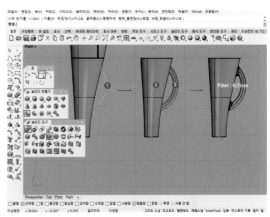

29 ⬡ SelCrv 명령으로 커브를 선택합니다. '레이어 02'로 변경하고 레이어를 숨깁니다.

30 Right 뷰에서 ⬡ Arc 명령으로 ❶호를 그린 후 ⬡ Pipe 명령으로 1mm 파이프를 만듭니다. ⬡ Boolean-Difference 명령으로 ❷, ❸서피스를 합칩니다. ⬡ FilletEdge 명령으로 0.7mm 필렛을 줍니다.

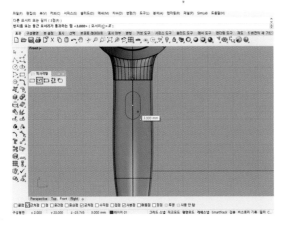

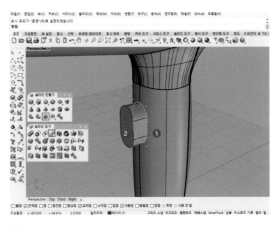

31 ⬡ Rectangle 명령으로 모서리를 둥글게 만들어줍니다.

32 ⬡ Extrude 명령으로 양방향 돌출시킵니다. ⬡ BooleanSplit 명령으로 ❶오브젝트를 ❷오브젝트로 자릅니다. 교차된 부분을 지웁니다.

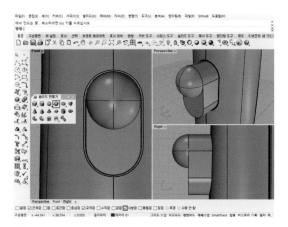

33 Sphere 명령으로 구를 만듭니다.

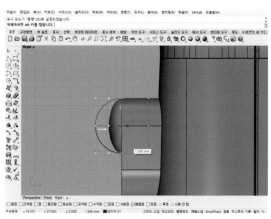

34 Right 뷰에서 제어점을 켭니다. 검볼을 활용해 제어점을 선택하고 구의 높이를 줄입니다.

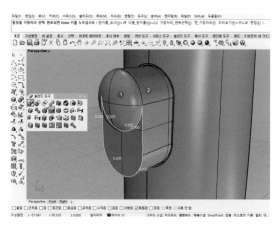

35 BooleanUnion 명령으로 ❶, ❷오브젝트를 합칩니다. FilletEdge 명령으로 Edge를 선택하고 0.2mm 필렛합니다.

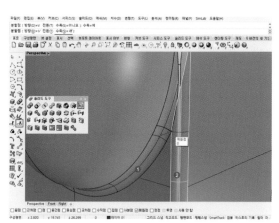

36 ExtractSrf 명령으로 ❶, ❷서피스를 떼어냅니다. Split 명령으로 ❶과 ❷ 서피스의 교차 끝점을 자릅니다.

37 ShowEdge 명령으로 ❶ 오브젝트를 선택하고 Edge가 분리된 지점을 확인합니다. SplitEdge 명령으로 화살표 지점의 끝점을 자릅니다.

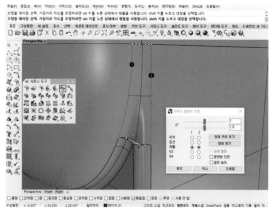

38 BlendSrf 명령으로 두 서피스를 연결합니다.

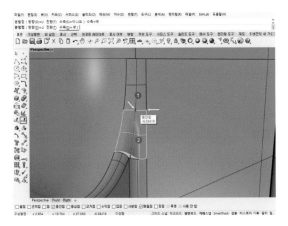

39 Split 명령으로 ❶ 서피스를 자르고 ❷ 서피스를
U 방향으로 자릅니다.

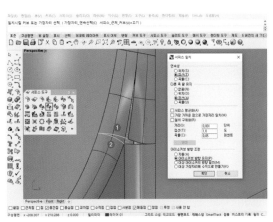

40 MatchSrf 명령으로 ❶, ❷ 서피스의 Edge를 일치
시킵니다. 옵션을 설정합니다.

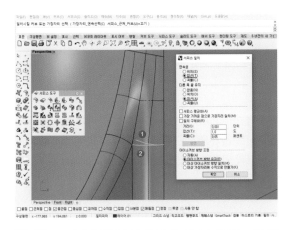

41 MatchSrf 명령으로 ❶과 ❷ 서피스의 Edge를 일
치시킵니다. 옵션을 설정합니다. 반대편도 같은 방법으로
서피스를 만듭니다.

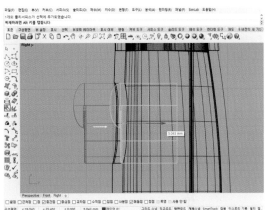

42 Join 명령으로 서피스를 결합하고 오브젝트를 이
동합니다.

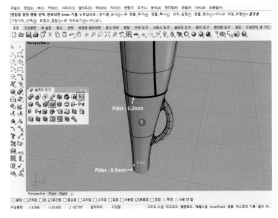

43 Cap 명령으로 ❶ 오브젝트를 솔리드로 만듭니다.
FilletEdge 명령으로 필렛을 줍니다.

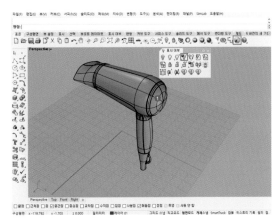

44 Isolate 명령으로 선택된 ❶ 서피스만 보이게 합니
다. Grasshoper 명령을 실행합니다.

Grasshopper 활용하여 에어 그릴 만들기

라이노6부터는 Grasshopper가 포함되었습니다. 이제부터 그래스호퍼를 활용하는 방법을 간단하게 알아보겠습니다. 그래스호퍼가 생소한 분들은 이 장에 있는 그래스호퍼 동영상을 참고하세요.

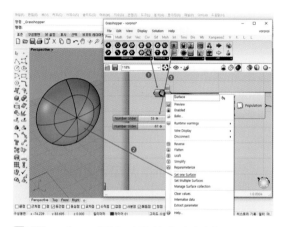

45 Surface 명령을 작업 창에 가져다 놓고 RMB로 Set One Surface에서 라이노 작업 창의 서피스를 선택합니다. Number Slider 명령을 작업 창에 가져다 놓습니다.

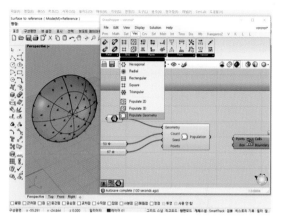

46 Populate Geometry 명령을 가져다 놓습니다. 컴포넌트 간의 연결은 출력 단자와 입력단자를 마우스로 드래그해 연결할 수 있습니다. Number Slider 컴포넌트를 연결합니다.

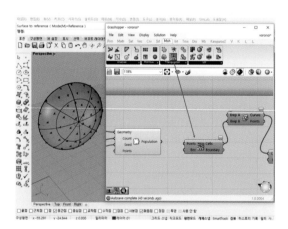

47 Voronoi 3D 명령을 가져다 놓습니다.

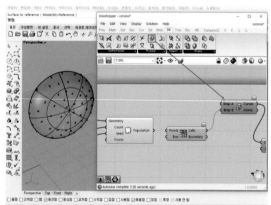

48 Brep/Brep 명령으로 교차선을 만듭니다.

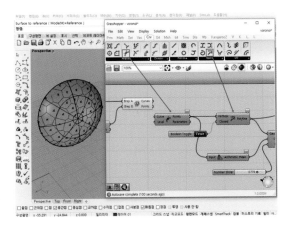

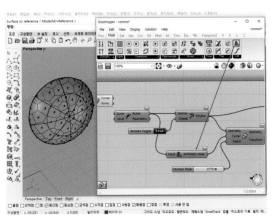

49 🪁 Discontinuity 명령으로 선의 불연속지점을 찾습니다. 🏹 Polyline 명령으로 폴리라인을 만듭니다.

50 ⛰️ Average 명령으로 평균값을 구합니다.

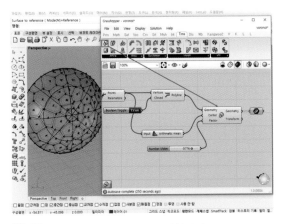

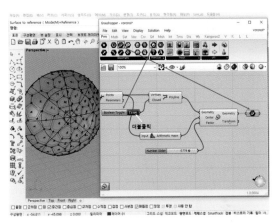

51 🔩 Scale 명령으로 크기를 조정합니다.

52 🌀 Curve 파라미터와 🔘 Boolean Toggle 명령을 가져옵니다. Boolean Toggle은 참(True)으로 변경합니다.

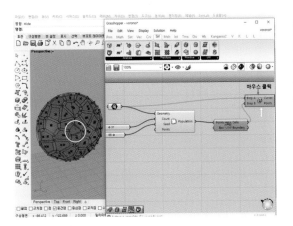

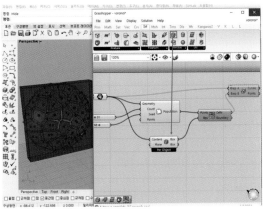

53 🔲 Brep/Brep 컴포넌트를 클릭하면 라이노 작업 창에 결과물이 녹색으로 표시됩니다. 하얀 원 부분이 Voronoi 형태가 아닙니다.

54 🔳 Bounding Box 명령으로 서피스를 Box로 감싸게 합니다.

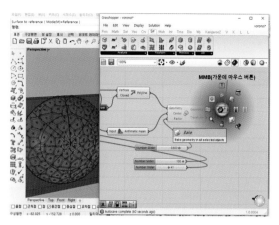

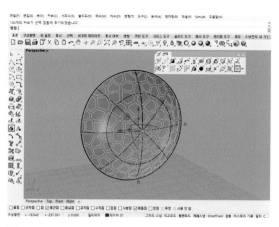

55 Curve 컴포넌트를 가운데 마우스 버튼으로 클릭하고 Bake 명령으로 결과물을 얻습니다. Grasshopper를 닫습니다.

56 SelCrv 명령으로 커브를 선택하고 Group 명령으로 커브를 하나로 묶습니다.

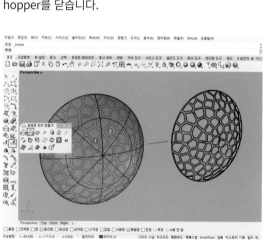

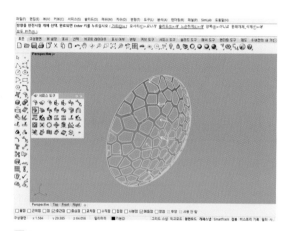

57 Pull 명령으로 ❶커브를 ❷서피스의 Normal 방향으로 끌어옵니다. 그룹 시켰던 커브는 지웁니다. Split 명령으로 ❷서피스를 ❶커브로 자른 후 필요 없는 서피스는 지웁니다.

58 OffsetSrf 명령으로 서피스의 두께를 1mm 줍니다.

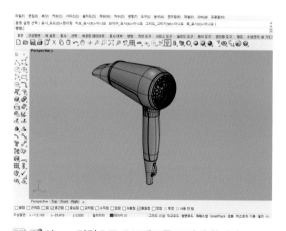

59 Show 명령으로 오브젝트를 보이게 합니다.

60 Shade 렌더링 모드입니다.

Chapter

13

Shaver 만들기

이 장에서는 보다 다양한 명령어들을 활용해보겠습니다.

Lesson 01   Shaver 몸체 만들기

라이노에서 가장 활용성이 높은 명령어인 Loft 명령을 정확히 이해하고 응용하는 방법에 대해서 알아보겠습니다.

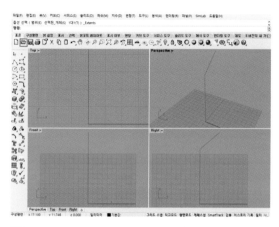

[1] 📁 Open 명령으로 'shaver.3dm' 파일을 엽니다.

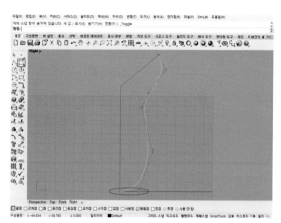

[2] Right 뷰에서 ⌗ Curve 명령으로 아래에서부터 커브를 만듭니다. 빨간 원으로 표시한 것처럼 두번째 제어점은 Shift 키를 누르고 클릭해 수평을 맞춰줍니다.

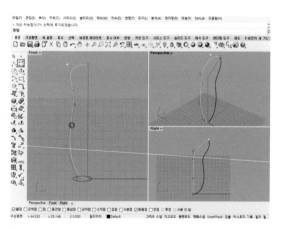

[3] Front 뷰에서 ❶커브를 만든 후에 제어점을 이동시켜 커브를 만듭니다.

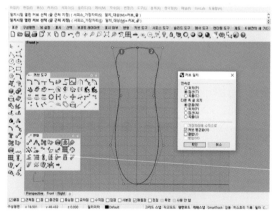

[4] ⚏ Mirror 명령으로 ❶커브를 대칭 복사하고 ∿ Match 명령으로 ❶과 ❷커브를 일치시킵니다.

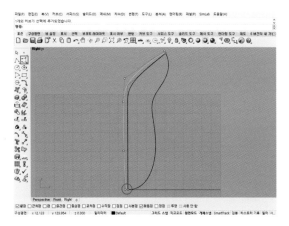

⑤ Right 뷰에서 ⬚ Curve 명령으로 위 그림처럼 만듭
니다.

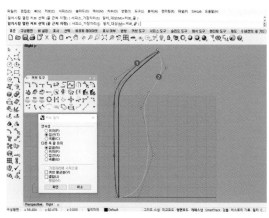

⑥ ∿ Match 명령으로 ❶과 ❷ 커브를 옵션처럼 체크
하고 일치시킵니다.

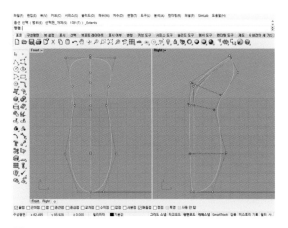

⑦ 제어점을 켜고 제어점들의 위치가 서로 맞대응하는
지 확인합니다. 빨간 화살표를 참고합니다.

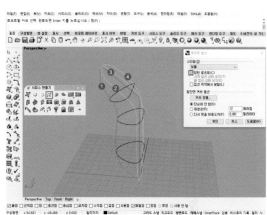

⑧ 🕴 Loft 명령으로 ❶, ❷, ❸, ❹커브를 순서대로 선
택하고 서피스를 만듭니다.

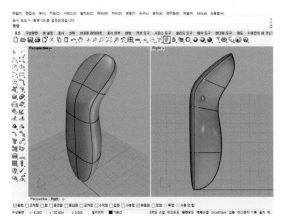

⑨ ❶서피스를 선택하고 💡 Hide 명령으로 숨깁니다.

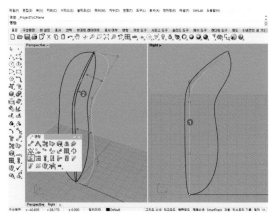

⑩ Right 뷰에서 ✍ ProjectToCplane 명령으로 ❶ 커
브를 Right 뷰 작업평면에 투영합니다. ❷커브가 생성됩
니다.

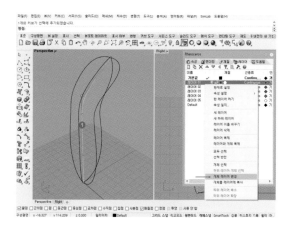

11 🗔 Layer 명령으로 ❶ 커브를 '레이어 01'로 변경하고 현재 레이어를 '레이어 01'로 합니다.

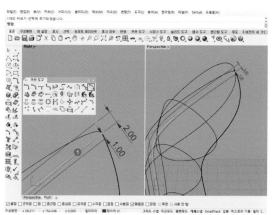

12 🗔 Offset 명령으로 ❶ 커브를 2mm, 1mm 띄웁니다.

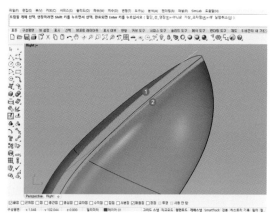

13 🗔 Trim 명령으로 ❶, ❷ 커브를 경계로 해서 안쪽 서피스를 선택해 지웁니다.

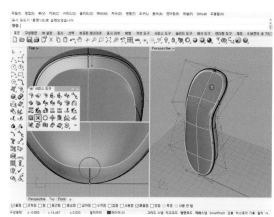

14 🗔 ShrinkTrimmedSrf 명령으로 ❶ 서피스를 선택하면 제어점이 서피스에 축소됩니다. Top, Front 뷰에서 확대해 화살표가 가리키는 곳과 붉은 원 안을 보면 부자연스럽다는 것을 알 수 있습니다.

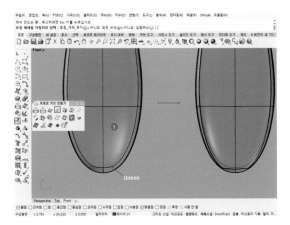

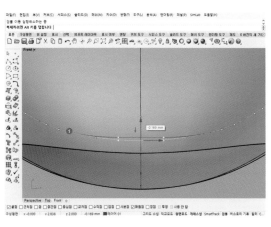

15 DupBorder 명령으로 ❶서피스의 경계를 커브로 추출합니다. Untrim 명령으로 ❶ 서피스의 경계를 선택합니다.

16 Front 뷰에서 ❶커브의 제어점을 켜고 제어점을 선택한 후 아래로 조금 이동시켜 부드럽게 만듭니다.

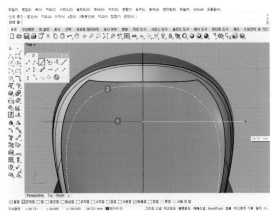

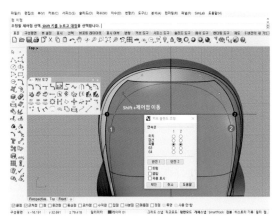

17 Line 명령으로 ❶선을 그립니다. Trim 명령으로 ❶선을 경계로 해서 ❷커브를 선택해 지웁니다.

18 BlendCrv 명령으로 ❶과 ❷커브를 연결합니다.

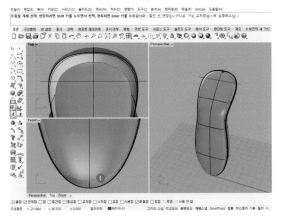

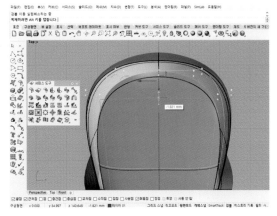

19 Front 뷰에서 테두리 커브들은 모두 선택해서 Join 명령으로 결합합니다. Trim 명령으로 ❶커브를 경계로 바깥쪽 서피스를 선택해서 지웁니다.

20 ShrinkTrimmedSrf 명령으로 제어점을 축소합니다. 제어점을 선택하고 검볼을 활용해 이동시킵니다.

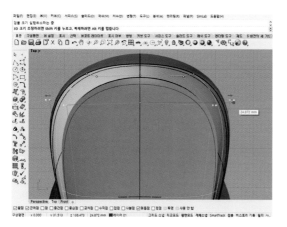

21 제어점을 선택하고 검볼을 이용해 좌, 우로 약간 늘립니다.

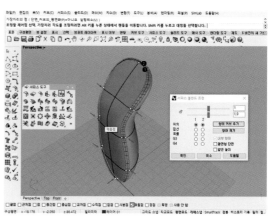

22 BlendSrf 명령으로 서피스를 연결하고 화살표 지점에 형태 커브를 추가해 서피스를 만듭니다.

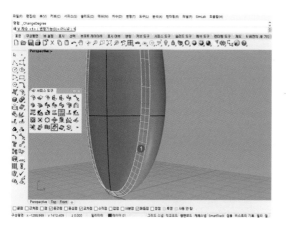

23 RemoveMultiKnot 명령으로 중복된 Knot을 지운 후 ChangeDegree 명령으로 ❶ 서피스의 V 차수를 5로 변경합니다.

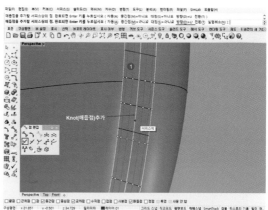

24 InsertKnot 명령으로 ❶ 서피스의 중간지점에 U 방향으로 Knot를 추가합니다.

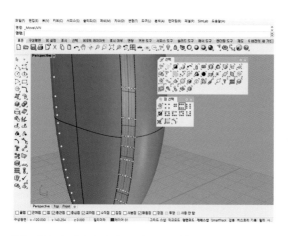

25 가운데 제어점 하나를 선택하고 SelU 명령으로 U 방향 제어점을 모두 선택합니다.

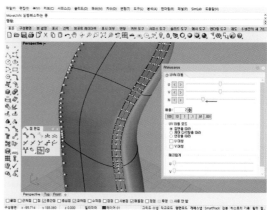

26 MoveUVN 명령으로 Normal 방향 슬라이더를 그림처럼 움직여 제어점을 이동시킵니다.

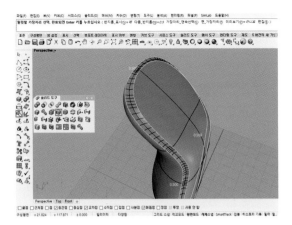

27 🔧 Join 명령으로 서피스들을 선택해 결합합니다. 📦 FilletEdge 명령으로 Edge를 선택하고 필렛을 0.5mm 줍니다.

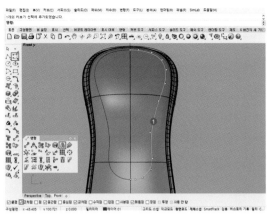

28 Front 뷰에서 ❶ 커브를 만들고 🔀 Mirror 명령으로 ❶ 커브를 대칭 복사합니다.

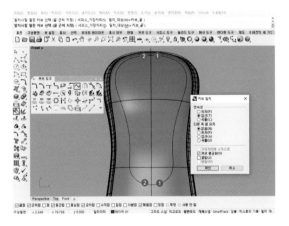

29 〰 Match 명령으로 ❶과 ❷ 커브의 끝점을 일치시킵니다. 위쪽과 아래쪽 모두 커브 일치를 합니다. 🔧 Join 명령으로 커브를 결합합니다.

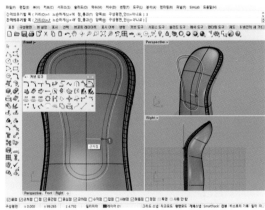

30 Front 뷰에서 🦪 Offset 명령으로 ❶ 커브를 1mm, 3mm 띄웁니다.

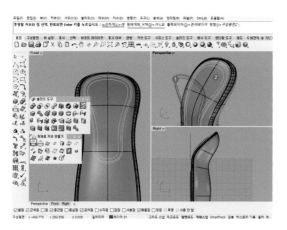

31 Front 뷰에서 🍶 Project 명령으로 ❶ 커브들을 ❷ 서피스에 투영합니다. 🍶 ExtractSrf 명령으로 ❷ 서피스를 떼어냅니다.

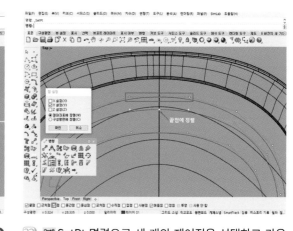

32 🔧 SetPt 명령으로 세 개의 제어점을 선택하고 가운데 제어점에 수평하게 정렬합니다.

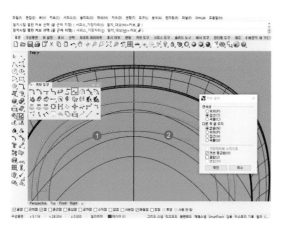

33 📐 Explode 명령으로 커브를 분해한 후 ⟿ Match 명령으로 ❶과 ❷ 커브를 일치시킵니다.

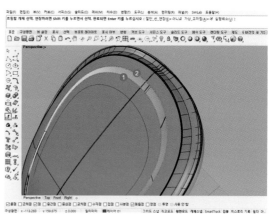

34 ✂ Trim 명령으로 ❶과 ❷ 커브를 경계로 안쪽 서피스를 선택해 지웁니다.

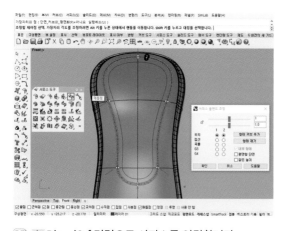

35 🍃 BlendSrf 명령으로 서피스를 연결합니다.

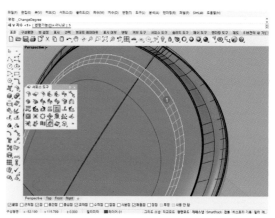

36 ✐ RemoveMultiKnot 명령으로 ❶ 서피스의 중복된 Knot를 지웁니다. 🔠 ChangeDegree 명령으로 ❶ 서피스를 선택하고, V 방향으로 차수를 5로 변경합니다.

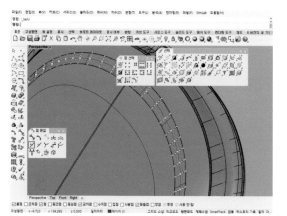

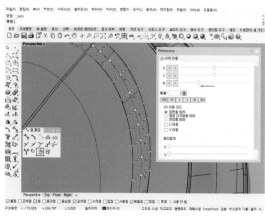

37 ✏ InsertKnot 명령으로 ❶ 서피스의 U 방향으로 중 간지점에 제어점을 추가합니다. ▦ SelU 명령으로 제어 점을 선택합니다.

38 ✎ MoveUVN 명령으로 Normal 방향으로 이동합니다.

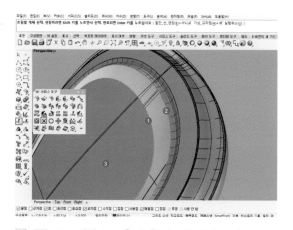

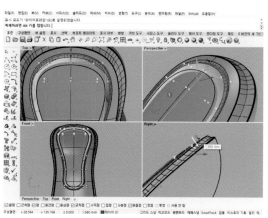

39 ✂ Trim 명령으로 ❶과 ❷ 커브를 경계로 안쪽 부분 의 서피스를 선택해 지웁니다. ▦ ShrinkTrimmedSrf 명령으로 ❸ 서피스를 선택해 제어점을 서피스에 맞게 축 소합니다.

40 ❶ 서피스의 제어점을 켜고 검볼을 활용해 Right 뷰 에서 화살표 방향으로 약간 이동시킵니다.

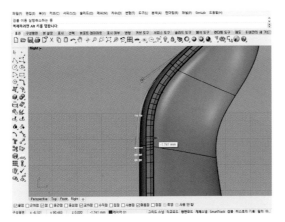

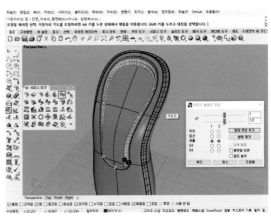

41 Right 뷰에서 제어점을 좌측으로 –1.7mm 정도 이 동합니다.

42 🔏 BlendSrf 명령으로 두 서피스를 연결합니다. 🧩 Join 명령으로 모든 서피스를 결합합니다.

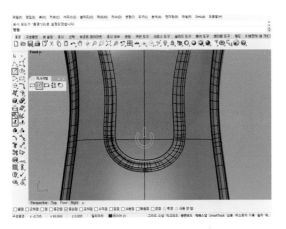

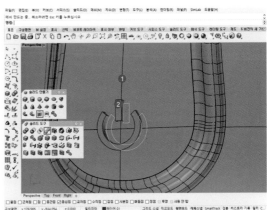

43 체크된 명령어들로 전원 버튼 커브를 만듭니다.

44 🔲 Extrude 명령으로 커브를 돌출시킨 후 📌 BooleanSplit 명령으로 ❶ 오브젝트를 ❷ 오브젝트로 자 릅니다.

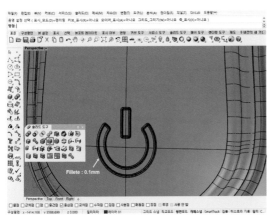

45 교차된 부분만 남기고 다른 부분은 지웁니다. 📦 FilletEdge 명령으로 Edge를 선택해 0.1mm 필렛합니다.

Shaver 헤드 만들기

CPlane을 활용하는 방법과 Solid를 편집하는 방법에 대해서 알아보겠습니다.

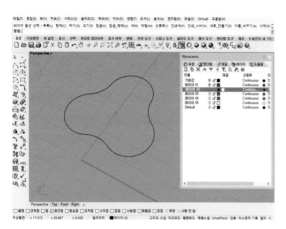

46 Layer 명령을 클릭하고 '기본값, 레이어 01'을 끕니다. '레이어 02'를 보이게 하고 현재 레이어로 바꿉니다.

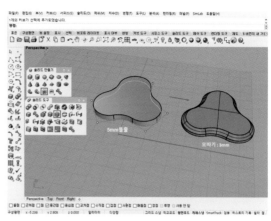

47 Extrude 명령으로 커브를 5mm 돌출시킨 후 ChamferEdge 명령으로 Edge를 선택해 3mm 모따기합니다.

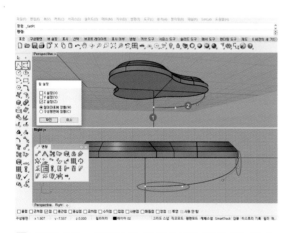

48 Polyline 명령으로 ❶ 중심선을 만듭니다. Right 뷰에서 Curve 명령으로 ❷ 커브를 만듭니다. SetPt 명령으로 제어점을 수평하게 만듭니다.

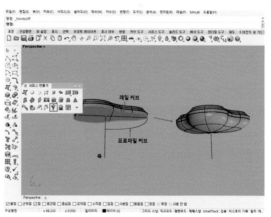

49 RailRevolve 명령으로 서피스를 만듭니다.

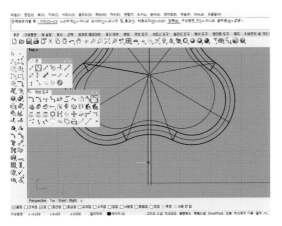

50 Top 뷰에서 ∧ Polyline으로 선을 그린 후 ⟋ Offset 명령으로 양방향 0.5mm 띄웁니다.

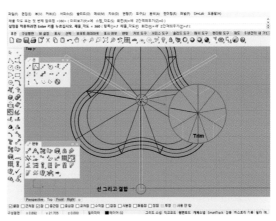

51 ⟐ Join 명령으로 선들을 결합합니다. ⟐ Array-Polar 명령으로 선을 3개 원형 배열합니다. ⟐ Trim 명령으로 선들이 교차되어 나온 부분들을 지웁니다.

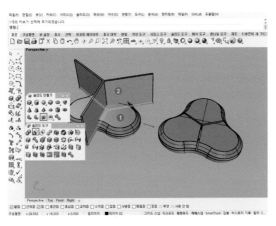

52 ⟐ Extrude 명령으로 커브를 돌출시킵니다. ⟐ BooleanSplit 명령으로 ❶오브젝트를 ❷오브젝트로 자릅니다. 필요 없는 오브젝트는 지웁니다.

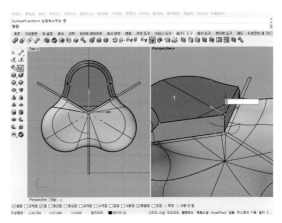

53 ❶오브젝트를 선택하고 ⟐ SolidPtOn 명령으로 제어점을 켠 후 중앙의 제어점 하나를 선택해 3mm 이동합니다. ⟐ Explode 명령으로 ❶오브젝트를 분해하고 변형된 윗면은 지웁니다.

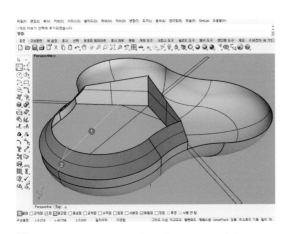

54 ∧ Polyline 명령으로 ❶과 ❷선을 만듭니다.

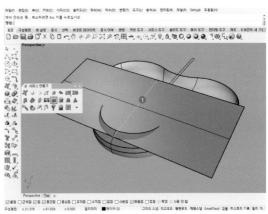

55 ⟐ Extrude 명령으로 ❶선을 양방향으로 돌출시킵니다.

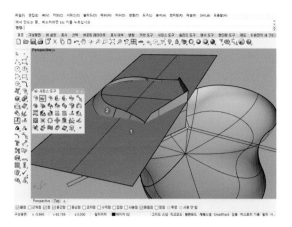

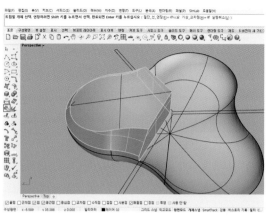

56 ExtendSrf 명령으로 서피스를 연장해 ① 서피스와 교차되게 합니다. Trim 명령으로 ①과 ② 서피스들을 선택해서 튀어나온 서피스들을 지웁니다.

57 Join 명령으로 모든 서피스를 결합합니다.

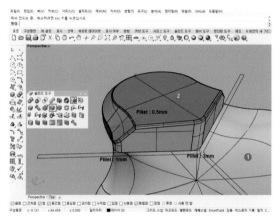

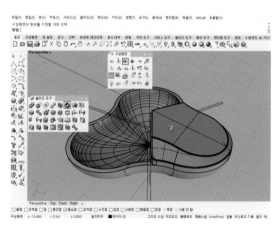

58 ① 서피스를 선택해 Cap 명령으로 솔리드를 만듭니다. ② 오브젝트는 FilletEdge 명령으로 Edge를 선택해 R 값이 큰 순서부터 필렛을 줍니다.

59 Shell 명령으로 ①번 오브젝트의 두께를 1.5mm 줍니다. CPlane 명령으로 ② 서피스를 작업 평면으로 설정합니다.

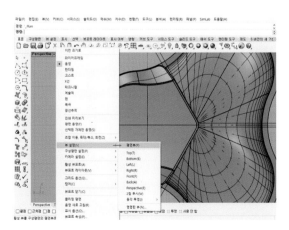

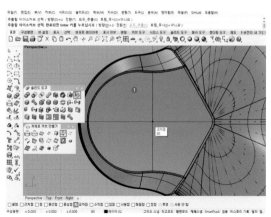

60 Perspective에서 뷰포트 제목 옆의 검은 역삼각형을 클릭하고 뷰 설정에서 평면 뷰로 바꿉니다.

61 ExtractSrf 명령으로 ① 서피스를 떼어냅니다. ExtractIsoCrv 명령으로 U 방향으로 교차점에 커브를 추출합니다.

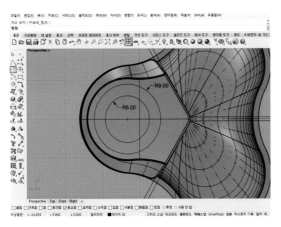

62 ⊙ Circle 명령으로 원을 만듭니다. ⊞ 4View 명령으로 원래 뷰로 되돌립니다.

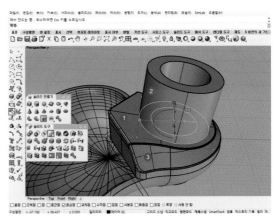

63 ❶서피스는 ⚙ Join 명령으로 결합합니다. 🖼 Extrude 명령으로 두 원을 양방향 돌출시키고 ⚓ BooleanSplit 명령으로 ❸오브젝트를 ❷오브젝트로 자릅니다.

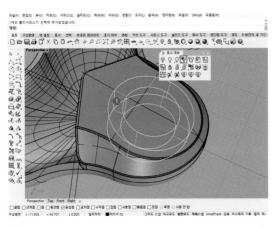

64 필요 없는 부분은 지웁니다. 🐤 Isolate 명령으로 ❶ 오브젝트만 보이게 합니다.

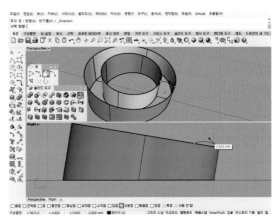

65 🍥 ExtractSrf 명령으로 윗면을 떼어내 지우고 Right 뷰에서 🏹 Arc 명령으로 호를 만듭니다.

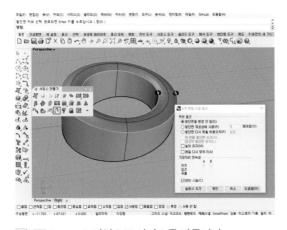

66 ₂ Sweep2 명령으로 서피스를 만듭니다.

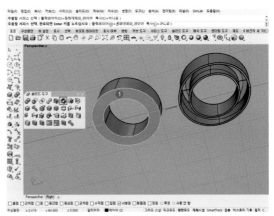

67 🍩 Shell 명령으로 ❶ 서피스를 선택하고 두께를 1.5mm로 설정합니다.

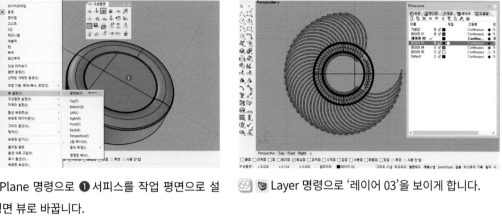

⑥⑧ 🖱 CPlane 명령으로 ❶ 서피스를 작업 평면으로 설
정하고 평면 뷰로 바꿉니다.

⑥⑨ 🗒 Layer 명령으로 '레이어 03'을 보이게 합니다.

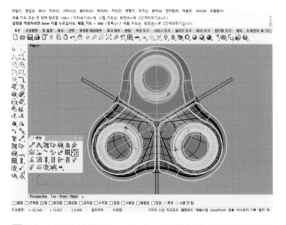

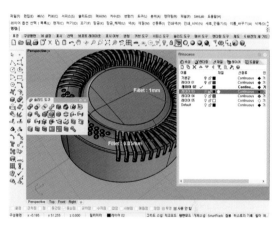

⑦⓪ 🗊 Extrude 명령으로 커브를 돌출시킨 후 🖲 Boo-
leanDifference 명령으로 ❶ 오브젝트에서 돌출한 오브
젝트들을 빼줍니다.

⑦① 🖲 FilletEdge 명령으로 0.05mm와 1mm 필렛을
합니다.

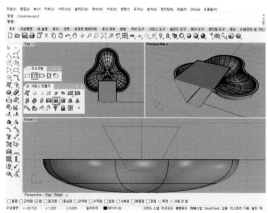

⑦② Top 뷰에서 🗘 ArrayPolar 명령으로 오브젝트를 원
형 배열합니다.

⑦③ 🖵 Rectangle 명령으로 사각형을 만들고 검볼을 활
용해 위 그림처럼 만들어줍니다. 🗊 Extrude 명령으로
커브를 돌출시킵니다.

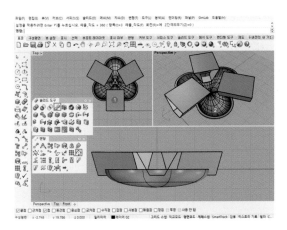

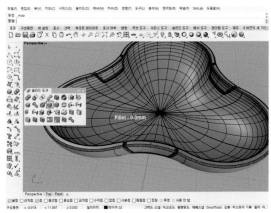

74 Top 뷰에서 ArrayPolar 명령으로 ❶ 오브젝트를 원형 배열한 후 BooleanSplit 명령으로 ❷번 오브젝트를 원형 배열한 오브젝트로 자릅니다.

75 필요 없는 오브젝트는 지우고 FilletEdge 명령으로 모든 Edge를 선택해 0.3mm 필렛합니다.

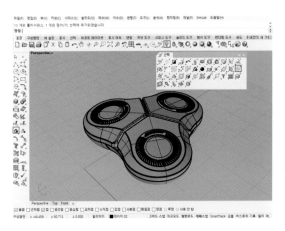

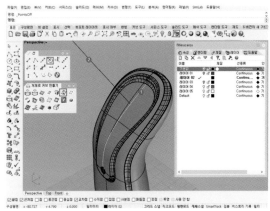

76 Show 명령으로 오브젝트들을 보이게 합니다. SelCrv 명령으로 커브를 모두 선택해 Hide 명령으로 숨깁니다. 나머지 오브젝트를 선택해 Group 명령으로 묶습니다.

77 Layer 명령으로 '기본값' 레이어를 보이게 합니다. ExtractIsoCrv 명령으로 중앙에 ❶ 커브를 추출한 후 Line 명령으로 Normal 방향 ❷선을 그립니다.

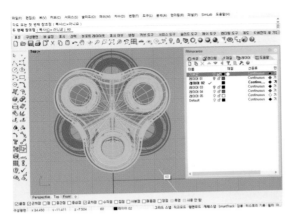

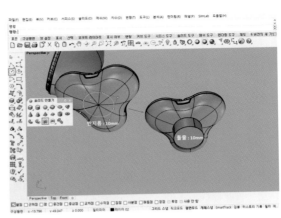

78 '기본값' 레이어를 잠시 끕니다. Top 뷰에서 🖎 Rotate 명령으로 면도기 헤드 부분을 60도 회전합니다.

79 '기본값' 레이어는 보이게 하고 ⊙ Circle 명령으로 원을 그립니다. 🔲 Extrude 명령으로 원을 10mm 돌출시킵니다.

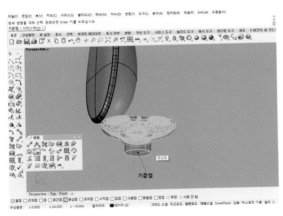

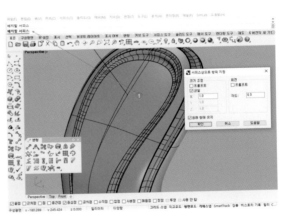

80 🔧 OrientOnSrf 명령으로 헤드와 원기둥을 선택하고 기준점을 설정합니다.

81 ❶서피스를 선택합니다.

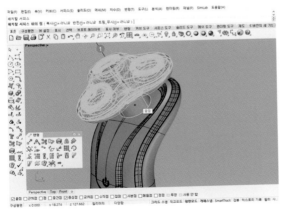

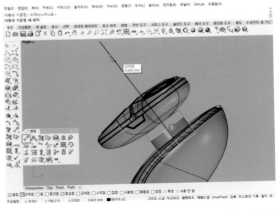

82 ❶선의 끝점에 오브젝트를 위치시킵니다.

83 ⤢ Move 명령으로 ❶ 오브젝트를 선을 따라 아래로 이동시킵니다. 검볼을 활용해도 됩니다. 옵션을 개체에 정렬로 변경하면 됩니다.

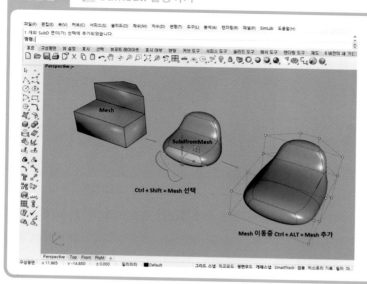

Gumball을 이용해 Mesh를 추가하고 선택하는 방법에 대해서 알아보겠습니다. Mesh는 SubdfromMesh 명령으로 섭디로 변경하고 Smooth 형태로 검볼을 활용해 편집할 수 있습니다.

■ Mesh와 Subd 선택

[Ctrl] + [Shift]

■ Mesh와 Subd 추가

검볼 이동 중 [Ctrl] + [Alt]

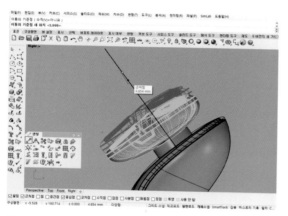

84 헤드를 선택해 🖈 Move 명령으로 선을 따라 아래로 이동시킵니다.

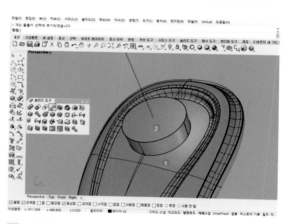

85 헤드를 💡 Hide 명령으로 숨기고 🔗 BooleanSplit 명령으로 ❶오브젝트를 ❷오브젝트로 자릅니다.

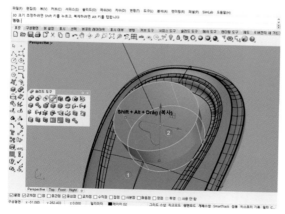

86 원기둥을 선택하고 [Shift] + [Alt] + Drag해 크기를 확대합니다. ❷오브젝트를 만든 후 🔗 BooleanSplit 명령으로 ❶오브젝트를 ❷오브젝트로 자릅니다.

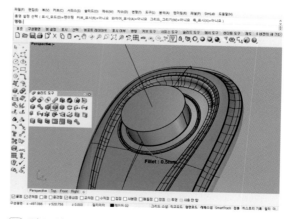

87 필요 없는 부분은 지우고 🔗 FilletEdge 명령으로 필렛을 합니다.

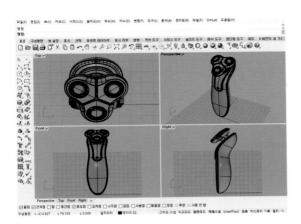

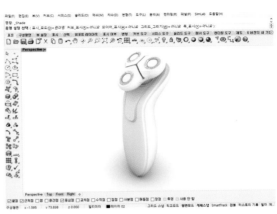

88 💡 Show 명령으로 오브젝트를 보이게 합니다. 필요 없는 부분은 숨깁니다.

89 ⚫ Shade 명령의 렌더링 모드입니다.

Chapter

14

Knife 만들기

이 장에서는 보다 다양한 명령을 활용하여 Knife를 만드는 방법과 작업 중에 발생할 수 있는 오류 등에 대해서 다루겠습니다.

Lesson 01 　Knife의 손잡이 만들기

Knife 이미지를 참고해서 손잡이 모양을 만들어가는 과정입니다.

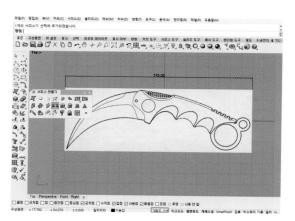

① 그리드 스냅을 선택한 후 📷 Pircture 명령으로 'knife.jpg'를 불러와 170mm 크기로 맞춥니다.

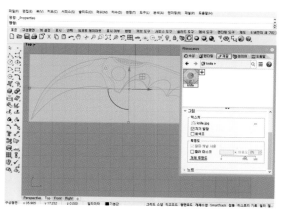

② ⭕ Properties>재질>투명도>개체 투명도를 70%로 설정합니다.

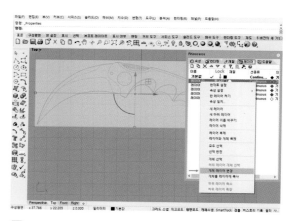

③ 선택된 이미지를 '레이어 01'로 변경하고 레이어를 잠급니다.

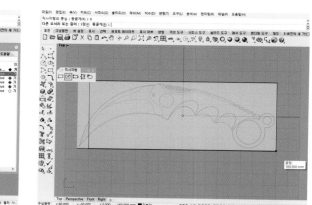

④ ▭ Rectangle 명령으로 원점에서 이미지 끝점에 맞추어 사각형을 그립니다.

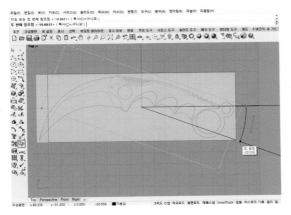

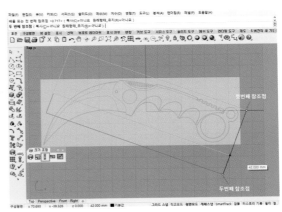

⑤ 🖉 Rotate 명령으로 사각형을 원점에서 –20도 회전
시킵니다.

⑥ 🗍 Scale1D로 사각형을 줄입니다.

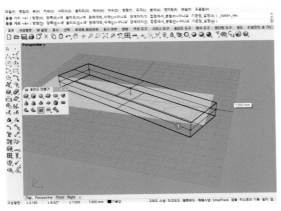

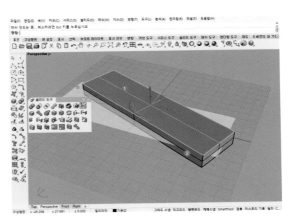

⑦ 🗍 Extrude 명령으로 ❶사각형을 양방향으로 7mm
돌출합니다.

⑧ 🗍 ExtractSrf 명령으로 ❶서피스를 떼어 냅니다. ❷
오브젝트는 지웁니다.

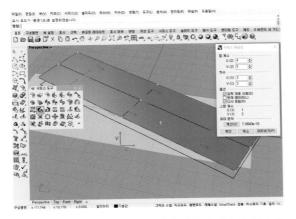

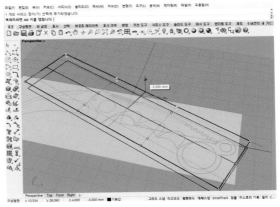

⑨ 🗍 Rebuild 명령으로 ❶ 서피스를 점 개수와 차수를
변경합니다.

⑩ 제어점을 선택하고 검볼로 –3mm 내립니다.

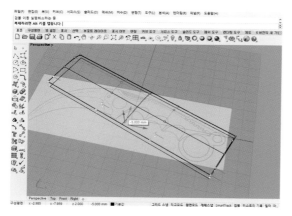

[11] 2열 제어점을 모두 선택하고 검볼로 –5mm 내립니다.

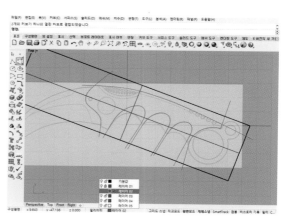

[12] '레이어 02'로 변경합니다. Curve 명령으로 아래
이미지를 참고하여 커브를 그립니다.

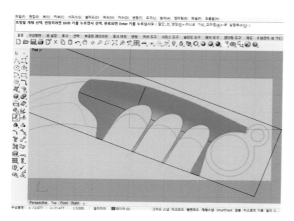

[13] Trim 명령으로 커브를 경계로 해서 필요 없는 서
피스를 지웁니다.

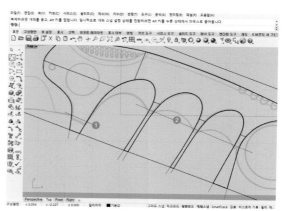

[14] Polyline 명령으로 ❶, ❷라인을 그립니다.

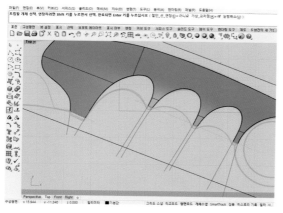

[15] Trim 명령으로 ❶, ❷라인을 경계로 해서 필요 없
는 서피스를 지웁니다.

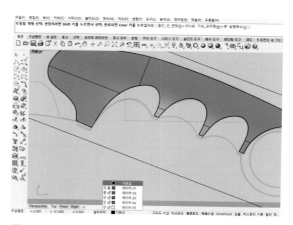

[16] 레이어를 '기본값'으로 설정하고 '레이어 02'를 OFF
합니다.

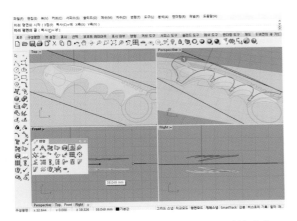

⑰ Mirror 명령으로 ❶ 서피스를 대칭 복사합니다.

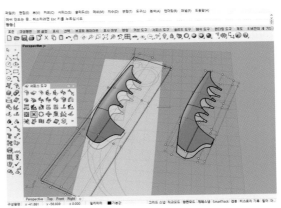

⑱ ☑ ShrinkTrimmedSrf 명령으로 서피스들을 선택해서 제어점이 잘린 서피스 경계에 맞게 축소합니다. F10 명령으로 제어점의 변화를 확인할 수 있습니다.

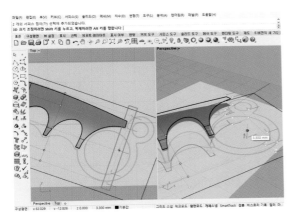

⑲ 제어점이 켜진 상태에서 빨간 박스 안의 제어점을 선택합니다. 검볼을 활용해 3.3mm 줄입니다.

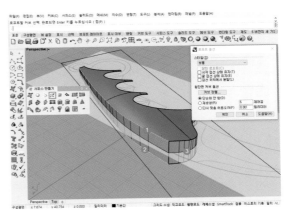

⑳ ☑ Loft 명령으로 ❶, ❷ Edge를 선택해 서피스를 만듭니다.

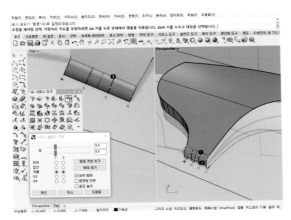

㉑ ☑ BlendSrf 명령으로 서피스를 연결합니다.

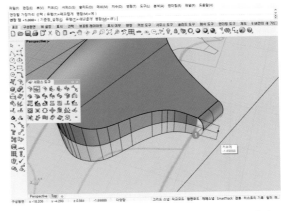

㉒ ☑ ExtendSrf 명령으로 ❶ Edge를 선택해서 서피스를 연장합니다.

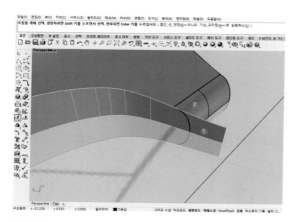

23 Trim 명령으로 ❶ 서피스를 경계로 ❷ 서피스의 약간 튀어나온 부분을 선택해 지웁니다.

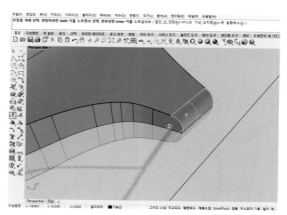

24 Trim 명령으로 ❶ 서피스를 경계로 ❷ 서피스의 튀어나온 부분을 지웁니다.

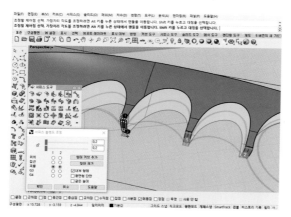

25 BlendSrf 명령으로 서피스를 연결합니다. ❶과 ❷ 서피스도 BlendSrf 명령으로 만듭니다.

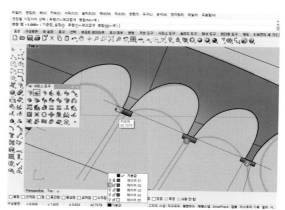

26 '레이어 02'를 ON합니다. ExtendSrf 명령으로 Edge를 선택해서 서피스를 연장합니다. ❶과 ❷ 서피스의 Edge도 연장합니다.

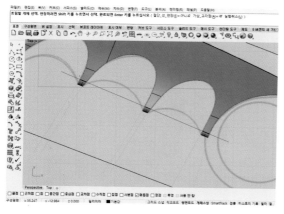

27 Trim 명령으로 커브를 경계로 해서 연장된 서피스를 지웁니다.

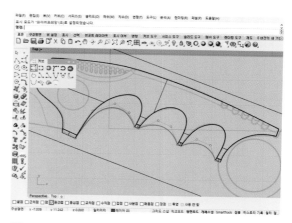

28 오스냅 중간점을 선택하고 '레이어 03'으로 변경합니다. Curve 명령으로 커브를 만듭니다.

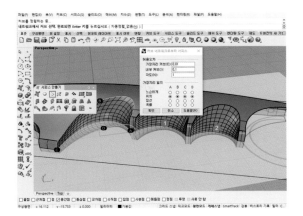

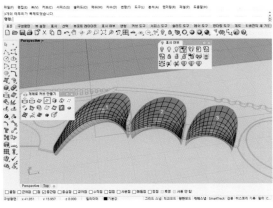

29. 레이어를 '기본값'으로 변경합니다. NetworkSrf 명령으로 4개의 Edge와 하나의 커브를 선택해서 서피스를 만듭니다. NetworkSrf 명령으로 ❶과 ❷ 서피스도 만듭니다.

30. ❶, ❷, ❸ 서피스를 선택하고 Isolate 명령으로 나머지는 숨깁니다. DupBorder 명령으로 ❶, ❷, ❸ 서피스의 경계를 커브로 추출합니다.

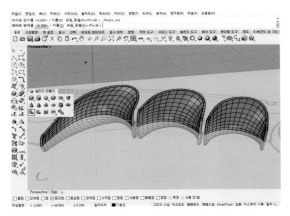

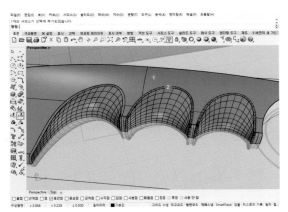

31. Pipe 명령으로 커브를 선택하고 0.3mm인 파이프를 만듭니다.

32. Show 명령으로 모두 보이게 합니다. Ctrl + A (모두 선택)한 후 Join 명령으로 결합합니다. Split 명령으로 ❶ 서피스를 ❷ 파이프로 자르고 필요 없는 서피스는 지웁니다.

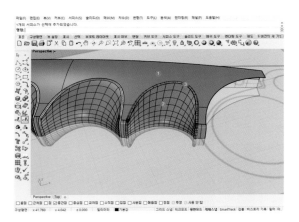

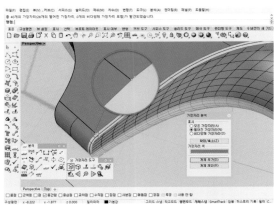

33 마지막 부분은 조인이 되어 있지 않으므로 ⬚ Split 명령으로 ❶과 ❷ 서피스를 ❸ 파이프로 잘라준 후 필요 없는 서피스는 지웁니다.

34 ⬚ ShowEdges 명령으로 서피스를 선택하고 Edge 를 확대해 보면 미세하게 Edge가 나뉘어 있다는 걸 알 수 있습니다. 라이노를 처음 접하시는 분들은 이런 부분 에서 많은 실수를 하게 되니 이상 유무를 꼭 확인하고 다 음 작업을 하길 바랍니다.

반올림   NetworkSrf 오차 설정

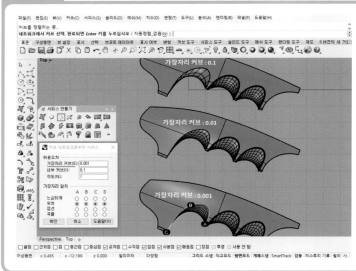

가장자리 커브의 허용오차가 크면 (0.1이나 0.01) 서피스는 아이소커브 가 적게 표현되나, 서피스가 조인되더 라도 열려있게 됩니다. 오차가 작으면 (0.001) 아이소커브가 복잡해지며 서 피스 조인 시 열리지 않게 됩니다.

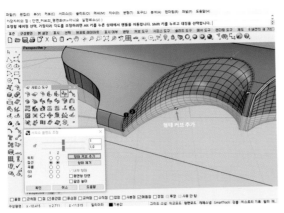

35 ✍ BlendSrf 명령으로 서피스를 연결할 때는 꼭 미세하게 떨어진 Edge를 선택하고 서피스를 만듭니다. 형태 커브 추가로 화살표 지점에 아이소커브를 추가해 형태를 바로 잡습니다.

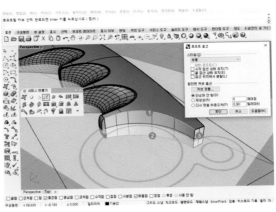

36 ↗ Loft 명령으로 ❶과 ❷ Edge를 선택해 서피스를 만듭니다. ❸ 서피스도 같은 방법으로 만듭니다.

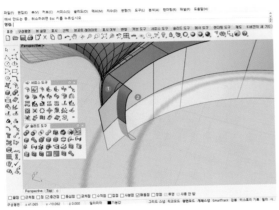

37 ⬢ ExtractSrf 명령으로 ❶ 서피스를 떼어냅니다. ✎ ExtendSrf 명령으로 ❶과 ❷ 서피스를 연장해 확실히 교차되게 만듭니다.

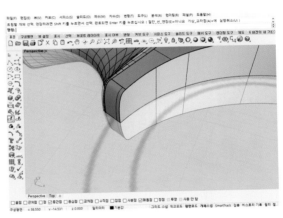

38 ✂ Trim 명령으로 튀어나온 서피스를 지워줍니다.

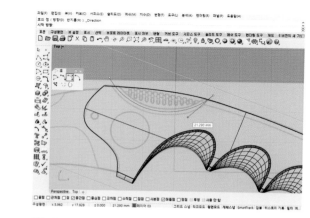

㊴ '레이어 03'으로 변경합니다. ⟍ Arc 명령으로 호를 만듭니다.

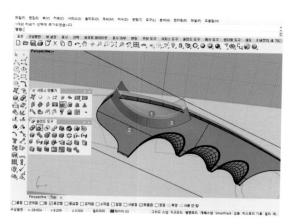

㊵ 🗔 Extrude 명령으로 ❶ 커브를 양방향 돌출시킵니다. ⊗ BooleanDifference 명령으로 ❷ 오브젝트에서 ❸ 서피스를 뺍니다.

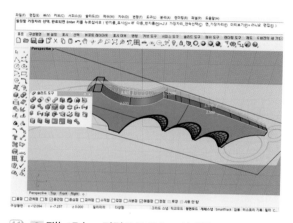

㊶ 🔷 FilletEdge 명령으로 Edge 선택하고 2.5mm 필렛합니다.

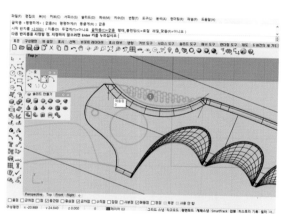

㊷ ⟍ Arc 명령으로 ❶ 호를 그립니다. ◖ Pipe 명령으로 ❶ 호를 선택해 반지름이 2.5mm인 파이프를 만듭니다.

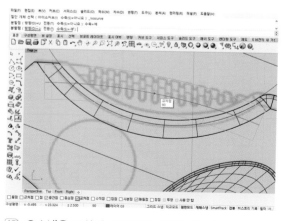

㊸ 오스냅을 교차점 선택하고 🔁 Split 명령으로 파이프 절반을 자릅니다.

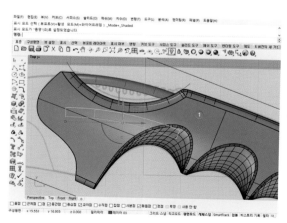

㊹ 잘린 파이프 반쪽을 아래로 이동시킵니다. ❶ 오브젝트를 선택해 💡 Hide 명령으로 숨깁니다.

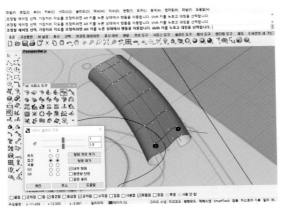

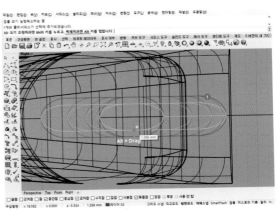

45 🖉 BlendSrf 명령으로 서피스를 연결하고 반대편도 같은 방법으로 서피스를 만듭니다. 🗡 Join 명령으로 서피스를 결합합니다.

46 Right 뷰에서 ❶ 오브젝트를 선택하고 검볼로 (Alt) + Drag해 오브젝트를 복사한 후 크기를 줄입니다.

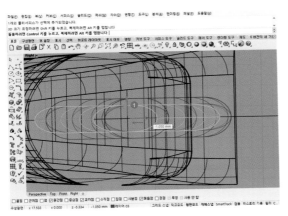

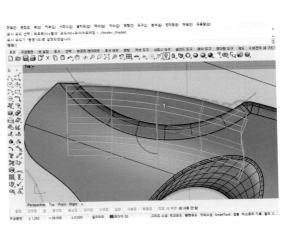

47 ❶ 오브젝트를 선택하고 검볼을 이용해 좌측으로 –1mm 이동시킵니다.

48 Top 뷰에서 ❶ 오브젝트를 선택하고 💡 Hide 명령으로 숨깁니다.

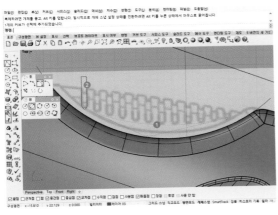

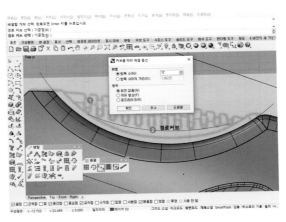

49 체크된 명령어들을 이용하여 ❶과 ❷ 선을 만듭니다.

50 🔩 ArrayCrv 명령으로 ❶ 커브를 ❷ 경로커브에 12개 배열합니다.

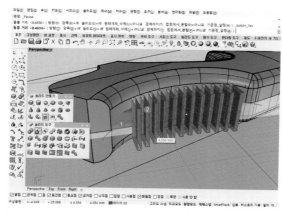

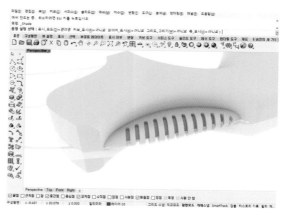

51 📦 Extrude 명령으로 배열된 12개 커브를 돌출시키고 🔵 BooleanDifference 명령으로 ❶오브젝트에서 ❷ 오브젝트 12개를 빼줍니다.

52 🔵 Shade 렌더링 모드로 본 결과물입니다.

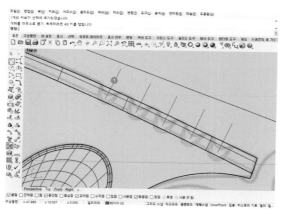

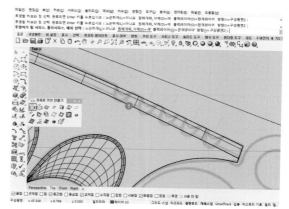

53 ⋀ Polyline 명령으로 ❶선을 그린 후 🗐 Copy 명령으로 ❶선을 복사합니다.

54 Top 뷰에서 🖥 Project 명령으로 5개 선을 ❶오브젝트에 투영합니다.

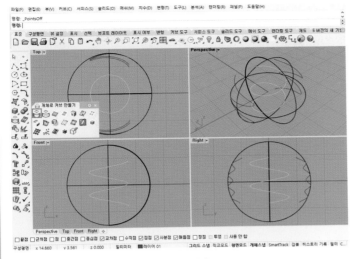

Project 명령

Project는 현재 작업 창에서 보이는 커브 형태가 서피스에 투영되게 합니다. Front 뷰에서 투영하면 S자 형태로, Top 뷰에서 투영하면 원이 서피스에 투영됩니다.

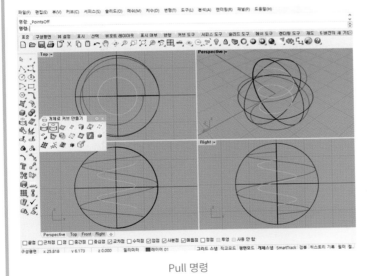

Pull 명령

Pull 명령은 서피스의 법선(Normal) 방향으로 커브가 당겨지게 하기 때문에 어느 뷰에서 명령을 실행하든 결과물이 같습니다.

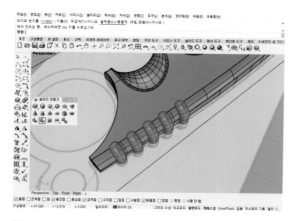

55 🎮 Pipe 명령으로 투영된 커브를 선택해 반지름이 1.3mm인 파이프를 만듭니다.

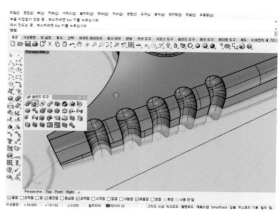

56 🔵 BooleanDifference 명령으로 ① 오브젝트에서 파이프들을 빼줍니다.

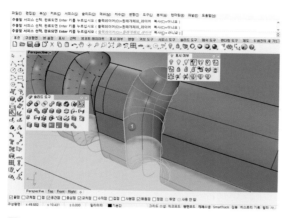

57 📦 ExtractSrf 명령으로 ① 서피스(다중면)를 확대해서 작은 면들도 있는지 확인하면서 서피스를 떼어낸 후 🧩 Join 합니다. ① 서피스를 선택하고 🔦 Isolate 명령으로 나머지는 숨깁니다.

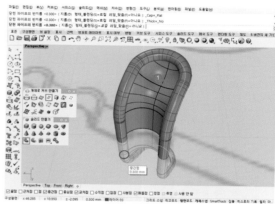

58 ✒️ DupBorder 명령으로 ① 서피스의 Edge를 추출한 후 🎮 Pipe 명령으로 추출 커브를 선택해 반지름 0.3mm인 파이프를 만듭니다.

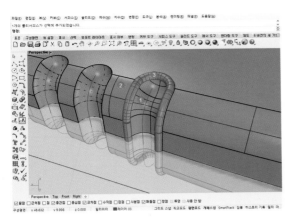

59 💡Show 명령으로 모두 보이게 합니다. ⚒ Split 명령으로 ❶과 ❷ 서피스를 ❸ 파이프로 자릅니다. 필요 없는 파이프와 잘린 면을 지웁니다.

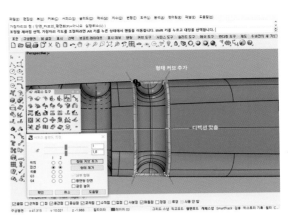

60 🔩BlendSrf 명령으로 서피스를 연결한 후 디렉션 (하얀 화살표)을 수평으로 맞추고 형태 커브를 추가해 서피스의 흐름을 바로잡아줍니다.

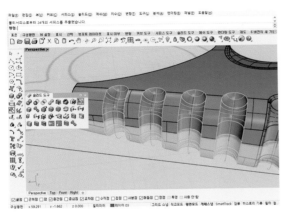

61 나머지 부분도 📎 ExtractSrf 명령으로 서피스를 추출하고 🖌 Join 명령으로 결합합니다.

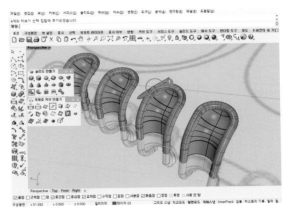

62 📄 DupBorder 명령으로 커브를 추출하고 추출된 커브를 선택합니다. 🌀 Pipe 명령으로 파이프를 만들면 ❶파이프처럼 문제가 되는 것이 나옵니다.

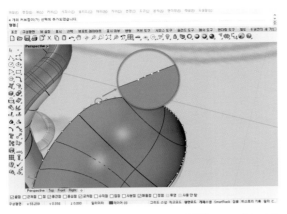

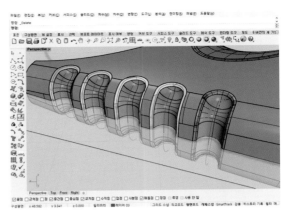

63 파이프를 지우고 커브를 선택해 F10으로 제어점을 켜고 문제가 되었던 부분을 확대해 보면 포인트가 집중되어 있다는 것을 알 수 있습니다. 이 제어점들은 지우더라도 형태가 크게 변경되지 않으니 지웁니다. 라이노에서는 이런 제어점들이 밀집된 부분에서 문제가 종종 생기므로 수정 후 작업합니다.

64 ⏚ Split 명령으로 서피스들을 파이프로 자르고 필요 없는 부분을 지웁니다.

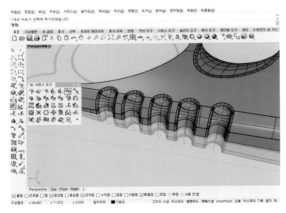

65 🦋 BlendSrf 명령으로 서피스들을 연결하고 🧩 Join 명령으로 모두 결합합니다.

Lesson 02   Knife의 칼날 만들기

Sweep2 명령의 활용과 Match 명령을 응용하는 방법에 대해서 알아보겠습니다.

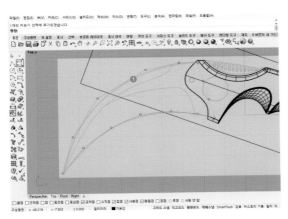

66 레이어를 '기본값'으로 변경합니다. ◻ Curve 명령으로 ❶커브를 만들고 🔩 Join 명령으로 결합합니다.

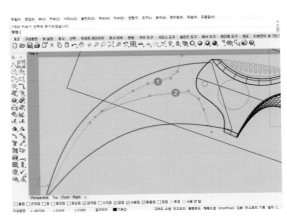

67 ◻ Curve 명령으로 ❶과 ❷커브를 만듭니다.

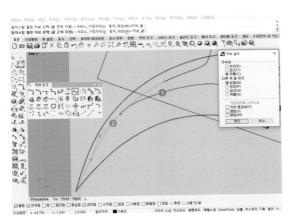

68 ◻ Curve 명령으로 ❷ 커브를 먼저 그려줍니다. 〰 Match 명령으로 ❶ 커브를 먼저 선택하고 ❷ 커브를 선택합니다. 커브 평균화는 선택 해제합니다.

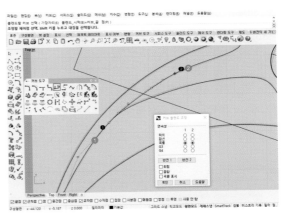

69 ⌁ BlendCrv 명령으로 ❶과 ❷커브를 연결합니다.

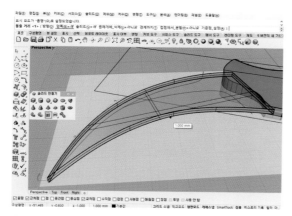

70 전 단계에서 만든 커브를 ▨ Extrude 명령으로 양방향 1mm 돌출시킵니다.

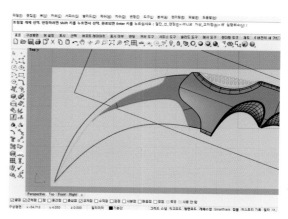

71 ◢ Trim 명령으로 커브를 경계로 해서 필요 없는 서피스를 선택해 지웁니다.

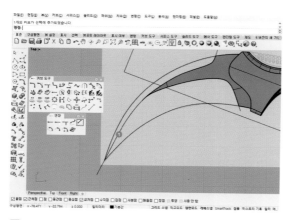

72 ✎ Extend 명령으로 ❶ 커브를 연장한 후 ✎ Explode 명령으로 ❶ 커브를 분해합니다. ❶ 커브는 지웁니다.

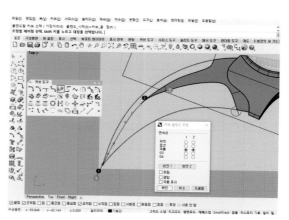

73 ☷ BlendCrv 명령으로 ❶과 ❷ 커브를 연결합니다. 빨간 원 부분을 확대합니다.

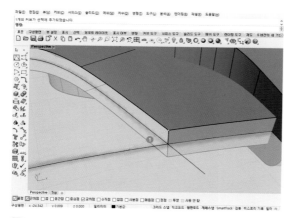

74 ⋀ Polyline 명령으로 ❶선을 그립니다.

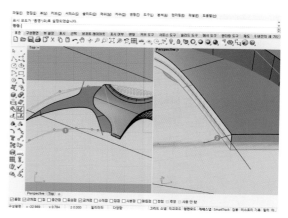

75 ❶커브를 선택해 ✎ Explode 명령으로 분해합니다. ⊥ Split 명령으로 ❶커브를 ❷선으로 자릅니다.

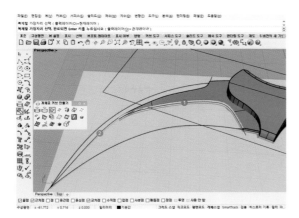

76 DupEdge 명령으로 ❶ Edge를 추출한 후 ❶과
❷커브를 🔩 Join합니다.

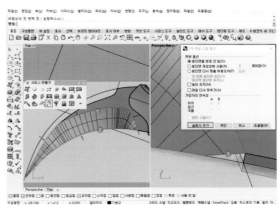

77 Sweep2 명령으로 ❶과 ❷커브를 레일로 합니다.
❸ 선을 단면커브로 서피스를 생성하고 화살표 부분에 슬
래시를 추가하여 서피스의 흐름을 자연스럽게 만듭니다.

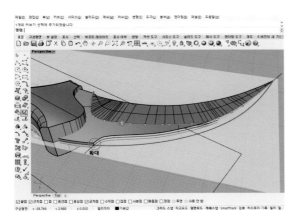

78 ❶ 커브를 Explode 명령으로 분해합니다. 빨간
원 부분을 확대합니다.

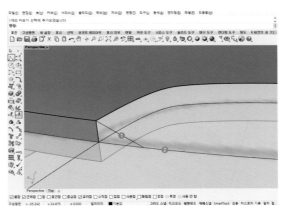

79 Polyline 명령으로 ❶ 선을 만들고 Split 명령
으로 ❷커브를 ❶선으로 자릅니다.

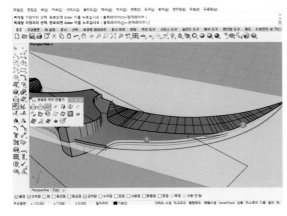

80 DupEdge 명령으로 ❶Edge를 추출한 후 ❶추출
커브와 ❷커브를 🔩 Join합니다.

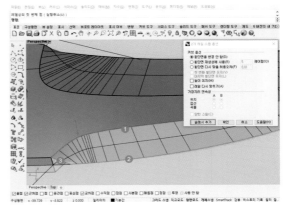

81 Sweep2 명령으로 ❶과 ❷ 커브를 레일로 합니다.
❸ 선을 단면 커브로 서피스를 생성하고 화살표 부분에
슬래시를 추가해 서피스의 흐름을 자연스럽게 만듭니다.

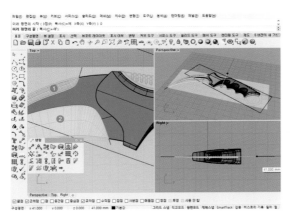

82 　Mirror 명령으로 ❶과 ❷ 서피스를 Right 뷰에서 대칭 복사합니다.

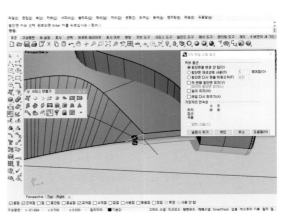

83 　Sweep2 명령으로 서피스를 만들고 반대편도 같은 방법으로 서피스를 만든 후 칼날 부분의 서피스를 모두 선택해 　Join 명령으로 결합합니다.

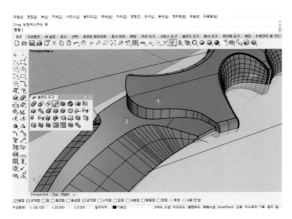

84 　BooleanSplit 명령으로 ❶오브젝트를 ❷오브젝트로 자른 후 ❷오브젝트는 　Hide 명령으로 숨기고 교차되어 잘린 오브젝트를 선택해 지웁니다.

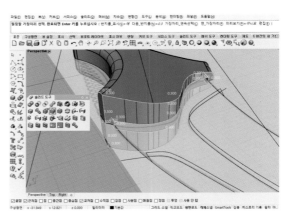

85 　FilletEdge 명령으로 Edge를 선택하고 0.3mm 필렛 합니다.

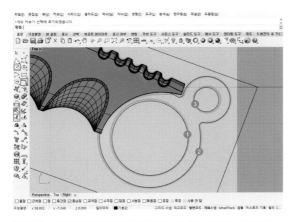

86 체크된 명령어들을 활용해 ❶, ❷, ❸ 커브를 만듭니다.

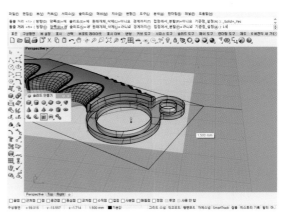

87 　Extrude 명령으로 커브를 양방향으로 1.5mm 돌출시킵니다.

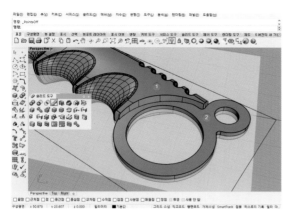

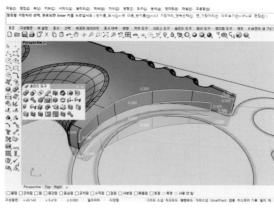

88 🔗 BooleanSplit 명령으로 ❶ 오브젝트를 ❷ 오브젝트로 자릅니다. ❷ 오브젝트는 숨기고, 교차되어 잘린 오브젝트는 선택해 지웁니다.

89 🔲 FilletEdge 명령으로 Edge를 선택하고 0.3mm 필렛합니다.

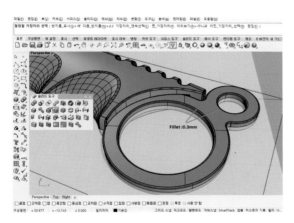

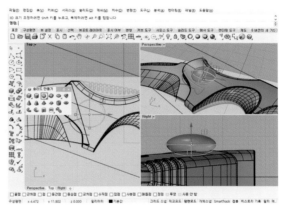

90 나머지 부분도 🔲 FilletEdge 명령으로 Edge를 선택하고 0.3mm 필렛합니다.

91 ⬤ Sphere 명령으로 구를 만든 후 검볼을 이용해 크기를 줄입니다.

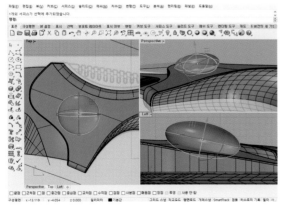

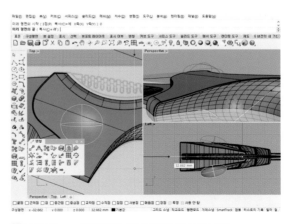

92 Right 뷰를 Left 뷰로 전환해 구가 잘 보이게 한 다음 검볼의 회전 명령을 활용해 구의 위치를 조정합니다. 구를 선택하고 Ctrl + C (복사하기)합니다.

93 🔷 Mirror 명령으로 구를 대칭 복사합니다.

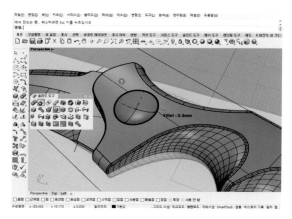

94 BooleanDifference 명령으로 ❶ 오브젝트에서 구를 빼준 후 FilletEdge 명령으로 Edge를 선택하고 0.3mm 필렛합니다.

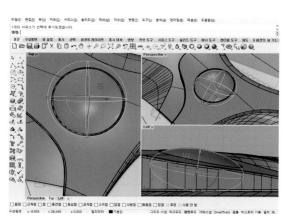

95 구를 Ctrl + V (붙여넣기)합니다. 검볼로 구를 아래로 이동시킵니다.

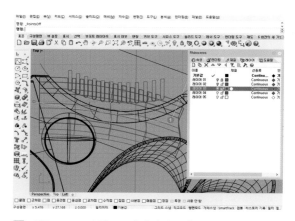

96 Layer 명령으로 '레이어 03'을 보이게 합니다. Polyline 명령으로 ❶선을 그립니다.

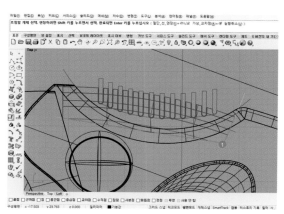

97 Trim 명령으로 ❶ 선을 경계로 아래 서피스를 선택해 지웁니다.

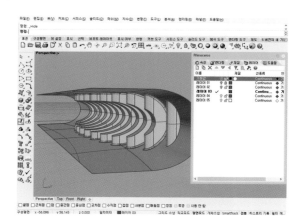

98 현재 레이어를 '레이어 03'으로 체크하고 다른 레이어는 OFF합니다. Trim 명령을 활용해 서피스를 만듭니다.

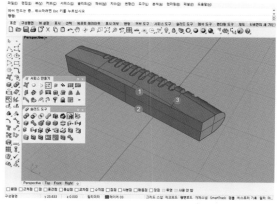

99 Loft 명령으로 ❶과 ❷ Edge를 선택하고 서피스를 만듭니다. Loft로 생성된 서피스와 ❸ 서피스를 Join 명령으로 결합한 후 Cap 명령으로 솔리드를 만듭니다.

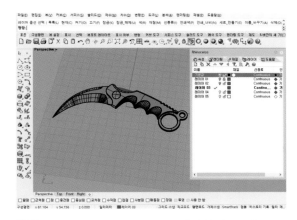

100 💡 Show 명령으로 모두 보이게 한 다음 🗒 Layer 명령으로 '기본값과 레이어 03'만 보이게 하고 필요 없는 커브는 숨깁니다.

101 🌑 Shade 명령의 렌더링 모드로 본 결과물입니다.

Chapter

15

Mini Drill 만들기

이 장에서도 다양한 명령을 활용한 Mini Drill 만드는 방법에 대해서 알아보겠습니다.

Drill 몸체 만들기

Loft 명령을 활용하여 Drill 몸체를 만드는 방법입니다.

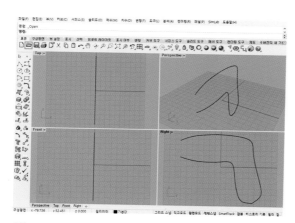

[1] 📂 Open 명령으로 'drill.3dm' 파일을 엽니다.

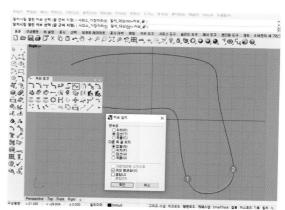

[2] 〜 Match 명령으로 ❶과 ❷커브를 접선 일치시킵니다.

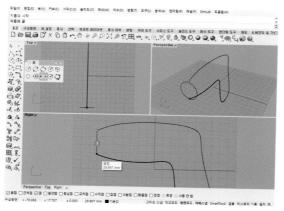

[3] ◉ Circle 명령으로 Right 뷰에서 수직으로 ❶ 원을 만듭니다.

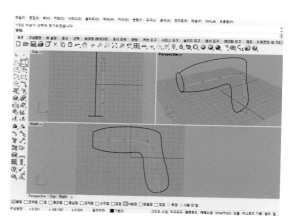

[4] ⌇ Curve 명령으로 Right 뷰에서 커브를 그려줍니다.

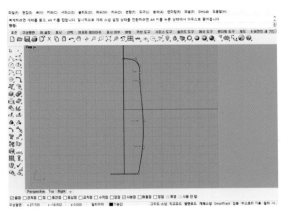

⑤ 제어점을 켠 상태에서 Top 뷰에서 제어점을 이동 편
집합니다.

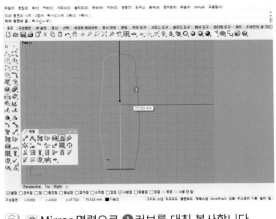

⑥ Mirror 명령으로 ❶커브를 대칭 복사합니다.

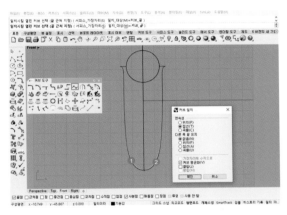

⑦ Front 뷰에서 Match령으로 ❶과 ❷커브를 접선
일치시킵니다.

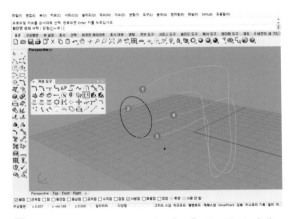

⑧ CSec 명령으로 ❶, ❷, ❸, ❹ 커브를 순서대로
선택합니다.

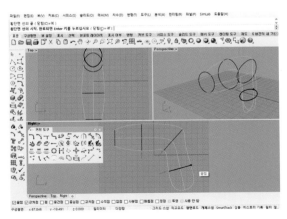

⑨ Right 뷰에서 단면 커브를 화살표 지점에 만듭니다.

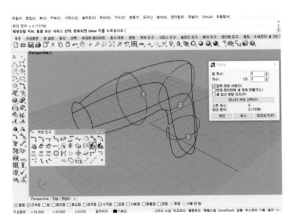

⑩ Rebuild 명령으로 ❶, ❷, ❸ 커브를 선택하고 점
개수를 '6'개로 변경합니다.

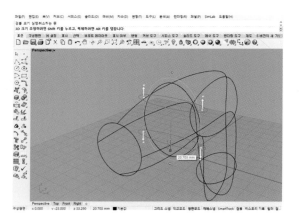

⑪ 제어점을 선택하고 검볼을 활용해 화살표 방향으로 크기를 늘립니다.

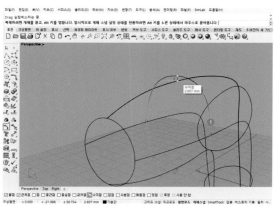

⑫ ⤺ EditPtOn 명령으로 ❶커브의 매듭점(Knot)이 보이게 한 후 화살표 지점의 매듭점을 이동시킵니다.

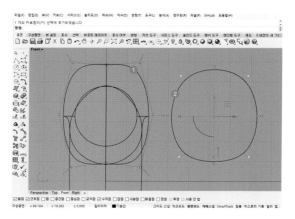

⑬ Front 뷰에서 ❶커브의 제어점이 가운데 제어점 보다 올라와 있을 때는 양쪽 제어점을 선택해 아래로 약간 이동시킵니다. ❷커브처럼 만들어줍니다.

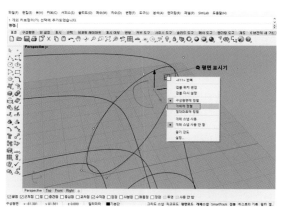

⑭ 검볼의 축 평면 표시기를 오른쪽 마우스 버튼으로 누르고 '개체에 정렬'로 변경합니다.

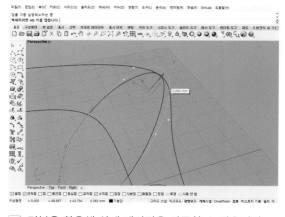

⑮ 검볼을 활용해 쉽게 제어점을 이동할 수 있습니다.

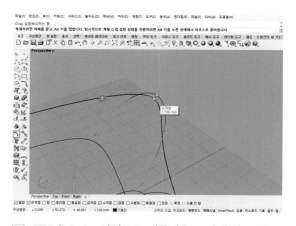

⑯ ⤺ EditPtOn 명령으로 매듭점을 보이게 하고 위 그림처럼 매듭점을 선택해 ❶커브의 수직점으로 이동시킵니다.

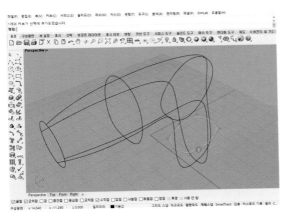

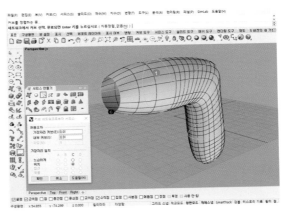

⑰ ❶ 커브도 같은 방법으로 완만하게 제어점을 편집합니다.

⑱ NetworkSrf 명령으로 모든 커브를 선택하고 서피스를 만듭니다. Dir 명령으로 ❶ 서피스의 Normal이 바깥을 향하게 합니다.

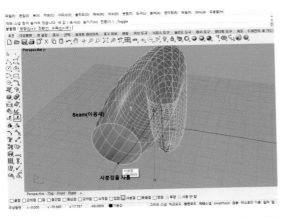

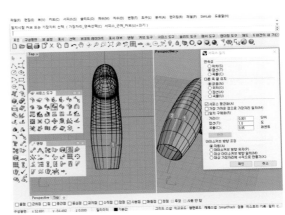

⑲ Split 명령으로 ❶ 서피스의 아래 사분점을 자릅니다.

⑳ Top 뷰에서 Mirror 명령으로 ❶ 서피스를 대칭 복사합니다. MatchSrf 명령으로 ❶과 ❷ 서피스를 접선일치시킵니다. 아래 화살표 지점도 MatchSrf로 접선 일치시킵니다.

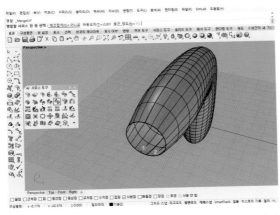

㉑ MergeSrf 명령으로 ❶과 ❷ 서피스를 합쳐 하나의 서피스로 만듭니다.

다양한 명령을 이용하여 몸체 부분과 그립 부분을 만드는 과정을 설명하겠습니다.

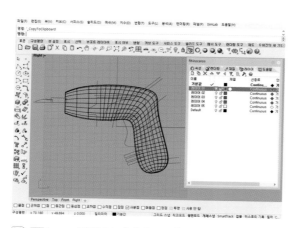

22 Layer 명령으로 '레이어 01'을 보이게 합니다.

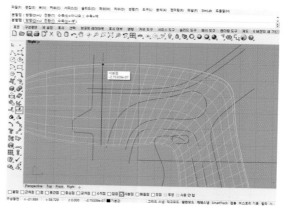

23 Split 명령으로 화살표 지점을 자릅니다.

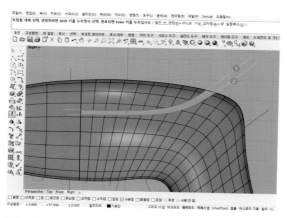

24 Trim 명령으로 ❶과 ❷ 커브를 경계로 해서 선 안쪽의 서피스를 선택해 지웁니다.

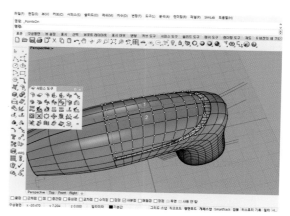

25 ShrinkTrimmedSrf 명령으로 제어점을 ❶과 ❷ 서피스에 맞춰줍니다. MergeSrf 명령으로 ❶과 ❷ 서피스를 하나로 합쳐줍니다.

Seam(이음새)의 위치에 따라 결과물은 달라집니다.

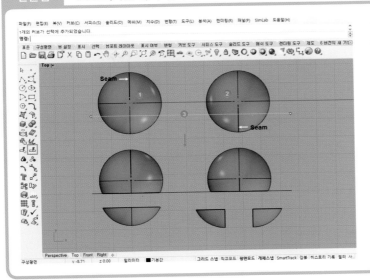

구의 심을 지나는 선으로 자르면 심 부분이 분리됩니다. 모든 폐곡면은 심이 있기 때문에 상황에 따라 심의 위치를 결정하고 자르거나 서피스를 만들어야 합니다.

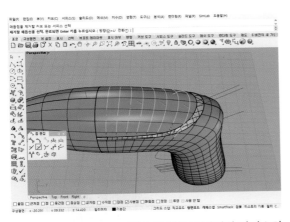

26 ✏️ RemoveKnot 명령으로 화살표 지점의 아이소커브를 선택해 지웁니다.

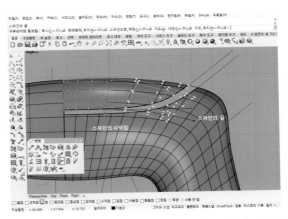

27 Right 뷰에서 제어점을 선택하고 👉 Bend 명령으로 구부립니다.

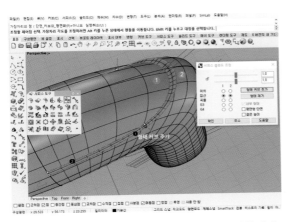

28 🔧 BlendSrf 명령으로 ❶과 ❷서피스를 연결합니다.

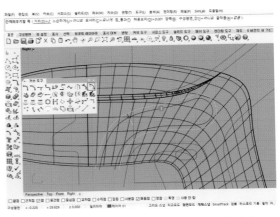

29 🔧 Offset 명령으로 ❶커브를 2mm 이동합니다.

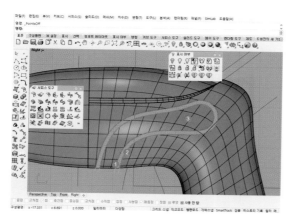

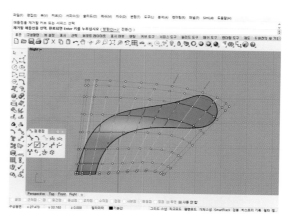

③⓪ 🔧 Trim 명령으로 ❶과 ❷ 커브를 경계로 해서 안쪽 서피스를 선택해 지웁니다. ❸ 서피스를 선택해 🔳 ShrinkTrimmedSrf 명령으로 서피스에 제어점을 맞추고 🔆 Isolate 명령으로 ❸ 서피스만 보이게 합니다.

③① 제어점을 켜고 ✏ RemoveKnot 명령으로 화살표 지점의 아이소커브를 지웁니다.

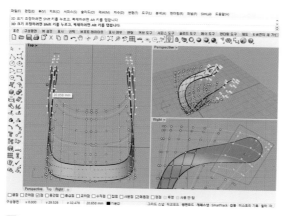

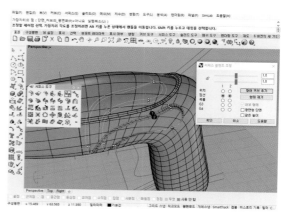

③② Right 뷰에서 박스안의 제어점을 선택하고 Top 뷰에서 검볼을 활용해 2mm 정도 좌우로 늘립니다.

③③ 💡 Show 명령으로 오브젝트를 보이게 하고 🔗 BlendSrf 명령으로 서피스를 연결합니다.

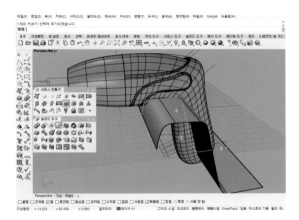

34 🗔 Extrude 명령으로 ❸ 커브를 양방향으로 돌출시킵니다. 🔗 BooleanSplit 명령으로 ❶ 오브젝트를 ❷ 서피스로 자릅니다. ❶ 오브젝트는 숨깁니다.

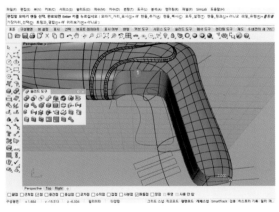

35 🗔 ChamferEdge 명령으로 ❶ Edge를 선택하고 2mm 모따기 합니다.

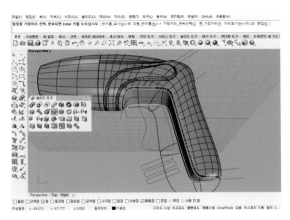

36 🗔 FilletEdge 명령으로 Edge를 선택하고 1mm 필렛을 합니다.

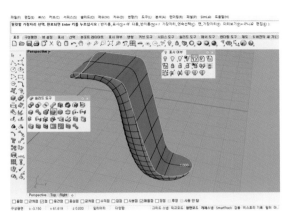

37 🗔 HideSwap 명령으로 숨긴 오브젝트를 보이게 합니다. 🗔 FilletEdge 명령으로 Edge를 선택하고 1mm 필렛을 줍니다.

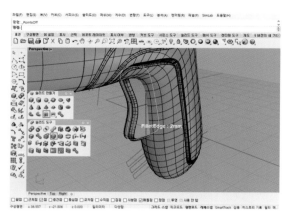

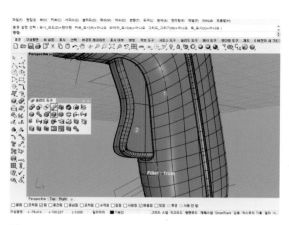

38 🧊 Extrude 명령으로 양방향으로 4mm 돌출시킨 후 🧊 FilletEdge 명령으로 2mm 필렛 합니다.

39 🔧 BooleanSplit 명령으로 ❶오브젝트를 ❷오브젝트로 자른 후 필요 없는 부분을 지웁니다. 🧊 FilletEdge 명령으로 1mm 필렛을 줍니다.

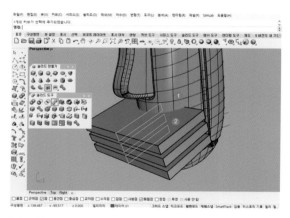

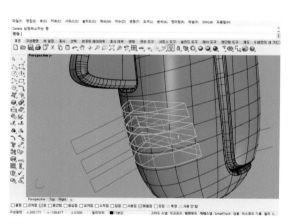

40 🧊 Extrude 명령으로 사각형들을 양방향으로 돌출시킨 후 🔧 BooleanSplit 명령으로 ❶오브젝트를 ❷오브젝트로 자릅니다. ❷오브젝트는 지웁니다.

41 ❶오브젝트들을 선택하고 💡 Hide 명령으로 숨깁니다.

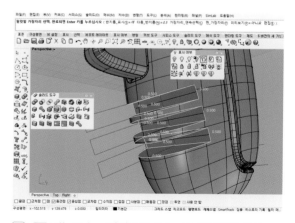

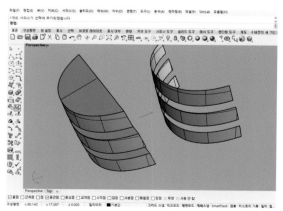

42 🧊 FilletEdge 명령으로 Edge를 선택하고 0.5mm 필렛합니다. 💡 HideSwap 명령을 실행합니다.

43 세 오브젝트를 선택해서 ⚡ Extrude 명령으로 분해하고 필요 없는 부분은 지웁니다.

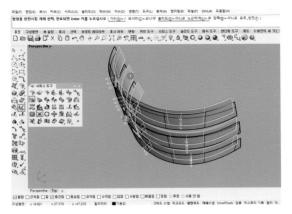

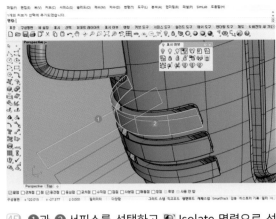

44 🖱 OffsetSrf 명령으로 ❶ 서피스들을 1mm 간격으로
띄우고 지웁니다. 옵셋된 ❷ 서피스들을 🖱 Extrude 명
령으로 분해하고 🖱 ShrinkTrimmedSrf 명령으로 제어
점을 서피스에 맞게 축소시킵니다. 오브젝트를 모두 보이
게 합니다.

45 ❶과 ❷ 서피스를 선택하고 🖱 Isolate 명령으로 선
택된 오브젝트만 보이게 합니다.

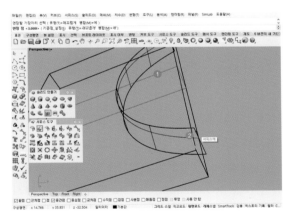

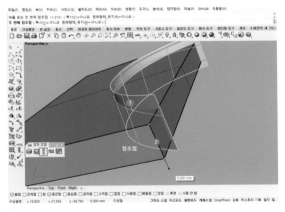

46 🖱 Extrude 명령으로 ❶ 사각형을 양방향으로 돌출
시킵니다. 🖱 ExtendSrf 명령으로 ❷ 서피스의 Edge를
선택하고 서피스를 연장합니다. 반대편도 연장합니다.

47 🖱 Scale1D 명령으로 ❶ 서피스를 ❷ Edge에 기준점
을 맞추고 크기를 늘립니다.

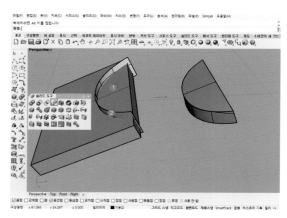

48   🔩 BooleanSplit 명령으로 ❶ 오브젝트를 ❷ 서피스로 자르고 필요 없는 서피스는 지웁니다.

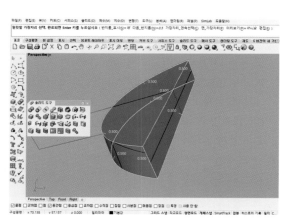

49   🔲 FilletEdge 명령으로 Edge를 선택하고 0.5mm 필렛을 줍니다. 나머지 부분도 같은 방법으로 만들어줍니다.

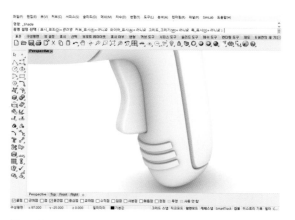

50   ⬤ Shade 명령의 렌더링 모드로 결과물을 확인합니다.

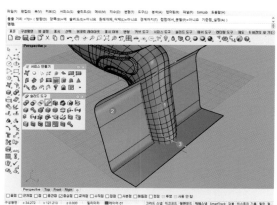

51   🔲 Extrude 명령으로 ❸ 커브를 양방향으로 돌출시킵니다. 🔩 BooleanSplit 명령으로 ❶ 오브젝트를 ❷ 서피스로 자릅니다.

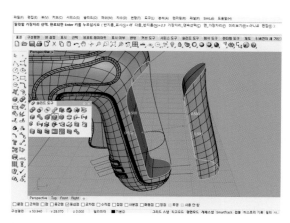

52   🔲 FilletEdge 명령으로 Edge를 선택하고 필렛을 0.5mm 줍니다.

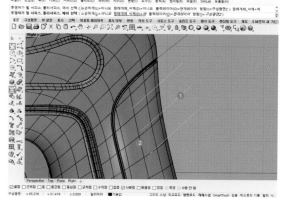

53   ⋀ Polyline 명령으로 ❶ 선들을 그립니다. 🗊 Project 명령으로 ❶선들을 ❷서피스에 투영합니다.

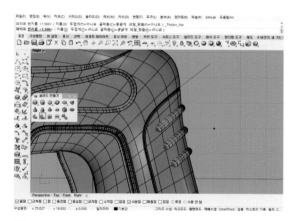

54 🐌 Pipe 명령으로 커브들을 선택하고 반지름이 1.5mm인 파이프를 만듭니다.

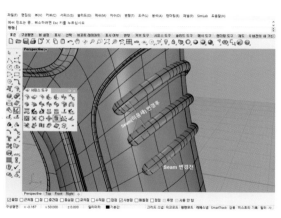

55 세 개의 파이프를 선택하고 〰 Extrude 명령으로 분해합니다. 🎨 SrfSeam 명령으로 심의 위치를 변경합니다.

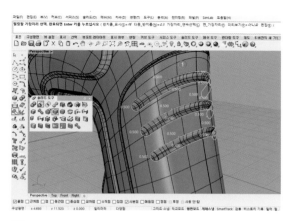

56 다시 파이프를 모두 🐌 Join 명령으로 결합합니다. 🔵 BooleanDifference 명령으로 ❶ 오브젝트에서 파이프들을 빼줍니다. 필렛은 0.5mm 줍니다.

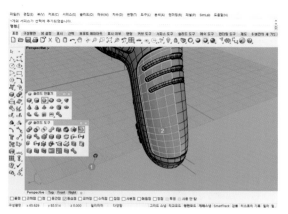

57 ⚪ Sphere 명령으로 반지름이 1mm인 ❶ 구를 만든 후 🍥 ExtractSrf 명령으로 ❷ 서피스를 떼어냅니다.

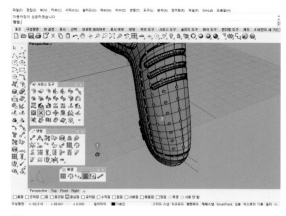

58 ❷ 서피스를 선택하고 🔲 ShrinkTrimmedSrf 명령을 실행합니다. 🔳 ArraySrf 명령으로 ❶ 구를 ❷ 서피스에 U:4, V:12개로 배열합니다.

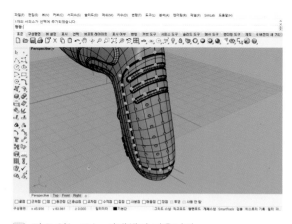

59 필요 없는 구는 선택해서 지웁니다.

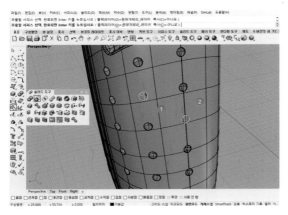

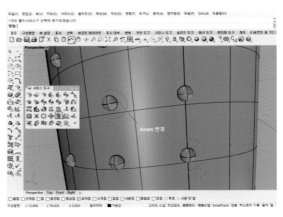

60 Join 명령으로 ❶과 ❷ 서피스를 결합하고 BooleanDifference 명령으로 손잡이에서 구를 빼줍니다. 화살표 지점의 구에서는 문제가 발생됩니다.

61 Undo 명령으로 작업을 취소합니다. SrfSeam 명령으로 문제가 있는 구의 심 위치를 바꿉니다.

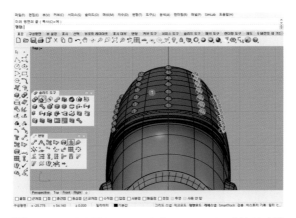

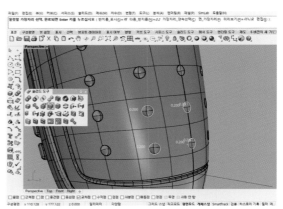

62 Top 뷰에서 Mirror 명령으로 구들을 대칭 복사합니다. BooleanDifference 명령으로 ❶오브젝트에서 구을 모두 빼줍니다.

63 FilletEdge 명령으로 Edge를 선택하고 0.2mm 필렛합니다. 이런 경우는 몇 개씩 선택해서 필렛하는 게 편리합니다.

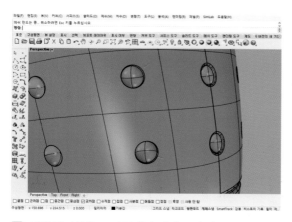

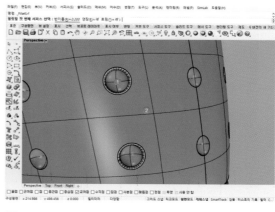

64 필렛 결과물을 보면 문제가 있다는 걸 알 수 있습니다.

65 FilletSrf 명령으로 ①과 ② 서피스를 선택해 0.2mm 필렛을 줍니다. 다른 부분도 이런 방법으로 문제가 되는 부분을 해결해 나간 후 Join 명령으로 모두 결합합니다.

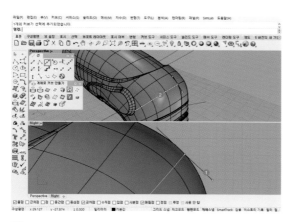

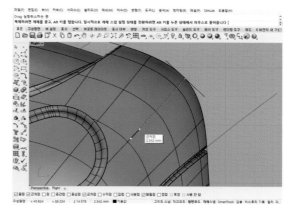

66 Right 뷰에서 Line 명령으로 ① 선을 만듭니다. ExtractIsoCrv 명령으로 ② 커브를 추출합니다.

67 제어점을 지우고 커브를 따라 제어점을 이동시킵니다.

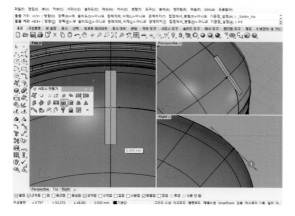

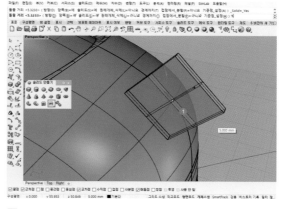

68 Extrude 명령으로 ①선을 0.5mm 양방향으로 돌출시킵니다.

69 ExtrudeSrf 명령으로 ① 서피스를 양방향으로 돌출시킵니다.

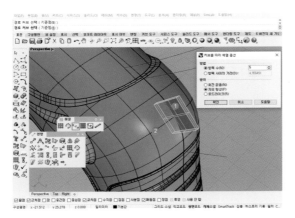

70 ArrayCrv 명령으로 ❶오브젝트를 ❷커브를 따라 5개 배열합니다.

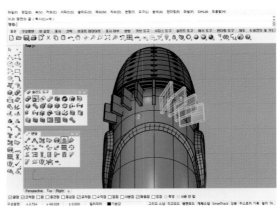

71 Top 뷰에서 Mirror 명령으로 ❶오브젝트들을 대칭 복사합니다. BooleanDifference 명령으로 ❷오브젝트에서 배열된 오브젝트들을 빼줍니다.

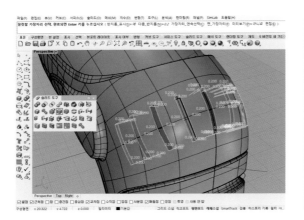

72 FilletEdge 명령으로 필렛을 0.2mm 줍니다.

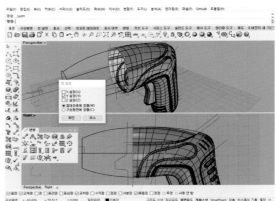

73 몸체의 앞부분을 숨깁니다. SetPt 명령으로 커브를 선택하고 Y축 방향으로 화살표 지점에 맞춥니다.

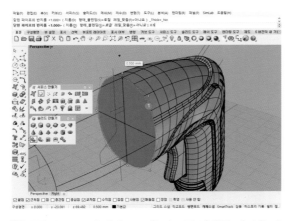

74 PlanarSrf 명령으로 ❶커브를 선택해 평면을 만듭니다. Pipe 명령으로 ❶커브를 선택하고 반지름이 0.5mm인 파이프를 만듭니다.

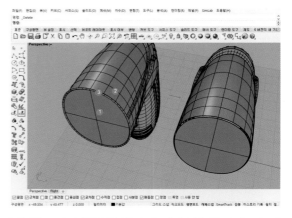

75 Split 명령으로 ❶과 ❷ 서피스를 ❸ 파이프로 자른 후 필요 없는 서피스를 지웁니다.

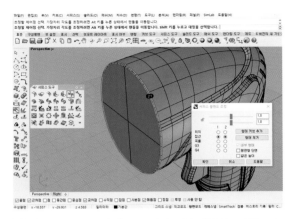

76 ⟨⟩ BlendSrf 명령으로 서피스를 연결하고 ⟨⟩ Join 명령으로 결합합니다.

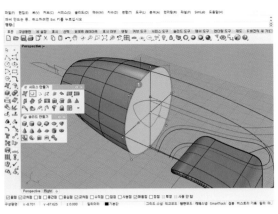

77 ❶ 커브를 평면으로 만들고 파이프를 전과 같이 만듭니다.

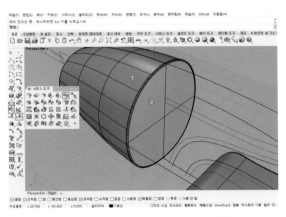

78 ❶과 ❷ 서피스를 파이프로 자릅니다. ⟨⟩ BlendSrf 명령으로 서피스를 연결하고 ⟨⟩ Join 명령으로 결합합니다.

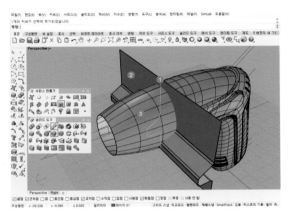

79 ⟨⟩ Extrude 명령으로 ❶ 커브를 양방향으로 돌출시킵니다. ⟨⟩ BooleanSplit 명령으로 ❸ 오브젝트를 ❷ 서피스로 자릅니다. ⟨⟩ FilletEdge 명령으로 필렛을 0.5mm 줍니다.

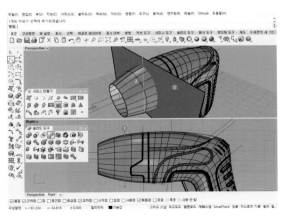

80 Right 뷰에서 ⟨⟩ Polyline 명령으로 ❶ 선을 그리고 돌출시킵니다. ⟨⟩ BooleanSplit 명령으로 ❷ 서피스를 ❸ 서피스로 자릅니다.

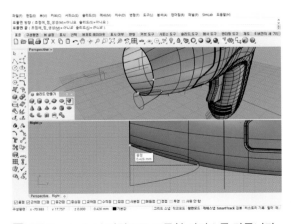

81 ⟨⟩ Paraboloid 명령으로 포물형 서피스를 만듭니다.

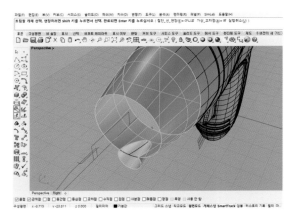

82 🔧 Trim 명령으로 위 그림과 같이 만들고 🔩 Join 명령으로 두 서피스를 결합합니다.

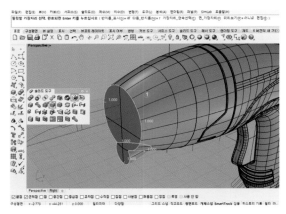

83 🔧 Cap 명령으로 ❶ 서피스를 솔리드로 만듭니다. 🔲 FilletEdge 명령으로 Edge를 선택하고 1mm 필렛을 합니다.

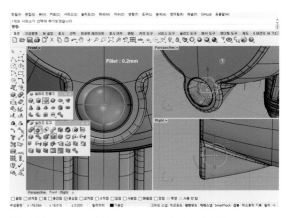

84 ⬤ Sphere 명령으로 구를 만듭니다. 🌐 Boolean-Difference 명령으로 ❶오브젝트에서 큰 구를 빼주고 작은 구는 위 그림과 같이 만듭니다.

Lesson 03　Drill 날 만들기

드릴 날을 만들고 작업을 마무리합니다.

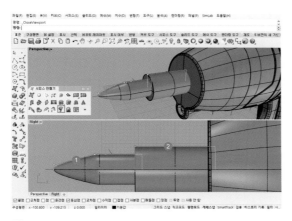

85　Revolve 명령으로 ❶과 ❷ 선을 회전시켜 서피스를 만듭니다.

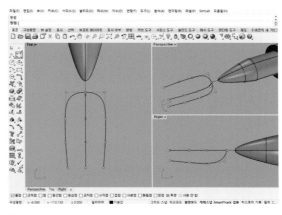

86　Curve 명령으로 그림과 같이 만듭니다.

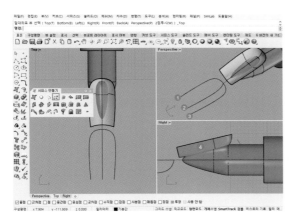

87　Loft 명령으로 ❶, ❷, ❸ 커브를 선택해 서피스를 만든 후 검볼을 활용해 ❹ 서피스를 위치시킵니다.

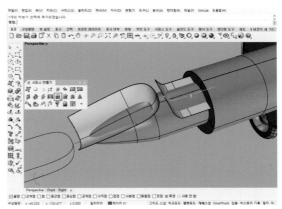

88　Extrude 명령으로 ❶ 커브를 돌출시킵니다.

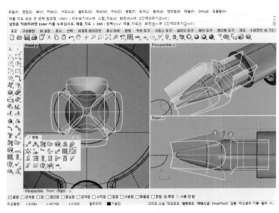

89 ✦ ArrayPolar 명령으로 ❶과 ❷ 서피스를 4개 원형 배열합니다.

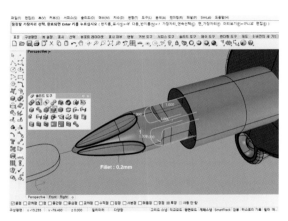

90 ✦ BooleanDifference 명령으로 ❶ 오브젝트에서 원형 배열한 서피스들을 빼줍니다. ⬡ FilletEdge 명령으로 필렛합니다.

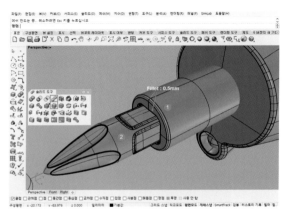

91 ✦ BooleanSplit 명령으로 ❶ 오브젝트를 ❷ 오브젝트로 자른 후 필요 없는 오브젝트는 지웁니다. ⬡ Fillet-Edge 명령으로 필렛을 0.5mm 줍니다.

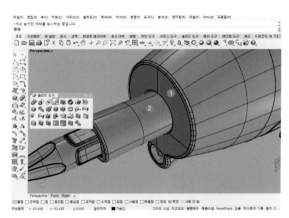

92 ✦ BooleanSplit 명령으로 ❶ 오브젝트를 ❷ 오브젝트로 자른 후 필요 없는 오브젝트는 지웁니다. ⬡ Fillet-Edge 명령으로 필렛을 0.5mm 줍니다.

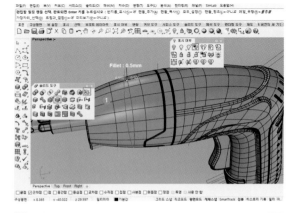

93 ⬡ FilletEdge 명령으로 필렛을 0.5mm 줍니다. ✦ ExtractSrf 명령으로 ❶ 서피스를 떼어내고 ✦ Isolate 명령으로 ❶ 서피스만 보이게 합니다.

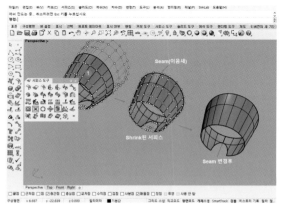

94 ✦ ShrinkTrimmedSrf 명령으로 ❶ 서피스에 맞게 제어점을 축소시킵니다. ✦ SrfSeam 명령으로 심의 위치를 변경합니다.

Seam의 위치에 따라 ✏ CreateUVCrv 명령으로 생성되는 커브형태가 달라지기 때문입니다.

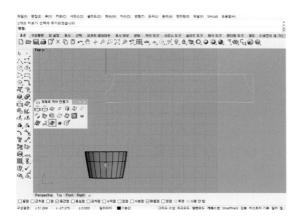

[95] ✏ CreateUVCrv 명령으로 ❶ 서피스의 경계를 작업 평면에 투영합니다.

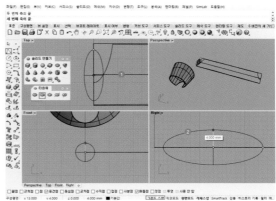

[96] ⋏ Polyline 명령으로 ❶ 선을 만들고 ⬭ Ellipsoid 명령으로 ❷타원체를 만듭니다.

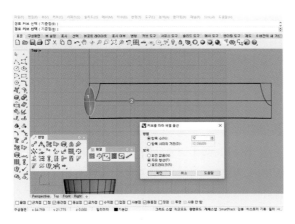

[97] 🔣 ArrayCrv 명령으로 ❶ 오브젝트를 ❷ 선에 12개 배열합니다.

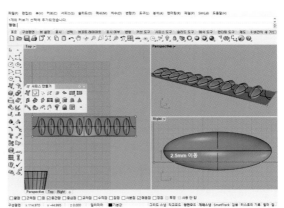

[98] ⬭ PlanarSrf 명령으로 사각형을 평면으로 만들고 타원체들을 2.5mm 올립니다.

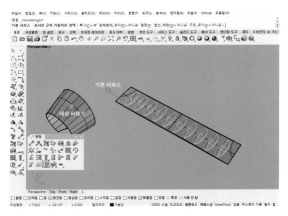

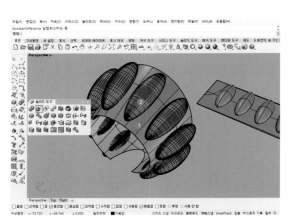

99 FlowAlongSrf 명령으로 ❶ 오브젝트들을 선택하고 ❷, ❸ 서피스 순으로 선택합니다.

100 BooleanDifference 명령으로 ❶ 서피스에서 ❷타원체를 모두 선택해서 빼줍니다.

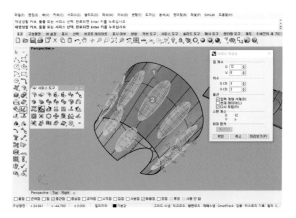

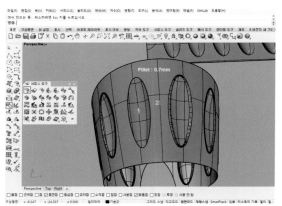

101 Explode 명령으로 ❶ 오브젝트를 분해합니다. Rebuild 명령으로 ❷ 서피스의 점 개수를 U:12, V:8로 변경합니다.

102 FilletSrf 명령으로 ❶ 서피스와 ❷ 서피스를 0.7mm 필렛합니다. 나머지 부분도 같은 방법으로 필렛합니다. Join 명령으로 서피스를 모두 결합합니다.

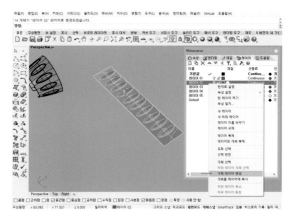

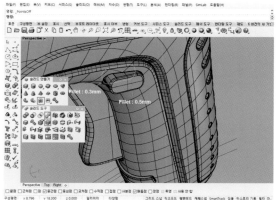

103 Layer 명령으로 ❶ 오브젝트를 '레이어 02' 변경하고 레이어를 끕니다. Show 명령으로 오브젝트가 모두 보이게 합니다.

104 Extrude 명령으로 커브를 돌출시킵니다. BooleanSplit 명령과 FilletEdge 명령으로 위 그림과 같이 만듭니다.

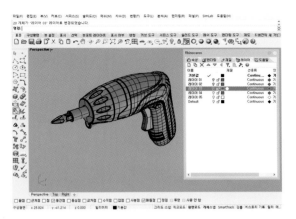
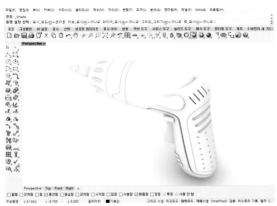

105 🛡 Layer 명령으로 '레이어 01, 02, 03'을 끕니다. 106 ● Shade 명령의 랜더링 모드로 확인합니다.
떼어낸 서피스는 다시 🛠 Join 명령으로 결합합니다.

Chapter

16

Electric Kettle 만들기

이 장에서는 명령어를 종합적으로 활용해 전기 주전자를 만들어 가는 과정을 알아보겠습니다.

몸체와 손잡이 만들기

Loft 명령을 활용하여 전기 주전자의 몸체와 손잡이 만드는 방법에 대해서 설명하겠습니다.

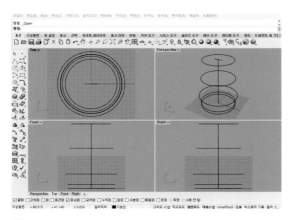

1 📂 Open명령으로 'electric kettle.3dm' 파일을 불러옵니다.

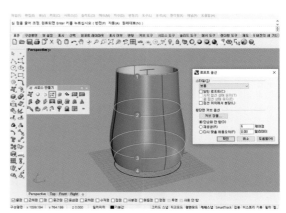

2 🔧 Loft 명령으로 ❶, ❷, ❸, ❹ 순으로 커브를 선택해 서피스를 만듭니다.

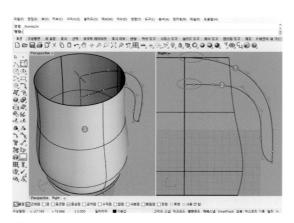

3 ⌇ Curve 명령으로 ❶, ❷와 같은 커브를 그립니다. 커브 그릴 때 시작점과 두번째 포인트 지점은 Shift 키를 눌러 제어점이 수평이 되게 그립니다. ⌨ Dir 명령으로 ❸서피스의 디렉션 방향을 바꿉니다.

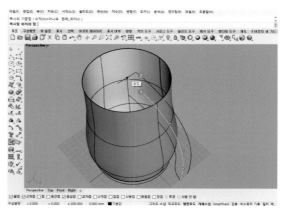

4 🔧 Copy 명령으로 ❶ 커브를 직선의 끝점으로 복사합니다. ❷커브는 복사된 커브입니다.

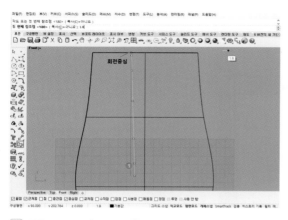

⑤ Rotate 명령으로 ❶커브를 회전시킵니다.

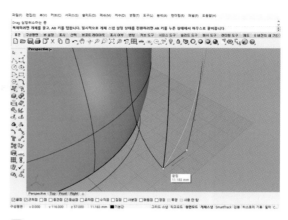

⑥ 검볼을 끄고 제어점을 선택해서 이동시킵니다.

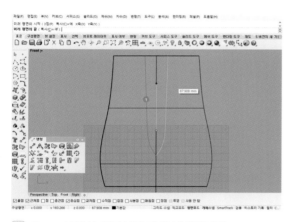

⑦ Front 뷰에서 ❶커브를 대칭 복사합니다.

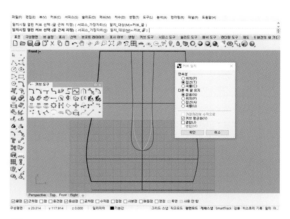

⑧ Match 명령으로 맞닿은 두 커브를 접선 일치시킵니다.

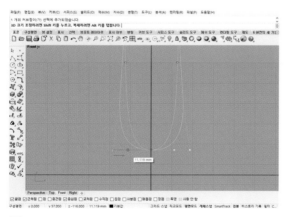

⑨ 두 커브를 선택하고 F10하여 제어점을 나오게 한 후 검볼을 활용해 양 끝단의 제어점을 줄입니다.

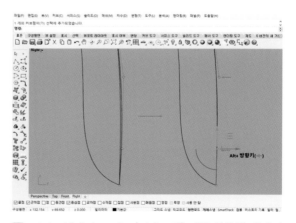

⑩ Right 뷰에서 Nudge(미세조정) 키를 활용해 제어점을 미세 이동합니다.

Nudge는 '조금씩 움직이다'라는 뜻 입니다. ⚙ Option > 모델링 보조 기 능 > 미세 이동에서 설정합니다. '(Alt)+화살표(방향키)'가 단축키이며 0.2mm가 기본값입니다. 변경 사용 할 수 있습니다.

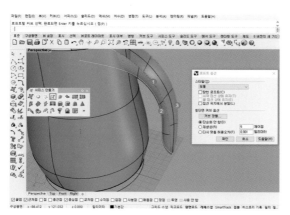

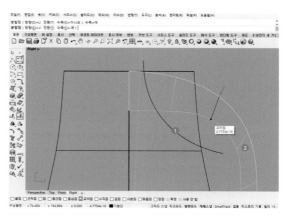

⑪ ☒ Loft 명령으로 ❶, ❷, ❸ 순으로 커브를 선택해 서피스를 만듭니다.

⑫ ☒ Curve 명령으로 ❶ 커브를 그리고 ☒ Split 명령 으로 ❷ 서피스의 화살표 지점을 자릅니다.

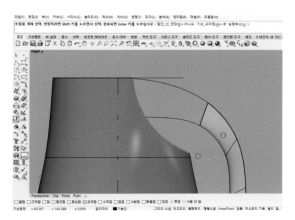

⑬ 🪛 Trim 명령으로 ❶ 커브를 경계로 해서 필요 없는
부분을 지워줍니다. 🔲 Dir 명령으로 ❷ 서피스의 디렉션
방향을 반전합니다.

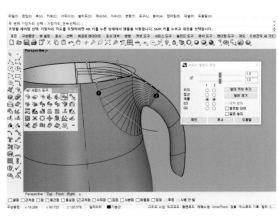

⑭ 🖌 BlendSrf 명령으로 두 서피스를 연결합니다.

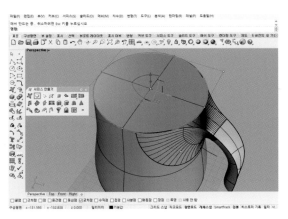

⑮ ⊙ PlanarSrf 명령으로 원을 선택해 평면을 만듭니다.

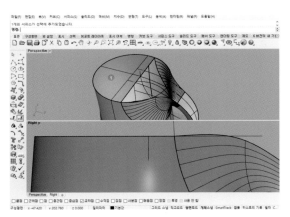

⑯ 🖌 Split 명령으로 ❶ 서피스를 자르고 필요 없는 부
분은 지웁니다.

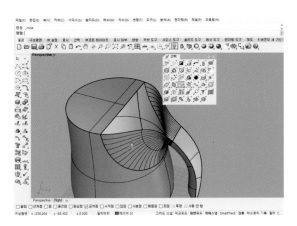

⑰ 🖉 SelCrv 명령으로 모든 커브를 선택하고 💡 Hide
명령으로 숨깁니다. ❶ 서피스도 숨깁니다. 레이어를 '레
이어01'로 변경합니다.

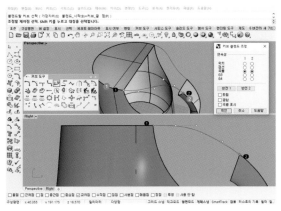

⑱ 🖌 BlendCrv 명령으로 ❶와 ❷Edge를 선택해 커브
를 생성합니다.

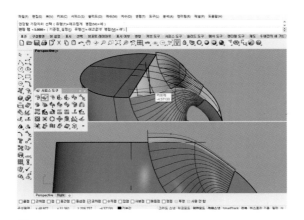

⑲ ✏ ExtendSrf 명령으로 Edge를 선택해 3mm 정도 서피스를 연장합니다. 양쪽 모두 서피스를 연장합니다.

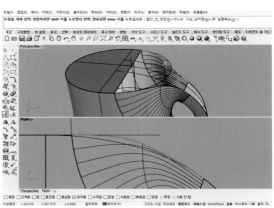

⑳ ✂ Right 뷰에서 Trim 명령으로 ❶커브를 경계로 해서 필요 없는 서피스를 지웁니다.

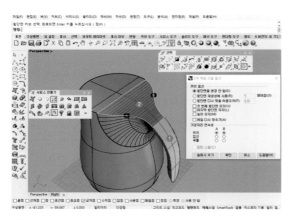

㉑ 🖱 SelCrv 명령으로 모든 커브를 선택하고 💡 Hide 명령으로 숨깁니다. 🪄 Loft로 ❶ 서피스를 만들고 🪶 Sweep2 명령으로 ❷서피스를 만듭니다.

㉒ Ctrl + A (모두 선택)로 서피스를 모두 선택하고 🪣 Join 명령으로 결합합니다.

배출구(Outlet)와 스위치 만들기

NetworkSrf를 활용해 배출구를 만드는 방법과 스위치를 만드는 방법에 대해 알아보겠습니다.

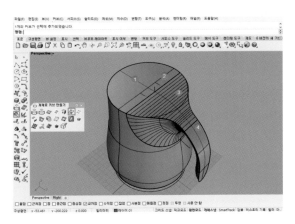

23 ExtractIsoCurve 명령으로 ❷, ❸, ❹의 서피스의 아이소커브를 추출(❶커브)하고 Join 명령으로 결합합니다.

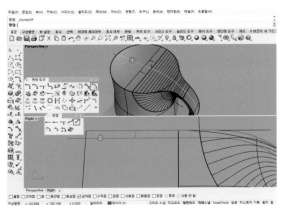

24 Right 뷰에서 Extend 명령으로 ❷커브의 끝점을 늘려줍니다. Offset 명령으로 ❶커브를 5mm 띄웁니다.

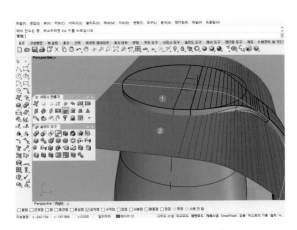

25 Extrude 명령으로 커브를 돌출시킨 후 BooleanSplit 명령으로 ❶오브젝트를 ❷서피스로 자릅니다.

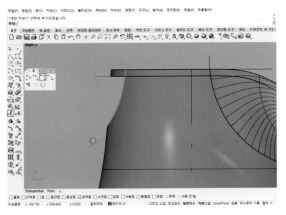

26 Arc 명령으로 호를 그립니다. Trim 명령으로 ❶커브를 경계로 해서 필요 없는 부분을 지웁니다.

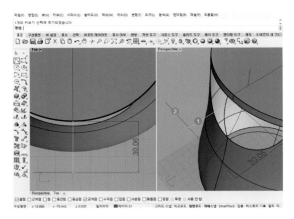

27 ⋀ Polyline 명령으로 ❶과 ❷선을 그립니다.

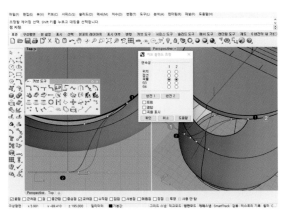

28 ⟲ BlendCrv 명령으로 ❶선과 ❷Edge를 선으로 연합니다. 작업을 종료하지 말고 Top 뷰에서 두번째 제어점을 좌측으로 5mm 이동합니다.

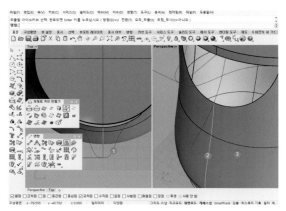

29 Top 뷰에서 ⟳ Mirror 명령으로 ❶커브를 대칭 복사합니다. ⟲ ExtractIsoCurve 명령으로 ❷커브를 추출합니다. 아이소커브가 추출이 안 되는 경우는 ❸ 서피스가 폴리서피스이기 때문입니다. 이때는 서피스를 분리하고 실행하면 됩니다.

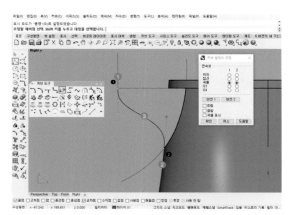

30 ⋀ Polyline 으로 ❶선을 그리고 ⟲ BlendCrv 명령으로 ❶, ❷커브를 연결해 ❸커브를 만듭니다.

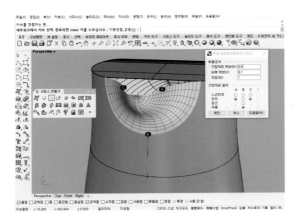

[31] NetworkSrf 명령으로 커브를 선택해 서피스를
만듭니다.

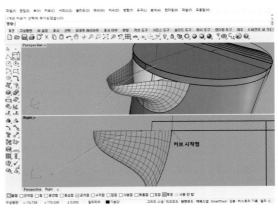

[32] 오스냅을 끝점과 투영으로 선택합니다. Right 뷰에
서 ⟳ Curve 명령으로 커브를 만듭니다.

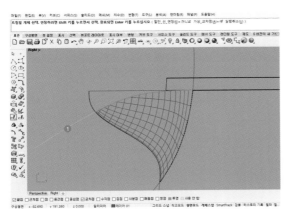

[33] ⬟ Trim 명령으로 ❶ 커브를 경계로 해서 필요 없는
서피스를 지웁니다.

[34] ⟲ SelCrv로 커브를 모두 선택하고 숨깁니다. ❶과
❷ 서피스는 ⬟ Join 명령으로 결합합니다. 💡 Hide 명
령으로 ❸ 오브젝트를 숨깁니다.

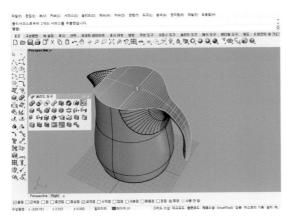

[35] ⬢ ExtractSrf 명령으로 ❶ 서피스를 떼어냅니다.

[36] ❶ 서피스를 선택하고 🗋 Cap 명령으로 밑면을 닫아
줍니다. ⬡ OffsetSrf 명령으로 ❶ 서피스를 안쪽으로
1.5mm 두께를 줍니다.

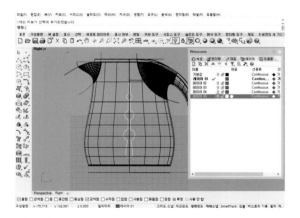

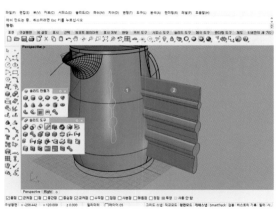

③⑦ 🔅 Show 명령으로 모두 보이게 한 다음 🔲 Layer 를 활성화 하고 '레이어 05_On' 합니다.

③⑧ 🔲 Extrude 명령으로 커브를 돌출시킵니다. 🔗 BooleanSplit 명령으로 ❶ 오브젝트를 선택하고 ❷ 오브 젝트로 자릅니다.

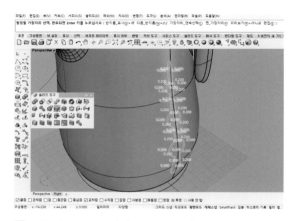

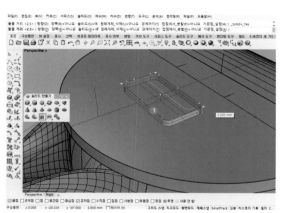

③⑨ 🔲 FilletEdge 명령으로 Edge선택하고 0.2mm 필 렛합니다.

④⓪ 🔲 Extrude명령으로 ❶ 커브를 3mm 아래로 돌출시 킵니다.

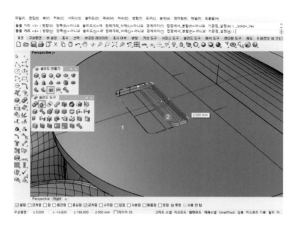

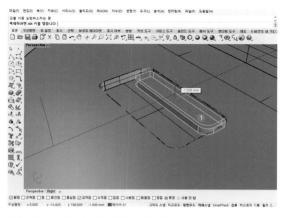

④① 🔲 BooleanDifference 명령으로 ❶ 오브젝트가 앞 에서 돌출한 오브젝트를 빼줍니다. 🔲 Extrude 명령으로 ❷ 커브를 2mm 아래로 돌출시킵니다.

④② ❶오브젝트를 검볼을 이용해 –1mm 이동시킵니다.

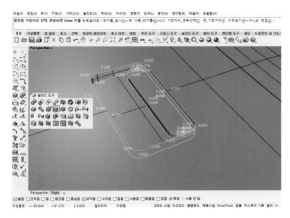

43 FilletEdge 명령으로 Edge를 선택해 0.2mm 필렛을 합니다.

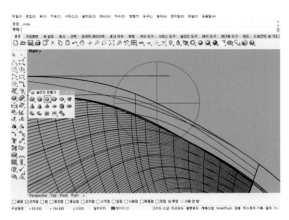

44 Right 뷰에서 Sphere 명령으로 10mm인 구를 만듭니다.

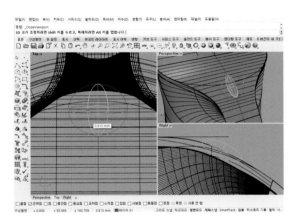

45 검볼을 활용해 구의 크기를 Top 뷰에서 줄여주고 Right 뷰에서 회전시켜 그림처럼 만듭니다.

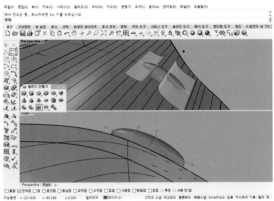

46 Curve 명령으로 Right 뷰에서 커브를 그립니다. Extrude 명령으로 커브를 양방향으로 돌출시킵니다.

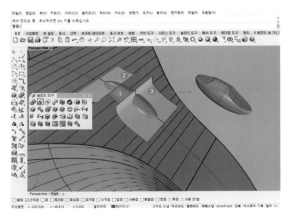

47 BooleanDifference 명령으로 ❶ 오브젝트에서 ❷와 ❸ 서피스를 뺍니다.

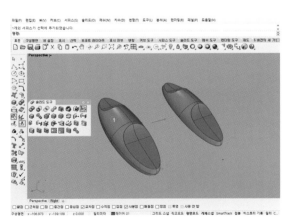

48 ExtractSrf 명령으로 ❶ 서피스를 떼어냅니다. Split 명령으로 아이소커브로 자르고 필요 없는 부분은 지웁니다. Join 명령으로 서피스를 모두 결합합니다.

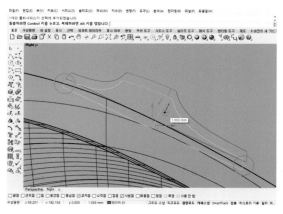

49 Right 뷰에서 검볼을 활용해 1mm 정도 아래로 이동합니다. 빨간 원 부분은 참고만 합니다.

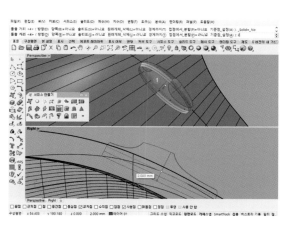

50 📷 Extrude 명령으로 ❶오브젝트의 Edge를 선택해 2mm 돌출시킵니다.

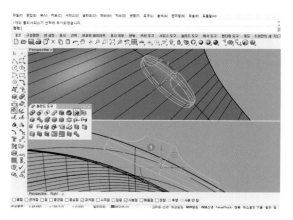

51 🧩 Join 명령으로 서피스를 모두 결합해준 후 🏠 Cap 명령으로 ❶오브젝트를 솔리드로 만듭니다.

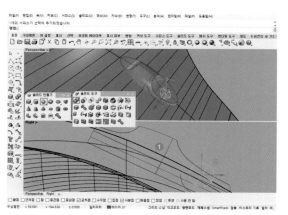

52 Right 뷰에서 ⚪ Sphere 명령으로 1.8mm인 구를 만듭니다. 회전 시킨 다음 🔵 BooleanUnion 명령으로 ❶오브젝트와 구를 합칩니다.

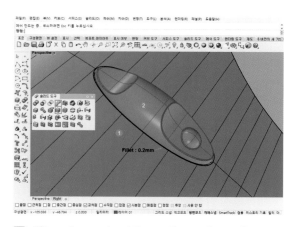

53 🔗 BooleanSplit 명령으로 ❶오브젝트를 ❷오브젝트로 자릅니다. 필요 없는 부분은 지우고 ◼ FilletEdge 명령으로 Edge를 선택해 0.2mm 필렛합니다.

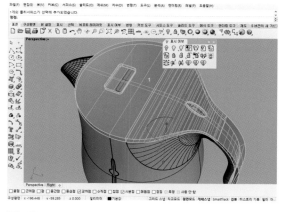

54 🔦 Isolate 명령으로 ❶ 오브젝트를 선택해 선택한 오브젝트만 보이게 합니다.

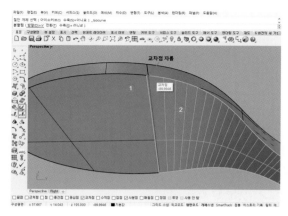

55 Explode 명령으로 ❶ 오브젝트를 분해합니다. Split 명령으로 ❷ 서피스의 교차점을 잘라주고 필요 없는 앞쪽 서피스를 지웁니다. ❶ 서피스도 지웁니다.

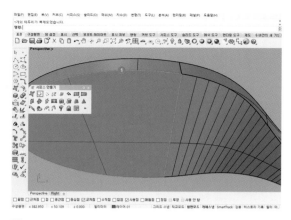

56 PlanarSrf 명령을 선택하고 ❶ Edge를 모두 선택해 평면을 만듭니다.

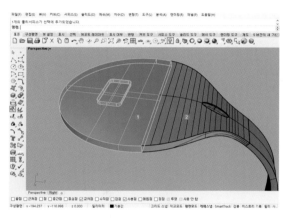

57 마우스로 드래그해 ❶ 서피스를 선택하고 Join 명령으로 결합합니다. ❷ 서피스도 같은 방법으로 선택해서 결합합니다. Hide 명령으로 ❷ 오브젝트를 숨깁니다.

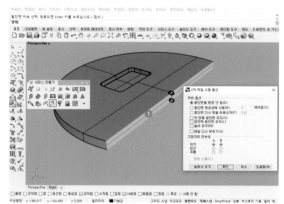

58 Sweep2 명령으로 ❶ 서피스를 만든 후 Join 명령으로 모두 결합합니다.

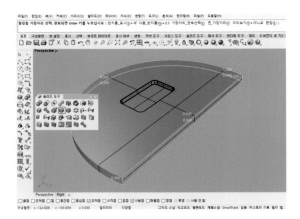

59 🔧 FilletEdge 명령으로 Edge를 선택해 0.3mm 필 렛합니다.

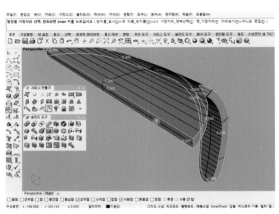

60 🔧 Sweep2 명령으로 ❶ 서피스를 만들고 🔧 Join 명령으로 서피스를 모두 결합합니다. 🔧 FilletEdge 명 령으로 Edge 선택 후 0.3mm 필렛합니다.

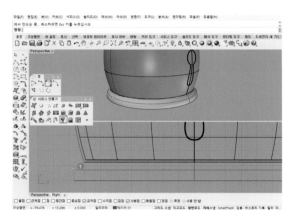

61 Right 뷰에서 🔧 Arc 명령으로 호를 그리고 🔧 ❶ 커 브를 Revolve 명령으로 회전합니다.

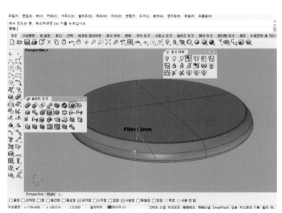

62 ❶ 오브젝트를 선택하고 🔧 Isolate 명령을 실행합니 다. 🔧 Cap 명령으로 ❶ 서피스를 선택해 솔리드로 만듭 니다. 🔧 FilletEdge 명령으로 Edge를 선택해 2mm 필 렛을 합니다.

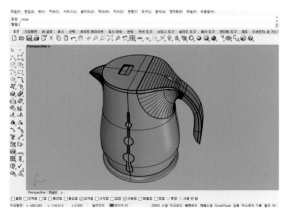

63 🔧 Show 명령으로 모두 보이게 하고 커브는 숨깁 니다.

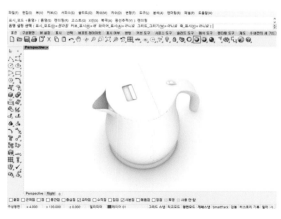

64 🔧 Shade 렌더링 모드입니다.

Memo

Chapter

17

Fillet 만들기

이 장에서는 라이노에서 마지막 작업이 되는 필렛에 대해서 다양하게 알아보겠습니다.

FilletEdge로 필렛했을 때 서피스가 열리는 부분을 해결하는 방법에 대해 학습하겠습니다.

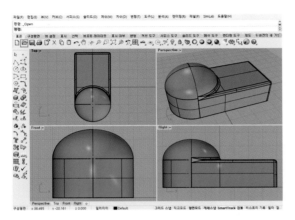

① 📂 Open 명령으로 'fillet01.3dm' 파일을 엽니다.

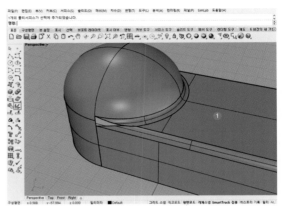

② 〽 Explode 명령으로 ❶오브젝트를 분해합니다.

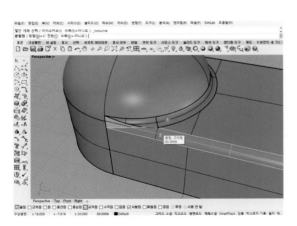

③ 🖫 Split 명령으로 ❶과 ❷ 서피스의 화살표 지점을 자르고 필요 없는 서피스는 지웁니다. 항상 '수축=예'로 바꾸고 자릅니다.

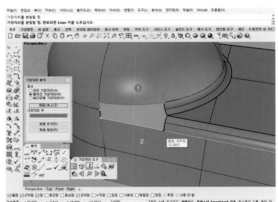

④ 🖈 ShowEdge 명령으로 ❶과 ❷ 서피스 Edge의 분리점을 확인하고 🖳 SplitEdge 명령으로 화살표 지점을 자릅니다.

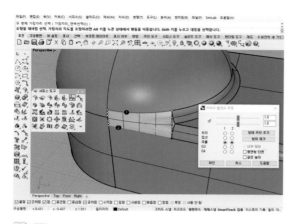

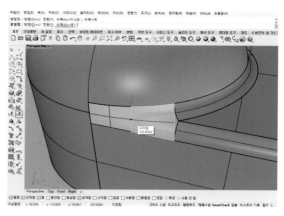

⑤ ⟡ BlendSrf 명령으로 두 서피스를 연결합니다.　　⑥ ⟡ Split 명령으로 화살표 지점을 자릅니다.

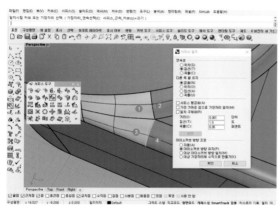

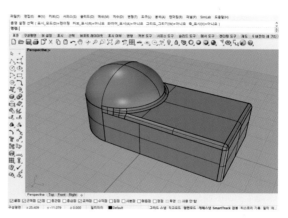

⑦ ⟡ MatchSrf 명령으로 ❶ 서피스의 Edge와 ❷ 서피
스의 Edge를 선택해 서피스를 일치시킵니다. 옵션 체크
는 위 그림처럼 하면 됩니다. ⟡ Join 명으로 결합합니
다. 반대편도 같은 방법으로 서피스를 만듭니다.

⑧ 필렛을 마무리합니다.

NetworkSrf를 활용해 열린 서피스 부분을 해결하는 방법에 대해서 알아보겠습니다.

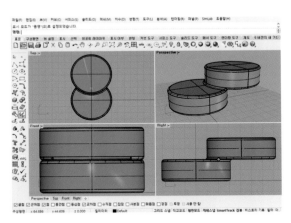

⑨　📂 Open 명령으로 'fillet02.3dm' 파일을 엽니다.

↯ Explode 명령으로 오브젝트를 분해합니다.

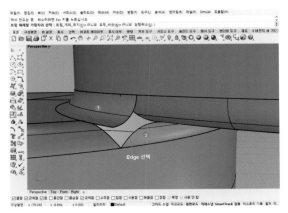

⑩　🔧 Untrim 명령으로 ❶과 ❷ 서피스의 Edge를 선택합니다.

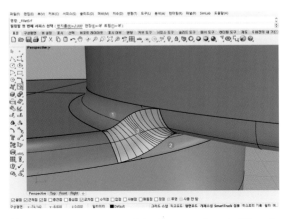

⑪　🪶 FilletSrf 명령으로 '반지름=2mm'로 변경하고 ❶과 ❷ 서피스를 선택해 필렛합니다. ❸ 서피스가 만들어집니다.

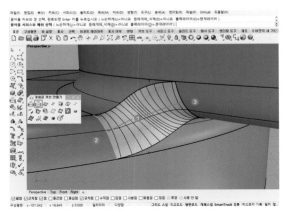

⑫　🗄 Pull 명령으로 ❶ 서피스의 Edge를 ❷ 서피스에 끌어당기기 합니다. ❶ 서피스의 반대편 Edge도 ❸ 서피스에 끌어당기기 합니다.

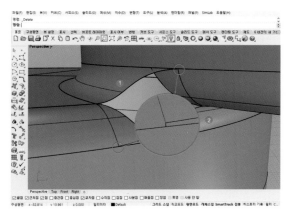

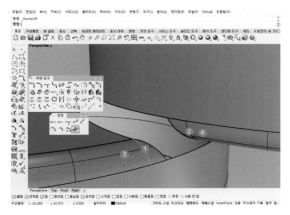

13 🔍 Zoom 명령으로 작은 원 부분을 확대해 보면 앞에서 Pull한 커브가 짧다는 것을 알 수 있습니다. 💡 Hide명령으로 ①과 ② 서피스를 숨깁니다.

14 ✏️ ExtendCrvOnSrf 명령으로 ① 커브를 ③ 서피스에 연장합니다. ② 커브도 ④ 서피스에 연장합니다.

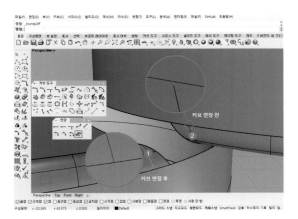

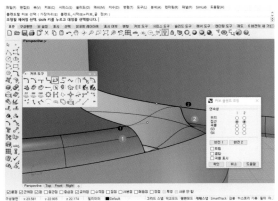

15 ②는 커브 연장하기 전, ①은 연장한 후입니다.

16 ✏️ BlendCrv 명령으로 ① 서피스 Edge와 ② 서피스 Edge를 연결합니다. 💡 Show 명령으로 모두 보이게 합니다.

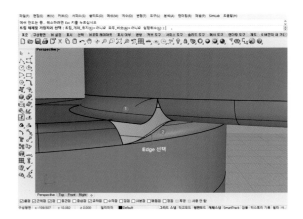

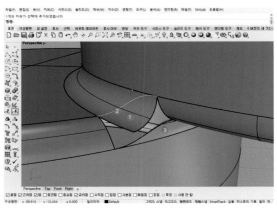

⑰ Untrim 명령으로 ❶과 ❷ 서피스의 Edge를 각각 Untrim합니다.

⑱ Split 명령으로 ❶ 서피스를 ❷ 커브로 자르고 필요 없는 서피스는 지웁니다. ❸ 서피스도 같은 방법으로 잘라 그림과 같이 만듭니다.

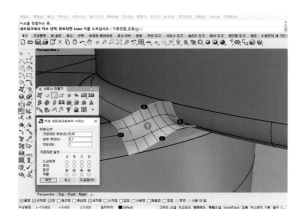

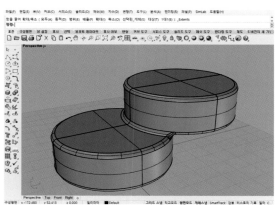

⑲ NetworkSrf 명령으로 Edge를 선택하고 ❶ 서피스를 만듭니다. 반대편도 같은 방법으로 서피스를 만들고 Join 명령으로 서피스를 결합합니다.

⑳ 필렛을 마무리합니다.

Edge가 여러 개 모여 있는 지점의 필렛을 해결하는 방법을 알아보겠습니다.

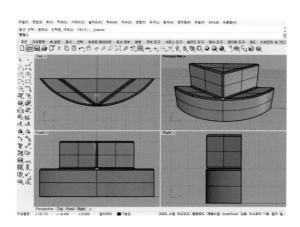

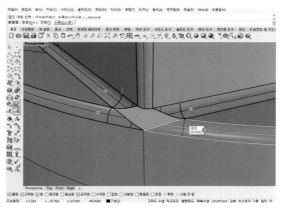

21 📂 Open 명령으로 'fillet03.3dm' 파일을 불러옵니다.

22 Explode 명령으로 서피스를 분해합니다. Split 명령으로 ❶, ❷, ❸, ❹ 서피스의 화살표 지점을 자르고 필요 없는 서피스는 지웁니다.

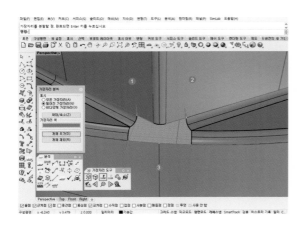

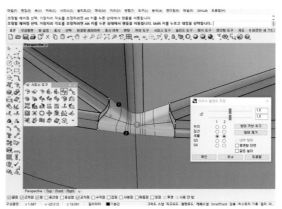

23 ShowEdge 명령으로 ❶, ❷, ❸ 서피스 Edge의 분리점을 확인합니다. SplitEdge 명령으로 화살표 지점의 끝점 Edge를 자릅니다.

24 BlendSrf 명령으로 ❶ 서피스를 만듭니다.

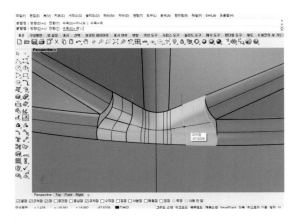

25 🔀 Split 명령으로 화살표 지점의 서피스를 U, V 방향으로 자릅니다.

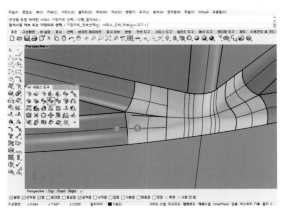

26 🔁 MatchSrf 명령으로 ❶과 ❷ 서피스의 Edge를 일치시킵니다.

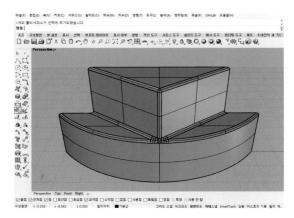

27 🔩 Join 명령으로 모든 서피스를 결합하고 필렛을 마무리합니다.

Lesson 04 · 필렛 예제 04

다양한 명령을 활용하여 필렛을 해결하는 방법에 대해서 알아보겠습니다.

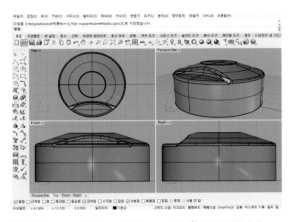

28 📂 Open 명령으로 'fillet04.3dm'를 불러옵니다.

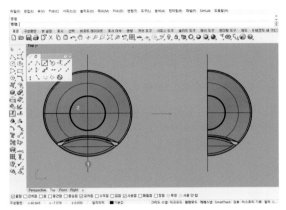

29 ✏️ Line 명령으로 ❶ 선을 원점에서 그립니다. ✂️ Trim 명령으로 ❶ 선을 경계로 ❷ 서피스의 반쪽을 선택해 지웁니다.

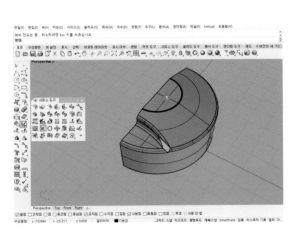

30 ✂️ Explode 명령으로 ❶ 오브젝트를 분해하고 모든 서피스를 선택합니다. ⬚ ShrinkTrimmedSrf 명령으로 서피스에 제어점을 맞춥니다.

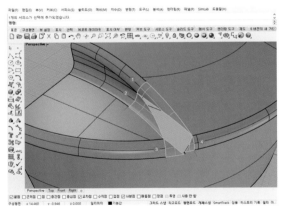

31 ✂️ Split명령으로 ❶, ❷, ❸, ❹ 서피스의 화살표 지점을 자르고 필요 없는 서피스는 지웁니다.

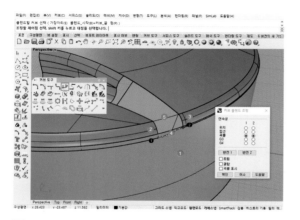

③② 🔧 Untrim 명령으로 ❶ 서피스의 위쪽 Edge를 선택합니다. 🔧 BlendCrv 명령으로 ❷, ❸ 서피스의 Edge를 선택해 ❹와 ❺ 커브를 만듭니다.

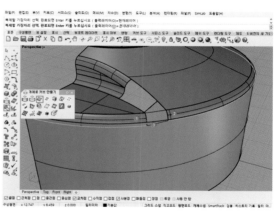

③③ 🔧 DupEdge 명령으로 ❶과 ❷ 서피스의 아래 Edge를 커브로 추출합니다. 🔧 Join 명령으로 추출한 커브와 ❸ 커브를 결합합니다.

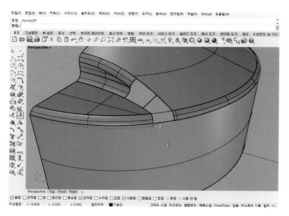

③④ 🔧 Split 명령으로 ❶ 서피스를 ❷ 커브로 자르고 필요 없는 서피스를 지웁니다.

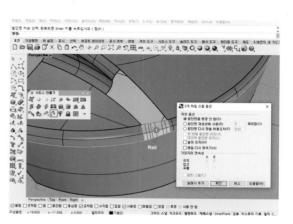

③⑤ 🔧 Sweep2 명령으로 ❶ 서피스를 만듭니다.

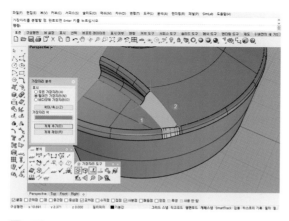

③⑥ 🔧 ShowEdge 명령으로 ❶과 ❷ 서피스의 Edge를 확인하고 🔧 SplitEdge 명령으로 ❶과 ❷ 서피스의 화살표 지점을 자릅니다.

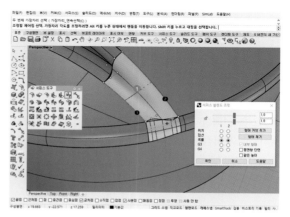

③⑦ 🔧 BlendSrf 명령으로 ❶ 서피스를 만듭니다.

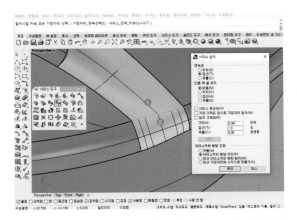

38 🔍 MatchSrf 명령으로 ❶과 ❷ 서피스 Edge를 선택해 서피스 일치시킵니다.

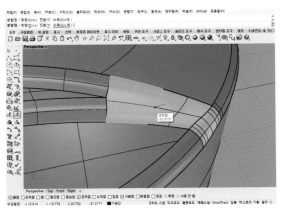

39 🔳 Split 명령으로 화살표 지점을 자릅니다.

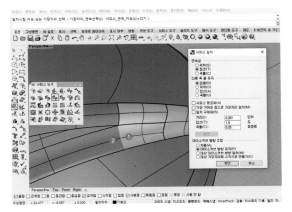

40 🔍 MatchSrf 명령으로 ❶과 ❷ 서피스의 Edge를 선택해 서피스 일치시키고 🔗 Join 명령으로 모든 서피스를 결합합니다.

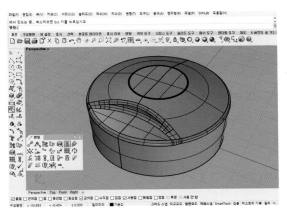

41 🔷 Mirror 명령을 대칭 복사한 후 🔗 Join 명령으로 두 오브젝트를 결합합니다.

두 오브젝트의 Edge가 접하는 부분의 필렛에 대해 알아보겠습니다.

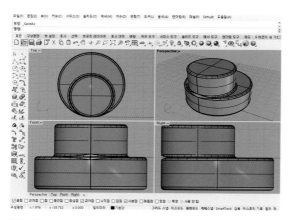

42 📂 Open 명령으로 'fillet05.3dm' 파일을 엽니다.

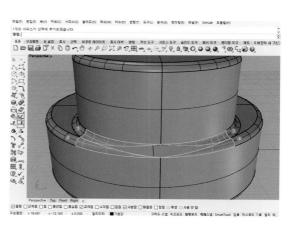

43 ⚡ Explode 명령으로 오브젝트를 분해한 후 🔧 Split 명령으로 ❶, ❷, ❸, ❹ 서피스의 교차점을 자르고 필요 없는 서피스를 지웁니다.

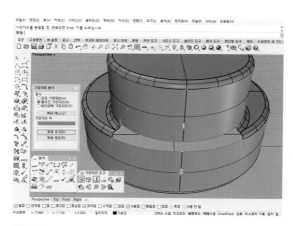

44 🔷 ShowEdge 명령으로 ❶과 ❷ 서피스 Edge를 확인하고 ⚒ SplitEdge 명령으로 ❶과 ❷ 서피스의 화살표 지점을 자릅니다.

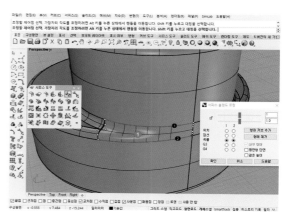

45 🔧 BlendSrf 명령으로 ❶ 서피스를 만듭니다.

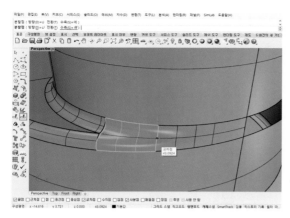

46 Split 명령으로 U, V 방향으로 화살표 지점을 자릅니다.

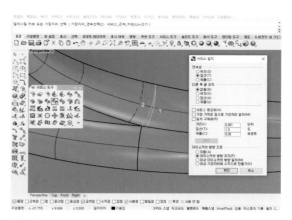

47 MatchSrf 명령으로 ❶과 ❷ 서피스 Edge를 선택해 서피스 일치시킵니다.

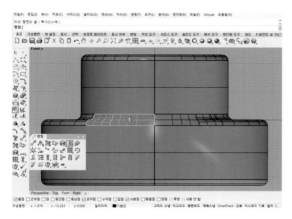

48 Front 뷰에서 Mirror 명령으로 ❶ 서피스를 대칭 복사하고 Join 명령으로 모든 서피스를 결합합니다.

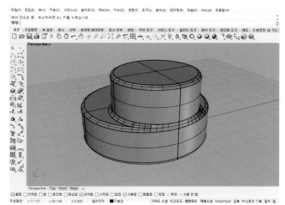

49 필렛을 마무리합니다.

포맷이 stl, obj 등인 Mesh 파일을 내보내기를 할 때는 Mesh의 이상 유무를 먼저 확인해야 합니다. 메쉬에 많은 수의 길고 가는 패싯이 있다면 STL/SLA 프린터에서 문제가 발생하기도 합니다.

50 예제파일 'Rhino Logo.3dm'을 열고 🐦 Mesh-Repair 명령을 실행합니다. 메쉬 검사를 클릭합니다.

51 메쉬를 모두 선택하고 (Enter)합니다. 메쉬 복구 창에 문제점이 설명됩니다. 🖉 ShowEdge 명령으로 열려 있는 Edge를 확인하고 다음 항목을 클릭합니다.

52 문제가 있는 항목이 있으면 체크되어 나옵니다. 다음 버튼을 클릭합니다.

53 열려 있는 구멍이 있으므로 '모든 구멍 채우기' 항목을 클릭하고 열려 있는 메쉬를 선택해 구멍을 모두 메꿉니다.

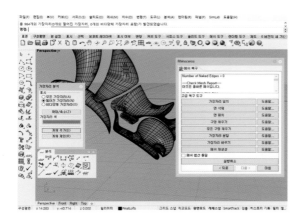

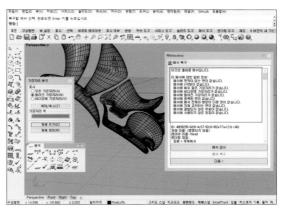

54 🔲 ShowEdge 명령으로 다시 체크하면 열려 있는 메쉬가 없습니다.

55 🔲 MeshRepair 명령을 재실행보면 문제가 해결되었다는 것을 알 수 있습니다. 이와 같은 방식으로 오류를 하나씩 해결해나갈 수 있습니다.

데이터 이상 유무 확인과 메쉬 변환

라이노에서 만든 솔리드 데이터의 이상 유무를 확인하고 해결하는 방법을 알아보겠습니다. 항상 이상 유무를 확인하고 메쉬로 변환해야 합니다.

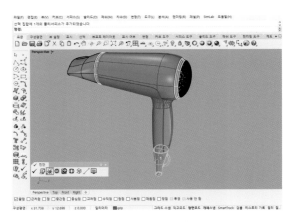

56 예제파일 'dryer_check.3dm'을 엽니다. 🐞 Sel-BadObjects 명령을 실행합니다. 이상이 있는 오브젝트가 ❶처럼 노란색으로 선택됩니다.

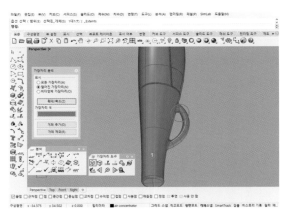

57 🐷 ShowEdges 명령을 선택하고 ❶ 오브젝트를 선택하면 떨어진 가장자리가 분홍색으로 표시됩니다.

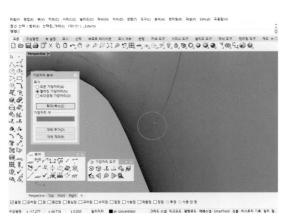

58 분홍색 지점을 확대해 보면 분홍 점만 표시되어 있습니다.

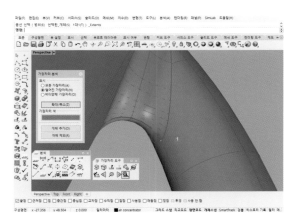

59 이런 점 형태의 열린 엣지일 때는 🐞 RemoveAll-NakedMicroEdges 명령을 실행한 다음 열린 엣지가 있는 ❶ 오브젝트를 선택하고 Enter 합니다.

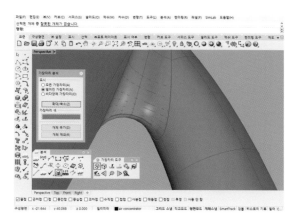

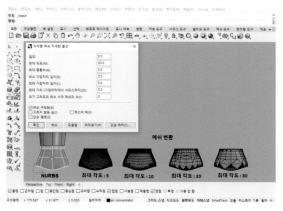

60 SelBadObjects 명령을 다시 실행합니다. 문제점이 발견되지 않습니다. ShowEdges 명령을 실행하면 열린 가장자리도 보이지 않게 됩니다. 그런 다음 메쉬로 전환합니다.

61 ❶ 오브젝트를 선택하고 Mesh 명령을 실행합니다. 다각형 메쉬 옵션 창이 나옵니다. 최대 각도는 평면이 아닌, 곡률이 '0'이 아닌 곡면에 사용됩니다. 각도가 적을수록 메쉬는 정밀해지며 데이터는 커집니다.

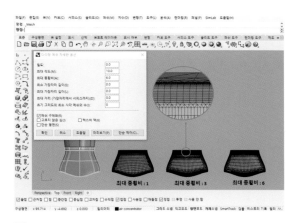

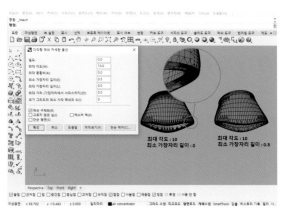

62 최대 종횡비는 메쉬가 나뉠 때 가로, 세로의 비율이라고 보면 됩니다. 최대 종횡비가 '1'이면 정사각형 형태로 메쉬가 만들어지고 '3'이면 1:3 비율 형태로 메쉬가 만들어집니다.

63 최소 가장자리 길이는, 메쉬 밀도가 높으면 가장자리 길이를 제어해 밀도를 낮게 설정합니다. 미세 필렛이 메쉬로 표현돼야 할 때는 가장자리 길이를 적게 해 메쉬 밀도를 제어할 수 있습니다.

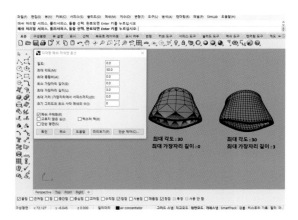

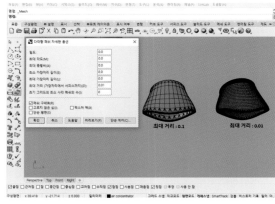

64 최대 가장자리 길이는, 메쉬의 매끄러운 부분이 너무 클 때 가장자리 길이를 줄여줌으로써 부드럽게 메쉬를 제어할 수 있습니다.

65 최대 거리는 넙스 서피스가 메쉬로 변환될 때의 거리로 생각하면 됩니다. 거리가 가까울수록 정밀도는 높아지면서 데이터는 커집니다. 보통 STL 파일로 변환할 때 이 옵션을 많이 사용합니다.

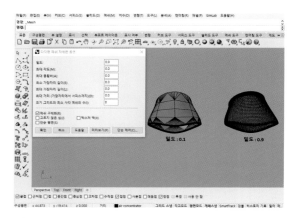

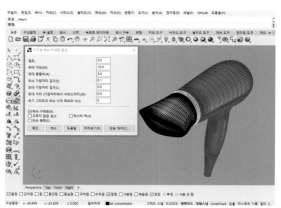

66 밀도는 다각형의 가장자리가 원래 서피스에 얼마나 가까운지를 제어하는 옵션입니다. 값은 0과 1 사이입니다. 값이 크면 다각형의 수가 많은 메쉬가 생성됩니다. 위와 같은 메쉬 옵션은 사용자의 목적에 맞게 변경해 사용할 수 있습니다.

67 목적에 맞게 메쉬 옵션을 사용하면 됩니다.

Chapter

18

Rhino 3D 렌더링

이 장에서는 Rhino 3D의 개선된 렌더링 과정과 간단하게 포토샵에서 합성하는 방법에 대해서 알아보겠습니다.

Lesson 01 부위별로 재질 적용하기

라이노에서 기본적으로 지원하는 재질을 적용하는 방법과 캡처를 활용하는 방법입니다.

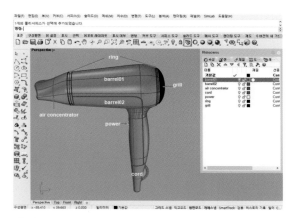

① ▷ Open 명령어로 'dryerender.3dm'을 열고 ▷ Layer 명령으로 부위별로 레이어 이름을 변경합니다.

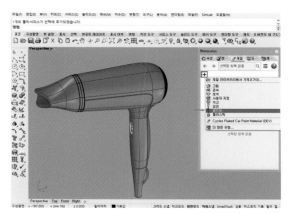

② 재질 탭에서 '+' 아이콘을 누르고 페인트 재질을 선택합니다.

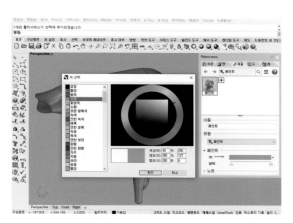

③ 페인트 > 색 항목에서 색을 정합니다.

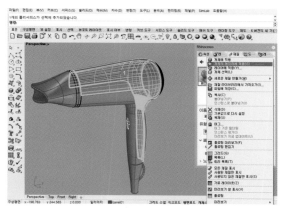

④ ❶오브젝트를 선택한 뒤 페인트 재질에 오른쪽 마우스 버튼을 누르고 '개체의 레이어에 적용' 항목을 선택합니다. ❷ Shade 명령의 '표시모드=랜더링'으로 변경합니다.

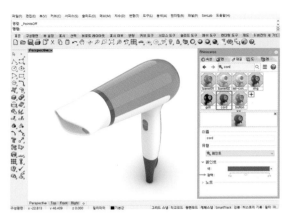

⑤ 레이어 부위별로 같은 방법으로 재질을 만듭니다.
'cord' 재질은 광택을 줄입니다.

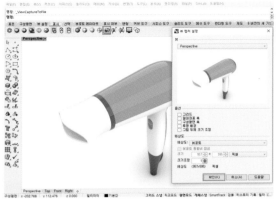

⑥ 표시 탭의 🌐 ViewCaptureToFile 명령으로 화면을
캡처해 't1.jpge' 파일로 저장합니다.

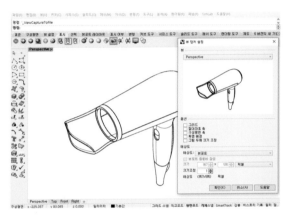

⑦ 표시 탭에서 🖐 Pan 모드로 설정하고 🌐 View-
CaptureToFile 명령으로 화면을 캡처해 't2.jpge' 파일
로 저장합니다.

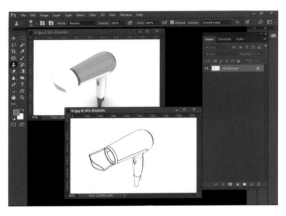

⑧ 포토샵에서 't1, t2.jpeg' 두 파일을 불러옵니다.

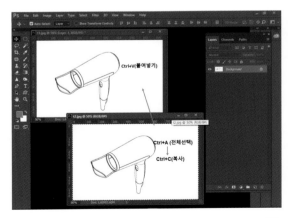

⑨ 't2.jpeg' 이미지를 Ctrl + A (전체선택)한 후 Ctrl
+ C (복사하기)해 't1.jpeg' 이미지에 Ctrl + V (붙여넣
기)합니다.

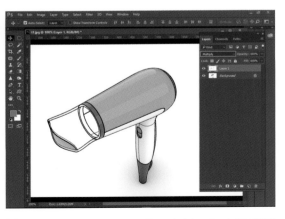

⑩ Layer 탭의 블랜딩 모드 항목에서 'Multiply'로 변경
합니다. 두 이미지를 손쉽게 와이어 프레임 이미지와 합
성할 수 있습니다.

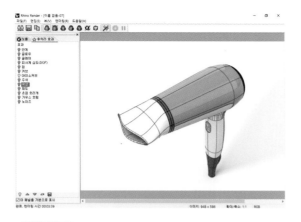

⑪ 라이노 표준 탭에서 ● Render 명령을 실행합니다. 렌더 완료 후 '후처리 효과에' 탭에서 '아이소커브'를 체크하면 위 그림과 같이 됩니다. 레이어 색상별로 아이소커브가 나타납니다.

반올림 펜 모드 배경 변경하기

❀ Option 명령에서 'Rhino 옵션 > 뷰 > 펜 > 뷰포트 설정 > 배경 > 렌더링 설정 사용' 경로로 변경합니다.

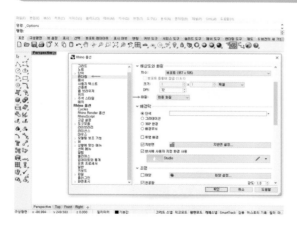

⑫ 라이노 렌더링 해상도와 화질은 ❀ Option 항목의 '렌더링'에서 변경하면 됩니다.

Lesson 02 스냅샷 알아보기

스냅샷은 현재 작업 창의 과정을 프리젠테이션 형식으로 애니메이션을 만들 수 있는 기능입니다.

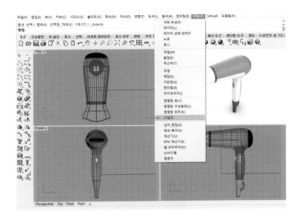

⒀ 메뉴에서 '패널 > 스냅샵'을 선택합니다.

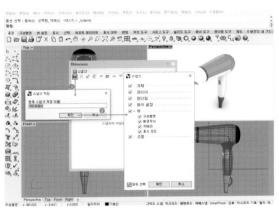

⒁ 스냅샵 탭의 🖫 저장 아이콘을 선택합니다. '스냅샷 01'로 저장하고 스냅샷 옵션은 '모두 선택'을 체크하고 확인 버튼을 누릅니다.

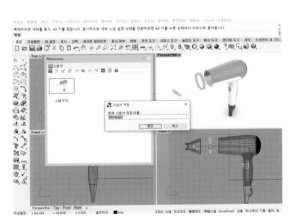

⒂ Right 뷰에서 오브젝트를 ❶과 ❷ 처럼 이동한 다음 스냅샷의 🖫 저장 아이콘을 선택하고 '스냅샷 02'를 만듭니다.

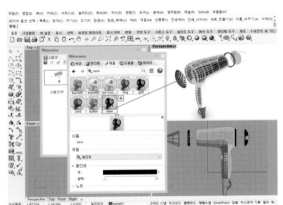

⒃ ❶ 오브젝트를 Perspective 뷰에서 이동, 회전하고 재질을 하나 만든 후 색상을 바꿉니다. 스냅샷의 ⚙ 저장 아이콘을 선택하고 '스냅샷 03'을 만듭니다.

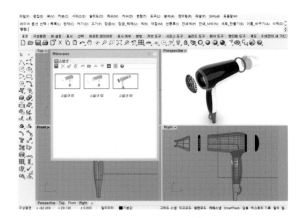

⑰ 스냅샷이 세 개 만들어졌습니다.

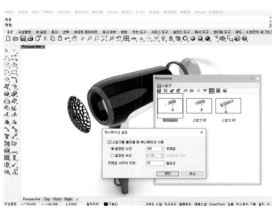

⑱ '스냅샷 01'을 선택합니다. ▦ 애니메이션 설정 아이콘을 클릭하고 기본값으로 설정 후 확인 버튼을 누릅니다.

⑲ ▶ 슬라이드쇼 시작 아이콘을 클릭하고 애니메이션을 확인합니다.

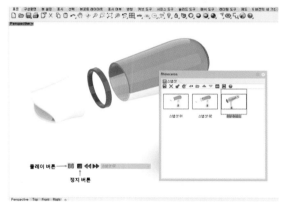

⑳ 정지버튼을 누르고 스냅샷 창은 닫습니다.

Lesson 03 조명 추가와 데칼 맵핑

조명과 데칼(이미지)을 추가하는 방법에 대해서 알아보겠습니다.

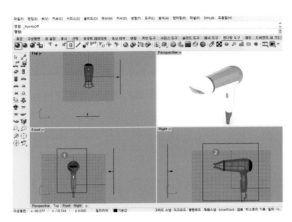

[21] 렌더링 도구 탭에서 ▣ RectangularLight 명령으로 사각 조명을 2개 설치합니다.

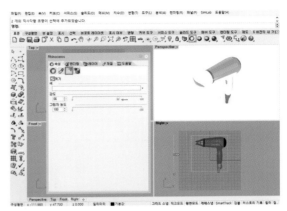

[22] 두 조명을 선택하고 ◉ Properties 항목의 조명 아이콘을 클릭합니다. 켜기를 체크하고 조명 강도를 알맞게 조절합니다.

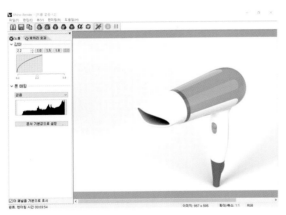

[23] ⬤ Render 명령으로 결과물을 확인합니다. 창을 닫습니다.

[24] Right 뷰에서 ◉ Properties 항목의 ▨ 데칼 아이콘을 선택하고 '+' 데칼추가 아이콘을 설정하고 'hair-dryer.png' 파일을 엽니다.

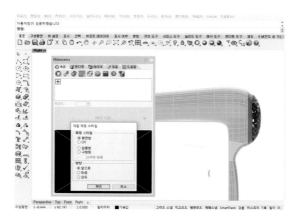

25 옵션을 설정합니다.

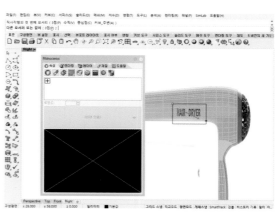

26 이미지를 마우스로 드래그해 크기를 조정합니다.

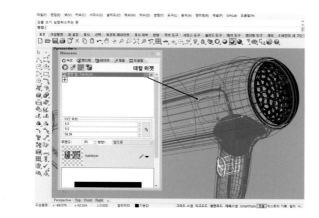

27 데칼 위젯 아이콘을 누르면 작업 창에 위젯이 나타나고 검볼과 같이 활용하면 이미지의 크기를 조절할 수 있습니다. Properties 창을 닫습니다.

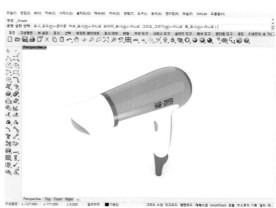

28 ⬤ Shade 명령의 렌더링 모드입니다.

Memo

Alias Speedform에 대해 알아보기

Alias SpeedForm은 디자이너가 그린 자동차 컨셉 디자인 스케치를 가져와 손으로 점토를 다루는 것처럼 직감적인 조작으로 3D 모델을 만들 수 있는 응용 프로그램입니다. 기존 자동차의 컨셉 디자인 업무는 3D 애니메이션 애플리케이션 Maya를 사용하는 경우가 많았지만, Maya의 주 기능은 3D 애니메이션, CG를 위한 것이기 때문에 자동차 디자인에 필요한 새로운 기능의 추가하기는 어려웠습니다. 그래서 자동차 디자인을 효율적으로 지원하는 컨셉 모델러로 Autodesk 인수한 T-Splines의 곡면 처리 기술을 기반으로 Alias SpeedForm을 개발하게 되었습니다.

Lesson 01   Interface 알아보기

Alias SpeedForm의 인터페이스는 라이노와 비슷한 점이 있으나 처음 접하는 분들도 이해할 수 있도록 전반적인 인터페이스에 대해서 알아보겠습니다.

❶ 화면 인터페이스

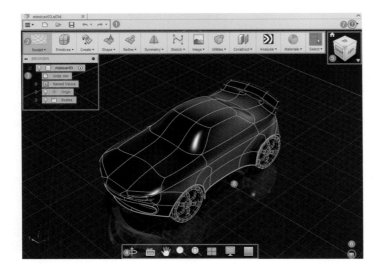

Alias SpeedForm의 기본 작업 창입니다.

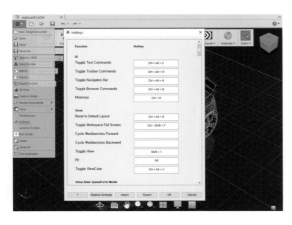

⌑1⌑ 파일 메뉴가 있으며 파일을 저장, 열기 및 취소, 재실행할 수 있습니다. 또한 환경 설정 및 단축키 설정 등을 할 수 있습니다.

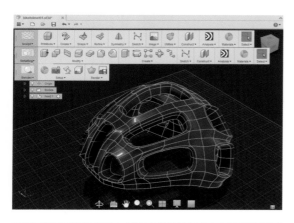

2️⃣ 도구 모음에는 각종 명령어가 있습니다. 크게 Sculpt, Detailing, Render 3개의 작업 공간이 있습니다. 각각의 다른 명령어들이 있습니다.

■ Sculpt는 형상을 모델링하기 위한 기본 작업 공간입니다. 기존의 T-Splines의 명령어들이 있는 툴바입니다. 라이노 T-Splines보다 기능이 많이 개선되었습니다. Rhino 6에서는 기존의 T-Splines는 사용할 수 없으며 Clayoo를 써야 합니다.

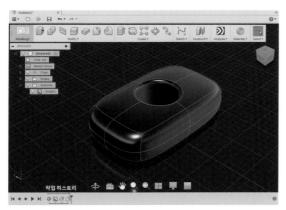

■ Detailing(상세) 툴바는 Sculpt에서 작업한 형상을 합치거나 구멍을 내는 등의 작업을 할 수 있게 합니다. 파라메트릭 작업은 여기서 진행되며 작업 창 하단에 히스토리 창이 나타납니다. 히스토리 창을 통해서 작업을 효율적으로 할 수 있습니다. Sculpt 작업 창에서 서피스를 변형하면 Detailing 작업 창에서의 오브젝트도 자동으로 변경 업데이트됩니다. 라이노 명령과 유사합니다.

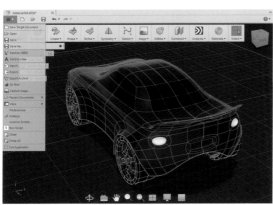

■ Render(렌더) 툴바는 오브젝트에 재질을 부여해 다양하게 시각화할 수 있는 작업공간입니다. Alias SpeedForm은 컨셉디자인 용도로 나온 툴이라 기능이 많이 부족합니다. 디테일한 표현을 하기 위해서는 VRED나 Keyshot 등을 활용해야 하며 Alias SpeedForm은 VRED와 바로 연동할 수 있습니다.

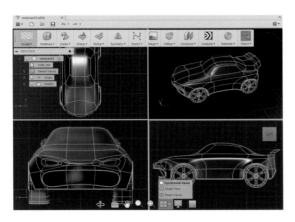

④ 화면 설정 및 작업 창 회전, 확대, 이동 등을 할 수 있습니다.

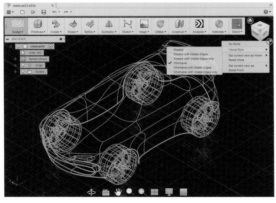

⑤ View Cube에서는 뷰의 관점을 제어할 수 있으며 화면표시를 제어할 수 있습니다.

⑥ 선택한 명령에 대한 도움말과 단축키 등이 표시됩니다.

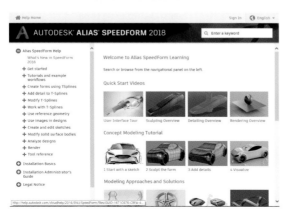

⑦ AutoDesk의 Alias SpeedForm 도움말 사이트로 이동합니다.

Lesson 02　환경 설정 및 마우스 사용법

사용자의 편의에 맞게 환경 설정하는 방법과 단축키 및 마우스 사용법에 대해서 알아보겠습니다.

❶ 환경 설정

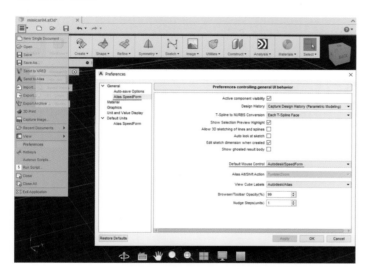

환경 설정에 따라 단축키가 다르게 적용되므로 자신에게 맞게 설정하면 됩니다. 기존의 Maya 사용자는 기본값으로 설정된 값을 사용하면 됩니다. 라이노 사용자는 Alias SpeedForm으로 설정해서 사용하는 게 더 편리합니다. Default Mouse Control 에서 Alias SpeedForm으로 변경하고 사용하면 됩니다.

❷ 마우스 사용 방법

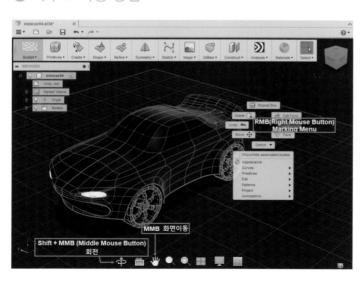

마우스의 사용법은 기본적으로 다음 그림과 같습니다. 오브젝트(정점, Edge, Face) 등을 선택할 때는 마우스가 자동으로 선택합니다. 또한 왼쪽 마우스를 왼쪽에서 오른쪽으로 드래그하면 박스 안에 포함된 부분만 선택되고 오른쪽에서 왼쪽으로 드래그하면 박스 경계에 포함된 부분도 모두 선택됩니다. Rhino에서 마우스 사용할 때 Window Box, Crossing Box와 같은 기능입니다.

Chapter

20

Boat 만들기

이 장에서는 Speedform의 기본적인 명령어들에 대해서 알아보겠습니다.

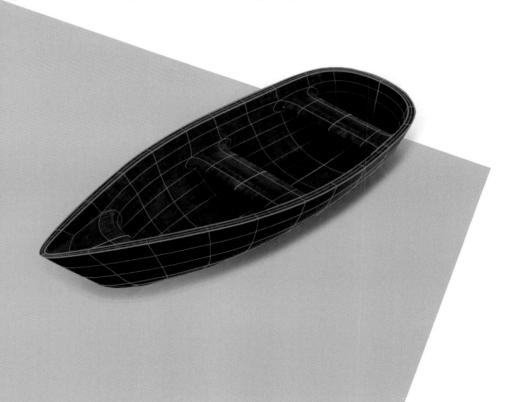

Lesson 01 기본 명령 활용하여 Boat 만들기

기본 명령 활용하여 Boat 만들기

원형 도형을 사용하여 Boat 형상을 만들어 가는 방법입니다.

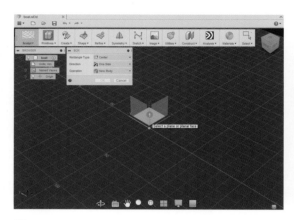

① ▣ Box 명령을 클릭하고 작업할 ❶번 평면을 선택합니다.

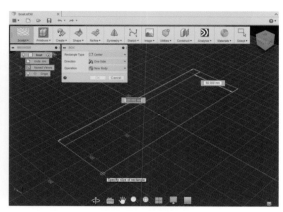

② 원점에서 220 x 60의 박스를 그립니다.

③ 가로, 세로, 높이는 1로 변경하고 높이는 30mm로 변경해 OK 버튼을 누릅니다.

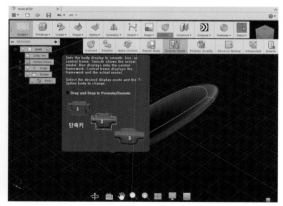

④ ▣ Display Mode를 클릭해 Box 모드로 변환합니다. 단축키는 ①입니다.

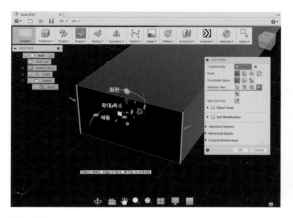

5 Edit Form을 클릭하고 앞쪽 Edge를 선택합니다.

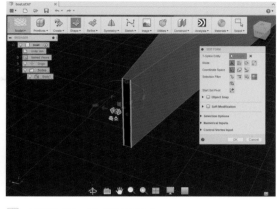

6 선택한 Edge를 좁혀줍니다.

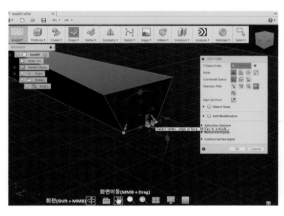

7 뷰를 돌려 뒤쪽의 정점들을 선택해서 좁혀줍니다.

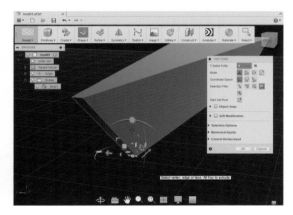

8 앞 뷰에서 아래 Edge를 선택해서 뒤로 약간 이동시 킵니다.

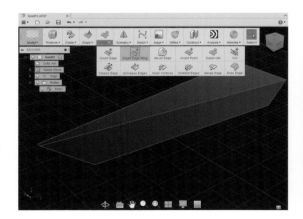

9 마우스 가운데(Scroll Button)버튼으로 뷰를 축소해 전체적인 비율을 확인한 후 Insert Edge Ring 명령을 클릭합니다.

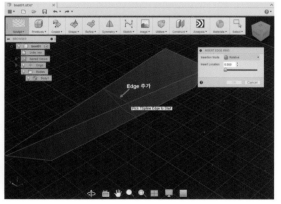

10 중앙 부분에 Edge를 추가합니다.

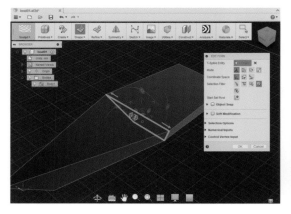

⑪ 추가된 Edge를 선택해서 양쪽으로 늘립니다.

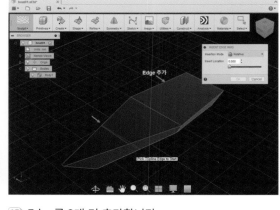

⑫ Edge를 2개 더 추가합니다.

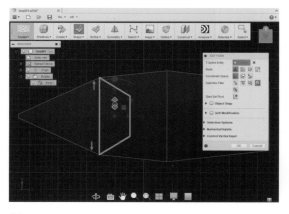

⑬ ❶번 View Cube의 Top을 클릭해 Top 뷰에서 Edge를 선택하고 양방향으로 늘립니다.

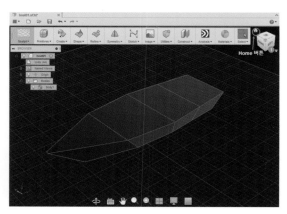

⑭ Home 버튼을 누른 후 View Cube의 ❶번 Left 뷰를 클릭합니다.

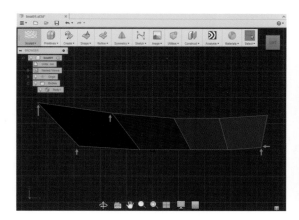

⑮ Left View에서 화살표 지점의 정점들을 선택, 이동시켜 형태를 다듬어줍니다.

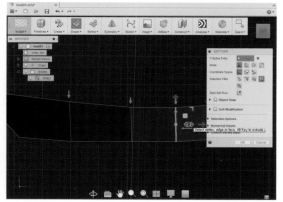

⑯ 더블클릭해 Edge를 선택하고 스케일 조정자를 이동해 Edge가 수직 형태로 되게 만들어줍니다.

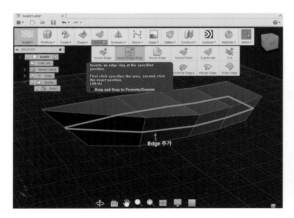

⑰ Insert Edge Ring 명령을 클릭해 Edge를 추가합니다.

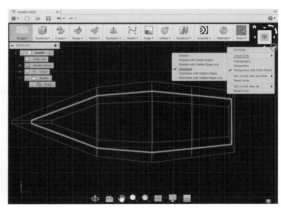

⑱ Top 뷰에서 Wire frame으로 설정해 뼈대만 보이게 합니다. F1, F2 키를 활용해 음영과 Wire frame을 조절할 수 있습니다.

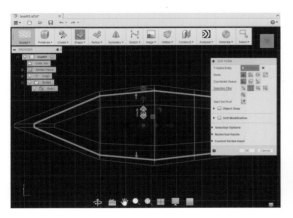

⑲ Edge 선택해서 스케일 조정자를 통해 상하로 약간씩 늘려 줍니다.

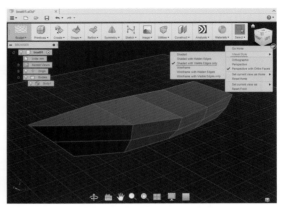

⑳ 원래의 음영모드로 변경합니다.

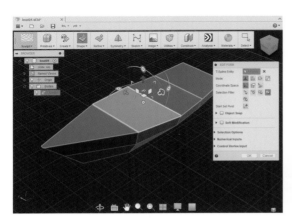

㉑ 위쪽 면을 선택해서 Delete 키를 눌러 지웁니다.

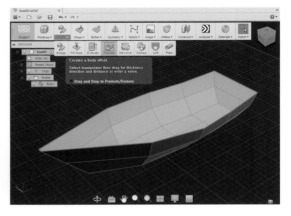

㉒ Thicken 명령을 선택합니다.

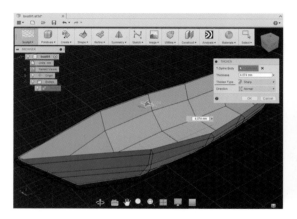 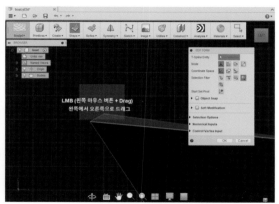

23 오브젝트를 선택하고 바깥 방향으로 4mm 정도 두께를 줍니다.

24 Left 뷰에서 LMB로 왼쪽에서 오른쪽으로 드래그해 정점을 선택합니다.

반올림   Mouse로 (정점, 모서리, 면) 오브젝트를 선택할 때 유의할 점

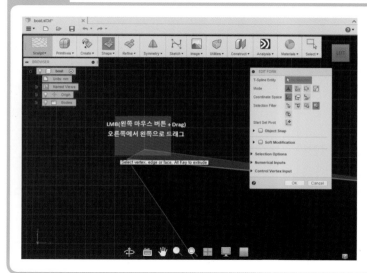

왼쪽 마우스로 오른쪽에서 왼쪽으로 드래그해 선택하면 정점도 선택되고 박스가 지나는 Edge와 면도 모두 선택되게 됩니다.

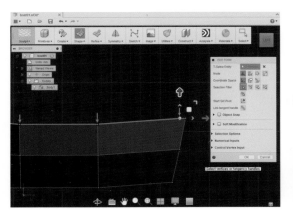

25 나머지 부분의 튀어 나온 면들의 정점들도 각각 선택해서 높이를 맞춰줍니다. Edit Form의 Selection Filter에서 정점을 체크하면 정점이 활성화됩니다.

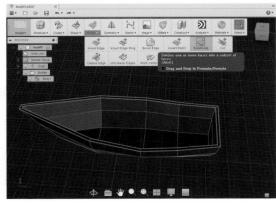

26 Home 버튼을 클릭해 뷰를 원래대로 되돌립니다. 뷰를 회전시켜 보이게 한 다음 Subdivide 명령을 선택합니다.

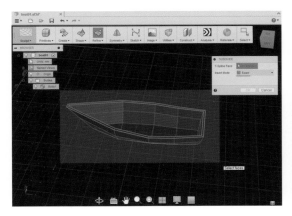

27 마우스로 오브젝트가 모두 포함되게 선택해 면을 추가합니다. Insert Mode의 Exact를 체크해야 형상이 변하지 않지만 면은 불규칙하게 추가될 수 있습니다.

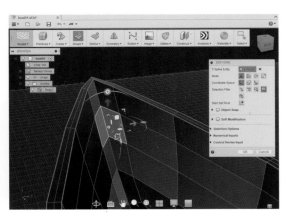

28 배의 앞머리 부분이 보이게 한 다음 두 면을 선택해 지웁니다.

29 Bridge 명령을 선택합니다.

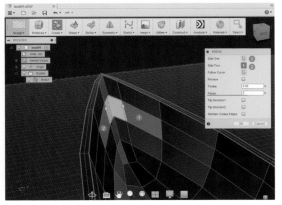

30 ❶과 ❷ 면을 순차적으로 선택한 후 옵션 창에서 Faces(면)=2로 설정하고 OK 버튼을 클릭해 면을 연결합니다.

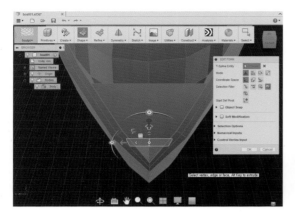

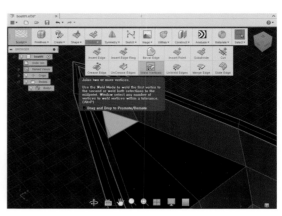

[31] 뷰를 돌려서 보면 Bridge로 생성한 면이 막혀 있습니다. 앞면을 선택해서 지웁니다.

[32] Weld Vertices 명령을 선택합니다.

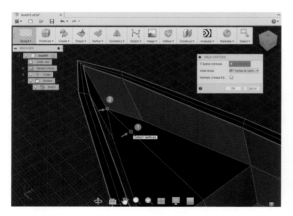

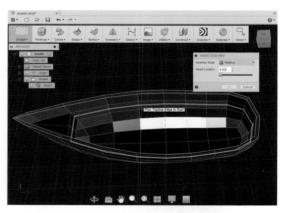

[33] ❶번 정점을 선택한 다음 ❷번 정점을 선택해서 합칩니다. 아래 정점도 합쳐줍니다.

[34] Insert Edge Ring 명령으로 Edge를 추가합니다.

[35] Bridge 명령을 선택하고 중앙 부분의 면을 순서대로 선택해서 면을 연결합니다. 화살표 부분도 Bridge 명령으로 면을 연결합니다.

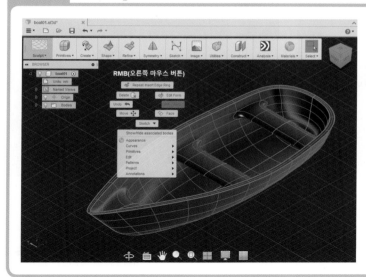

마우스 오른쪽 버튼을 누르면 나오는 메뉴를 마킹 메뉴라 합니다. 반복되는 명령이나 자주 사용되는 명령어들에 빨리 접근할 수 있습니다.

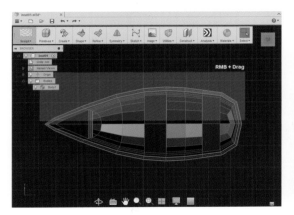

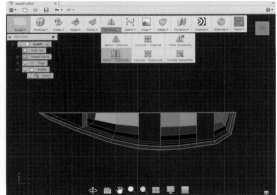

36 Top 뷰에서 마우스로 드래그해 위 그림처럼 선택하고 지웁니다.

37 Mirror-Duplicate 명령을 선택합니다.

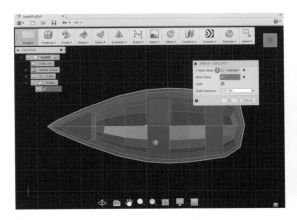

38 ❶번 면을 선택해 대칭 복사합니다.

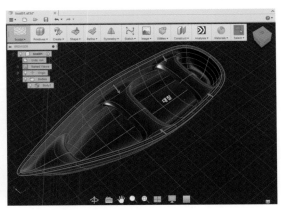

39 가운데 녹색 선이 보이면 대칭이 된 것입니다. 화살표 지점이 느슨합니다.

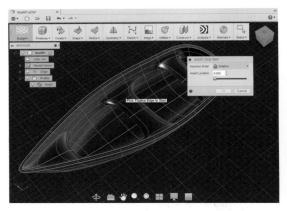

40 Insert Edge Ring 명령으로 Edge를 추가합니다. 반대편도 자동으로 Edge가 추가됩니다.

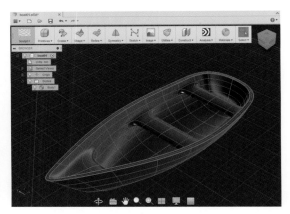

41 Edge와 Edge 거리가 가까울수록 각지는 듯한 느낌이 나게 됩니다.

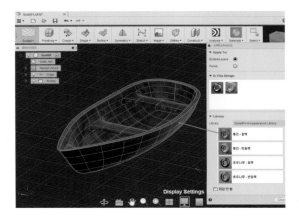

42 Materials 명령으로 나무 재질을 드래그해 재질을 적용합니다. Display Settings의 Effect 설정을 모두 체크합니다.

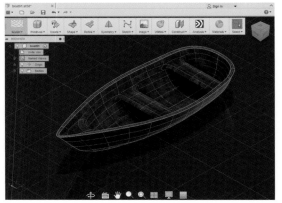

43 Display settings에서 Effects에서 그림자나 반사 등을 설정할 수 있습니다.

Smooth Hammerhead 만들기

이장에서도 기초 명령을 활용해 귀상어를 모델링하는 방법을 알아보겠습니다.

Lesson 01 Smooth Hammerhead 만들기

Lesson 01　Smooth Hammerhead 만들기

기초 명령을 반복 학습하고 새로운 명령어들을 학습합니다.

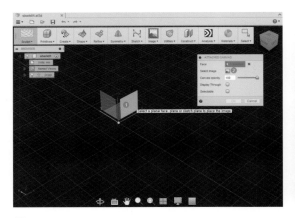

① 📷 Attatched Canvas 명령을 클릭해 ❶번 평면을 선택하고 ❷에서 'shark.tif' 이미지를 불러옵니다.

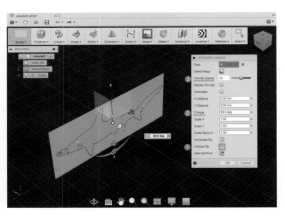

② ❶번 항목에서 이미지를 수직으로 반전시킵니다. ❷번 항목에서 90도 회전시킵니다. ❸번 항목에서 투명도를 50으로 설정합니다.

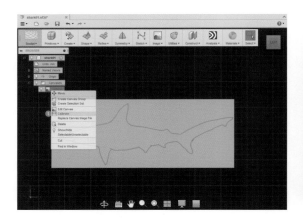

③ Left 뷰, Canvases 항목에서 shark 레이어를 선택하고 오른쪽 마우스 버튼을 누른 후 ❶의 Calibrate(눈금)를 선택합니다.

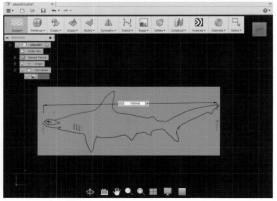

④ 이미지의 앞부분과 뒷부분을 지정하고 150mm를 입력합니다. 이미지가 150mm 크기로 설정됩니다.

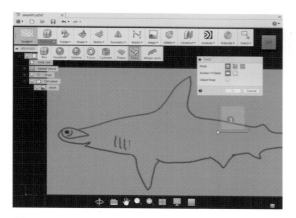

⑤ ✥Face(면) 명령을 선택합니다.

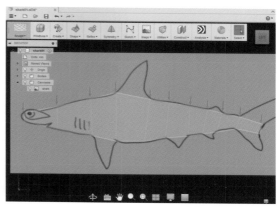

⑥ Face 명령으로 사각형의 면을 만들어 갑니다.

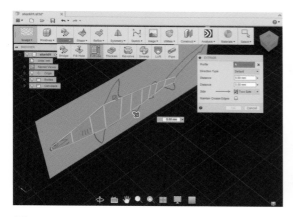

⑦ ▥ Extrude 명령으로 앞에서 만든 면을 선택하고 옵션 창에서 Side를 Two Side(양방향)로 선택합니다.

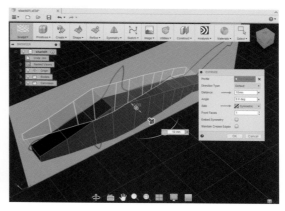

⑧ Distance(거리)를 10mm로 설정하고 Side는 Symmetric(대칭)으로 변경한 뒤 OK 버튼을 누릅니다. 참고로 옵션 창에서 Embed Symmetry를 체크하면 녹색 대칭선이 자동으로 생성됩니다.

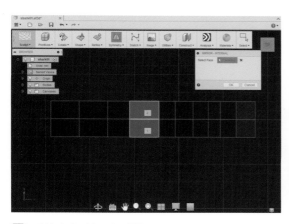

⑨ 대칭선이 없을 때는 ⚠ Mirror-Internal 명령으로 대칭이 될 면을 차례대로 선택해 대칭선을 생성합니다.

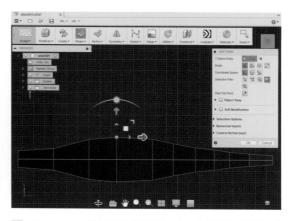

⑩ Canvases 레이어를 끕니다. Top 뷰에서 정점을 선택해 형상을 만들어줍니다.

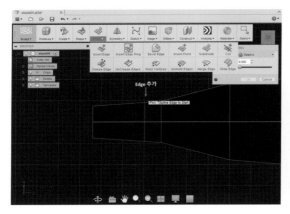

⑪ 🐟 Insert Edge Ring 명령으로 Edge를 추가합니다.

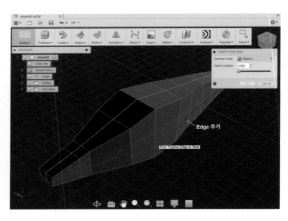

⑫ Perspective 뷰에서 Edge를 다시 추가합니다.

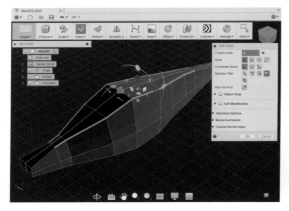

⑬ (Shift) 키를 누르고 Edge를 선택한 뒤 안쪽으로 적당히 이동시킵니다.

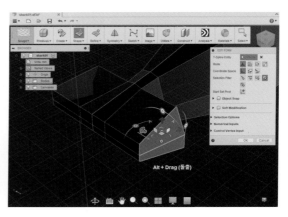

⑭ 돌출시킬 면을 선택하고 (Alt) 키를 누른 뒤 원하는 방향으로 돌출시킵니다.

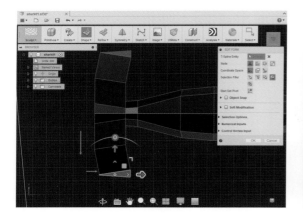

⑮ (Alt) + Drag해서 한 번 더 돌출시킵니다. Top 뷰에서 뒤쪽으로 약간 이동시킵니다.

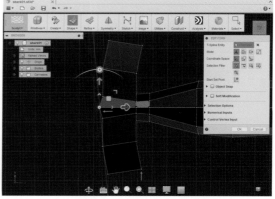

⑯ Edit Form의 Selection Filter에서 정점을 선택합니다. 정점이 나오면 위 그림처럼 선택하고 앞으로 약간 이동시킵니다. 화살표 지점의 정점도 튀어나오지 않게 이동시킵니다.

⑰ 돌출된 면의 정점들을 선택해서 높이를 균등하게 맞춥니다.

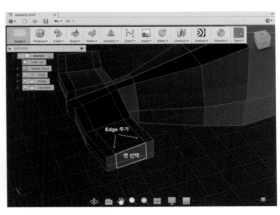

⑱ ◈ Insert Edge Ring 명령으로 Edge를 추가합니다. 노란 박스 안의 면을 선택합니다.

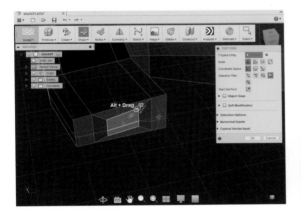

⑲ Alt + Drag해 면을 축소 생성합니다.

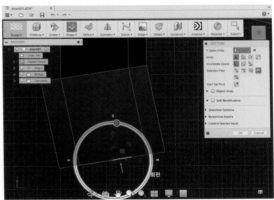

⑳ Top 뷰에서 돌출된 부분을 회전시켜 돌출되지 않게 정렬합니다.

반올림

경사면을 Normal 방향으로 돌출시키려면 Edit Form에서 Coordinate Space(좌표 공간)를 Local(지역)로 설정하면 됩니다. 기본값은 World Space(실세계 좌표 공간)로 설정되어 있기 때문에 상황에 따라 변경해서 사용하면 작업을 효율적으로 할 수 있습니다.

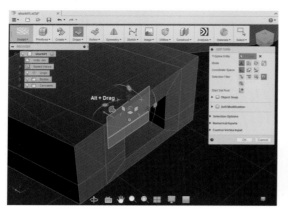

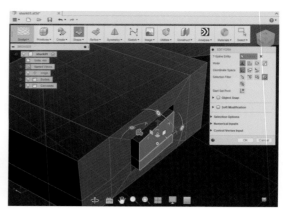

21 면이 선택된 상태에서 Alt + Drag해 안쪽으로 밀어 넣습니다.

22 Alt + Drag를 다시 실행해 면을 돌출시킵니다. 크기를 약간 줄입니다.

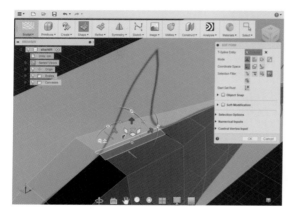

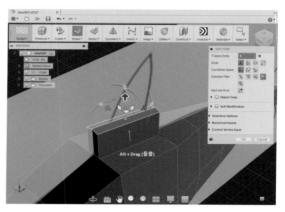

23 지느러미가 있는 위쪽 면을 선택합니다. Alt + Drag로 축소해 면을 생성합니다.

24 Alt + Drag하고 면을 돌출시킵니다.

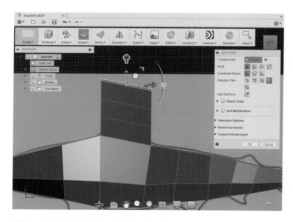

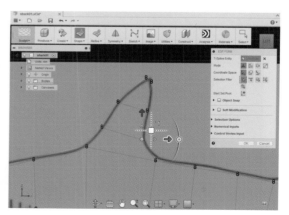

25 Left 뷰에서 한 번 더 돌출시킵니다.

26 Edit Form에서 Vertex(정점)로 설정합니다.

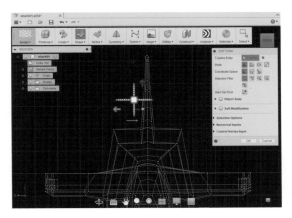

27 Wireframe으로 변경하고 Front 뷰에서 정점들을 이동시켜 지느러미의 두께를 수정합니다.

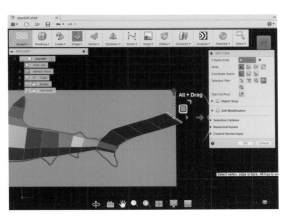

28 뒤 지느러미 부분도 돌출시킵니다.

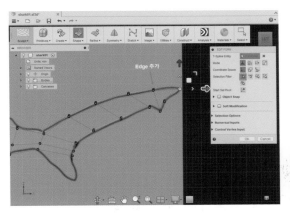

29 Wireframe으로 화면을 변경하고 정점들을 보이게 한 다음 배치합니다.

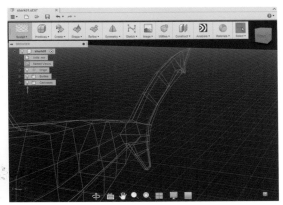

30 Canvases 레이어를 작업 중간에 ON/OFF해서 변경 사항을 수시로 확인합니다.

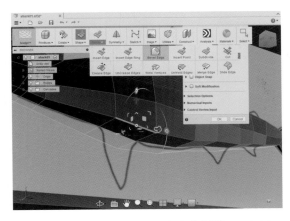

31 앞쪽 아래 지느러미를 만들기 위해서 🟤 Bevel Edge 명령을 실행한 다음 Edge를 선택합니다.

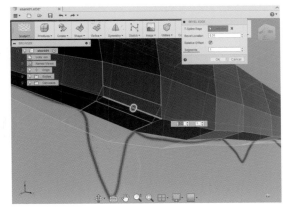

32 Bevel Edge 옵션 창에서 Segments(마디):1로 설정하고 드래그해 Edge를 추가합니다.

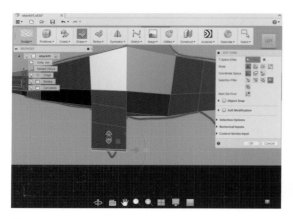

③③ Bevel로 생성된 면을 선택한 후 Left 뷰에서 (Alt) +
Drag해 돌출시킵니다.

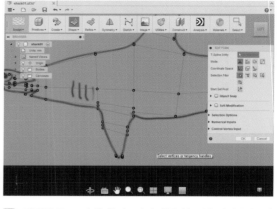

③④ 정점들을 보이게 한 후 이미지를 참고해 정점들을 이
동시켜가며 형상을 만듭니다.

③⑤ Left 뷰에서 Edge를 선택하고 크기 조정자를 드래그
해 Edge가 수평이 되게 만들어줍니다.

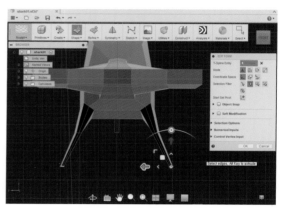

③⑥ Front 뷰에서 Edge를 선택해 지느러미를 수정합니다.

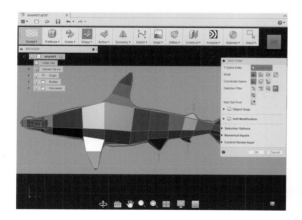

③⑦ 화살표가 표시된 나머지 지느러미 부분도 같은 방식
으로 면을 생성해서 편집해줍니다.

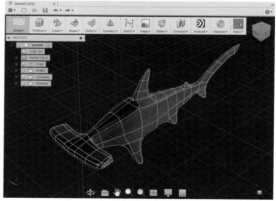

③⑧ 키보드의 3번 키를 누르면 Smooth 모드로 변환됩니
다. Box 모드는 키보드의 1번 Key입니다.

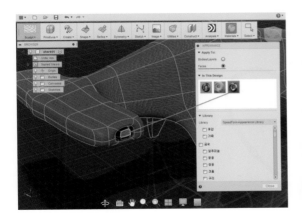 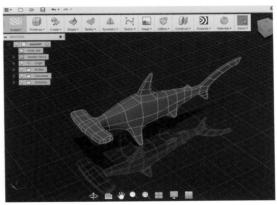

39 ⬤ Materials 명령에서 Faces(면)를 체크하면 각각
선택된 면에 재질을 적용할 수 있습니다. BodiesLayers
항목이 체크된 상태에서 전체 면에 노란 가죽 재질을 적
용하고 Faces 항목으로 변경해 눈에 재질을 따로 적용하
면 됩니다.

40 Home 버튼을 클릭해 뷰를 설정합니다.

Chapter

22

Iron 만들기

이 장에서는 다리미를 만들어가는 방법에 대해서 알아보겠습니다.

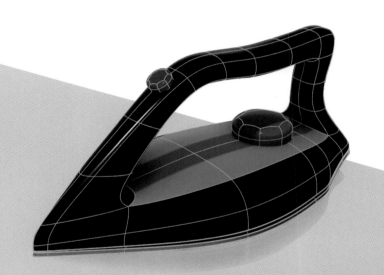

Lesson 01 Iron 만들기

Alias speedform의 기본 명령어들을 숙지하고 응용하는 방법들에 대해서 학습합니다.

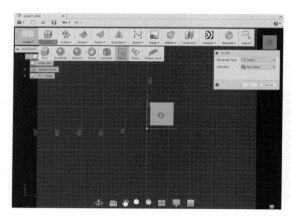

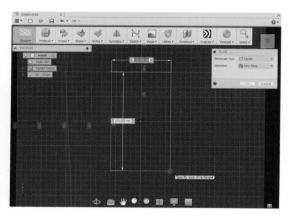

① 🔷Plane 명령을 실행한 후 Top 뷰에서 ❶번 작업 평면을 선택합니다.

② 200 x 120인 사각형을 그립니다.

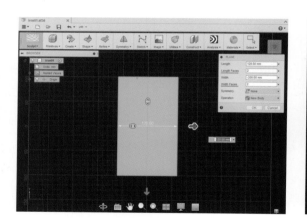

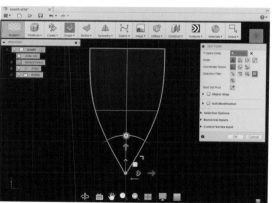

③ Plane 옵션에서 Length Faces와 Width Faces를 2로 변경한 후 OK 버튼을 누릅니다.

④ 앞쪽 Edge를 선택해서 크기를 줄입니다.

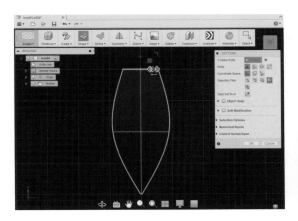

⑤ 뒤쪽 Edge도 약간 크기를 줄입니다.

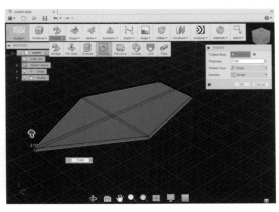

⑥ Display Mode를 Box로 설정하기 위해 ① 키를 누릅니다. Thicken 명령을 선택하고 두께를 3mm로 설정합니다.

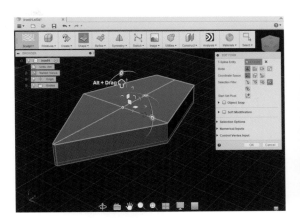

⑦ 윗면을 선택한 후 Alt + Drag해 적당한 높이로 이동시킵니다.

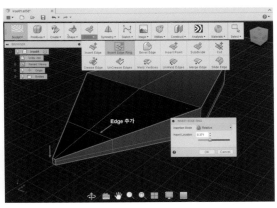

⑧ 앞부분 Edge 선택해서 높이를 낮춘 후 Insert Edge Ring 명령으로 Edge를 추가합니다.

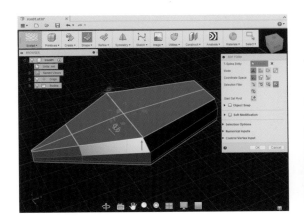

⑨ 윗면을 Alt + Drag해 전과 비슷한 높이로 면을 생성한 후 크기를 안쪽으로 약간 줄입니다.

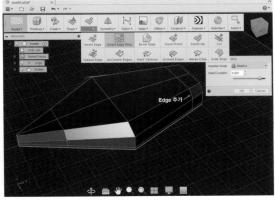

⑩ Insert Edge Ring 명령으로 Edge를 하나 추가합니다.

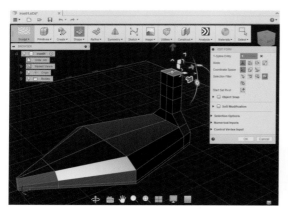

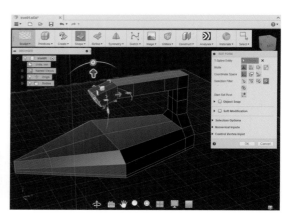

⑪ 뒤쪽 2면을 선택해서 (Alt) + Drag해 크기를 줄인 후 3마디를 더 생성합니다.

⑫ (Alt) + Drag로 면을 생성합니다.

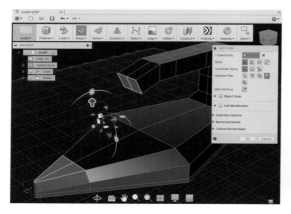

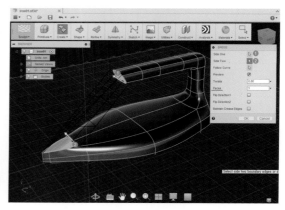

⑬ 면을 선택해서 지웁니다.

⑭ Display Mode를 Smooth로 설정하기 위해 ③ 키를 누릅니다. ◈ Bridge 명령으로 Edge를 선택해서 떨어진 면을 연결합니다.

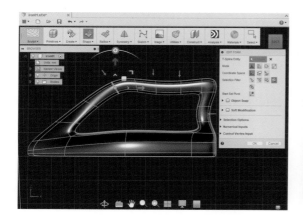

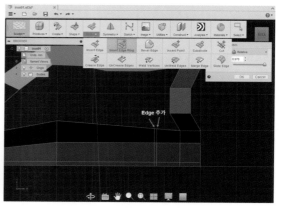

⑮ Back 뷰에서 Edge를 선택해서 손잡이 모양을 만들어갑니다.

⑯ ◈ Insert Edge Ring 명령으로 Edge를 추가합니다. Display Mode를 Box로 설정하기 위해 ① 키를 누릅니다.

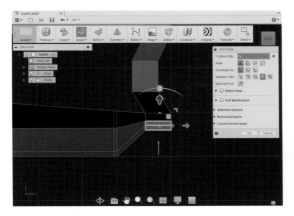

⑰ 마우스로 드래그해 면을 선택한 후 위쪽으로 이동시
킵니다.

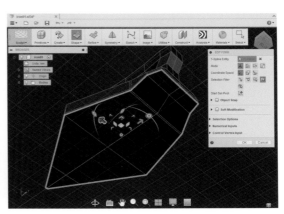

⑱ 아래쪽 Edge를 선택합니다.

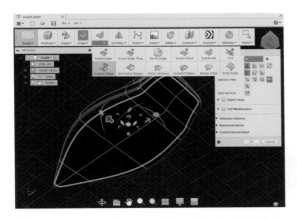

⑲ Display Mode를 Smooth로 설정하기 위해 ③ 키
를 누릅니다. 🖌 Crease Edge 명령으로 선택한 Edge를
날카롭게 만듭니다.

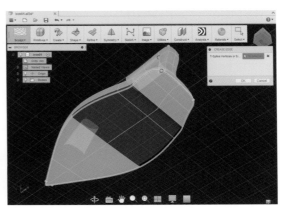

⑳ 오브젝트는 노란색으로 바뀌고 Edge는 날카롭게 됩
니다.

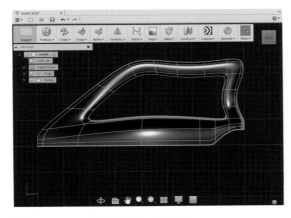

㉑ Back 뷰로 결과물을 확인합니다.

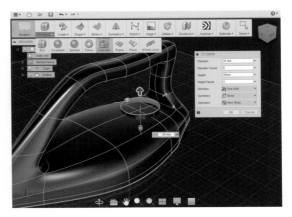

㉒ 🛢 Cylinder 명령으로 실린더를 만듭니다.

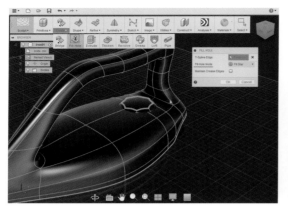

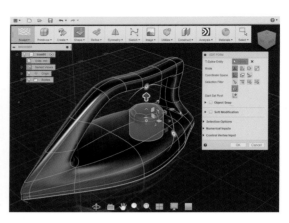

23 열린 위쪽 Edge를 더블클릭해 선택합니다. ⚓ Fill Hole 명령을 클릭합니다. Fill Hole Mode를 Fill Star로 변경한후 OK 버튼을 누릅니다.

24 ⚓ Edit Form에서 Selection Filter를 Body로 변경하고 실린더의 높이와 위치를 조정합니다.

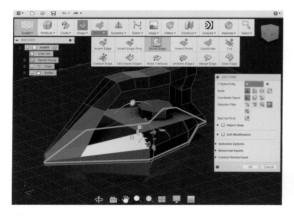

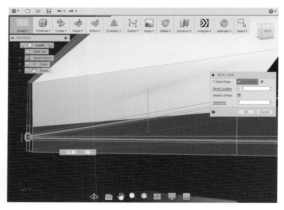

25 Display Mode를 Box로 설정하기 위해 ① 키를 누릅니다. 아래쪽 Edge를 더블클릭해 선택합니다.

26 ⬡ Bevel Edge 명령으로 Edge를 추가합니다. Segments(마디)는 2로 설정합니다.

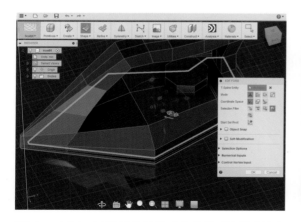

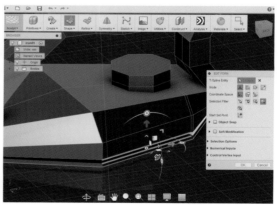

27 Bevel Edge로 만든 엣지의 가운데 엣지를 선택한 후 크기를 안쪽으로 약간 줄입니다.

28 Edge를 2개 선택합니다. ℗ 키를 눌러 연결된 Edge를 모두 선택합니다.

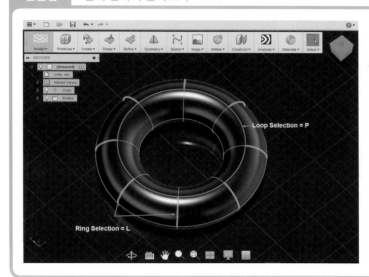

· Loop

고리 모양의 연결된 엣지를 선택할 때는 단축키가 $\boxed{P}$입니다.

점차적으로 선택할 때는 $\boxed{O}$이고 반대는 $\boxed{I}$입니다.

· Ring

고리 모양의 비 연결 엣지를 선택할 때는 단축키가 $\boxed{L}$입니다.

점차적으로 선택할 때는 $\boxed{K}$이고 반대는 $\boxed{J}$입니다.

· Invert

선택반전은 $\boxed{N}$입니다.

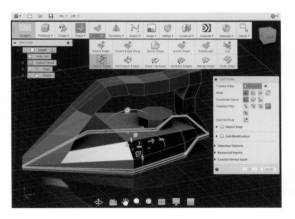

29 Crease Edge 명령으로 선택합니다.

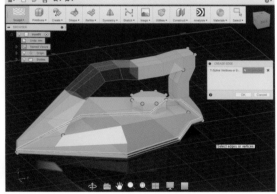

30 노란색으로 표현된 부분은 Crease(날카롭게)를 지정할 수 있는 영역입니다. 선택한 Edge가 날카롭게 변경됩니다.

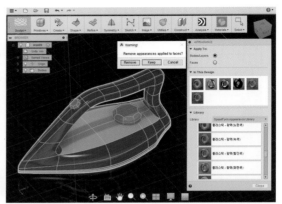

31 Edit Form에서 Selection Filter를 Body로 변경합니다. **①**번 실린더를 선택하고 Ctrl + C (복사하기)후 Ctrl + V (붙여넣기) 합니다. 선택된 실린더를 이동해 크기를 줄이고 회전해서 배치합니다.

32 Materials 명령을 실행합니다. 재질을 적용할 때기존의 재질이 적용되어 있을 때는 경고 메시지가 뜹니다. Keep을 체크하면 기존 재질 부분은 유지된 채 재질이 적용됩니다.

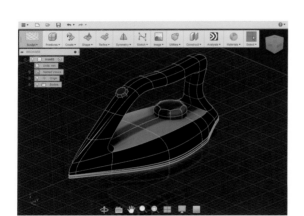

33 최종 결과물입니다.

Chapter

23

Headphone 만들기

이 장에서는 기초 명령을 반복 학습하고 새롭게 나오는 명령어도 하나둘씩 습득해가도록 하겠습니다.

Lesson 01 Headphone 만들기

기본 명령을 활용해 헤드폰 형태를 만들어가는 과정입니다.

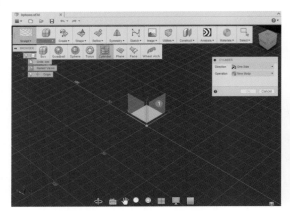

① Cylinder 명령을 선택하고 ❶번 평면을 선택합니다.

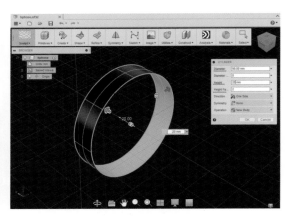

② Diameter(지름): 90mm, Height(높이): 20mm, Height Faces(높이면): 2인 실린더를 만듭니다.

③ Edge를 선택하고 Alt + Drag해 안쪽으로 면을 생성합니다.

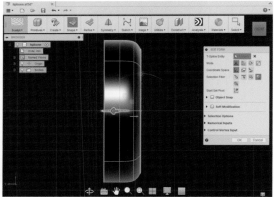

④ Front 뷰에서 우측으로 약간 이동시킵니다.

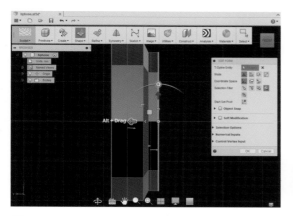

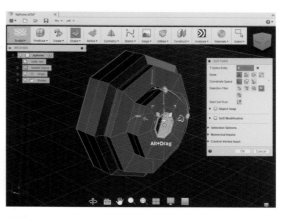

⑤ Display Mode를 Box(단축키 ①)로 설정합니다. Edge가 선택된 상태에서 Alt + Drag해서 2번 돌출합니다.

⑥ Home 버튼을 클릭해서 Perspective로 변환합니다. Edge를 돌출시키고 축소시켜 면을 만듭니다.

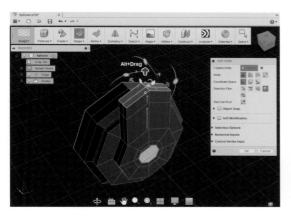

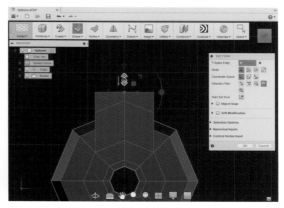

⑦ 4개의 면을 선택하고 Alt + Drag해 면을 돌출시킵니다.

⑧ Left 뷰에서 스케일 조정자를 조절해 선택된 면을 수평으로 만듭니다.

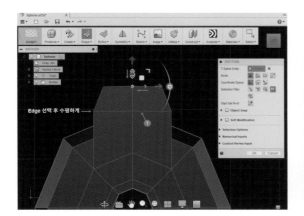

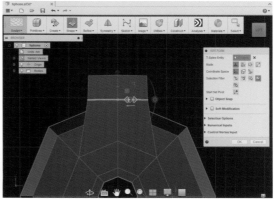

⑨ 스케일 조정자로 면을 줄여줍니다. ❶번 Edge를 선택해서 수평하게 만듭니다.

⑩ 스케일을 줄입니다.

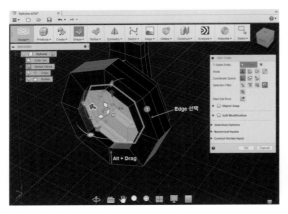

⑪ Perspective 뷰에서 ❶번 Edge를 선택해 Alt +
Drag로 면을 만듭니다.

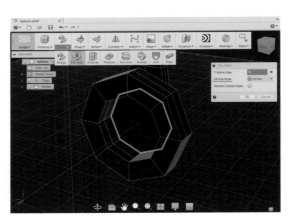

⑫ Fill Hole 명령으로 면을 채웁니다.

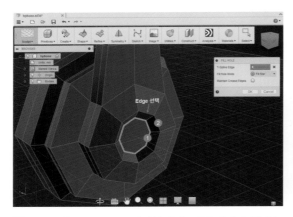

⑬ ❶과 ❷번 Edge를 선택합니다. 다중선택과 해제는
Shift 키를 누르고 하면 됩니다.

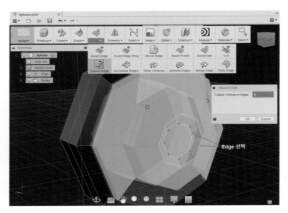

⑭ Crease Edge 명령을 실행해서 선택된 Edge를
날카롭게 합니다.

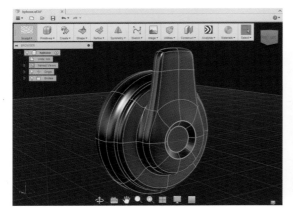

⑮ Smooth Mode로 변환해보면 Edge가 날카롭게 변
경된 것을 알 수 있습니다.

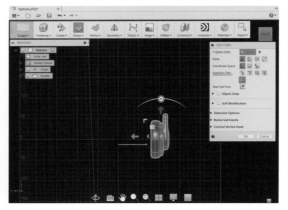

⑯ Front 뷰에서 뷰를 축소시킨 후 Edit Form의 Selection
Filter를 Body로 변경합니다. 오브젝트를 선택해서 우측으
로 80mm 이동시킵니다.

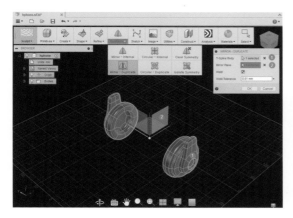

⑰ Mirror-Duplicate 명령을 시행합니다. 옵션 창에서 ❶번 ❷번 순으로 작업화면의 ❶번 오브젝트와 ❷번 평면을 선택합니다.

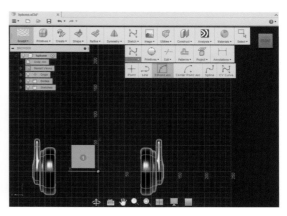

⑱ Front 뷰에서 3-Point Arc 명령을 실행한 다음 ❶번 평면을 선택합니다.

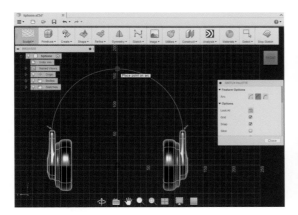

⑲ 호를 그려줍니다. SpeedForm의 Grid snap은 자동 설정되어 있습니다.

⑳  Bridge 명령을 실행합니다. 옵션을 참고해 순서대로 면과 호를 선택하면 됩니다.

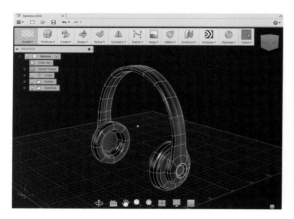

21 결과물을 확인합니다.

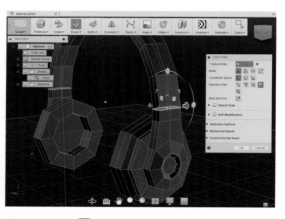

22 키보드의 1 키를 눌러 Box 모드로 변환합니다. Edge를 더블클릭해 선택합니다.

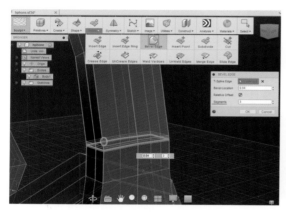

23 Bevel Edge 명령에서 Segments=3로 변경합니다.

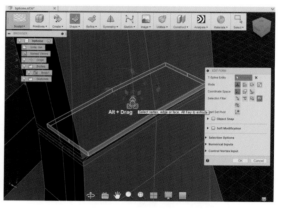

24 가운데 면을 선택하고 Alt + Drag하면서 스케일 조정자로 줄여줍니다.

25 Insert Edge Ring 명령으로 Edge를 추가합니다.

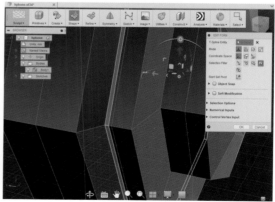

26 다음과 같이 면을 선택합니다.

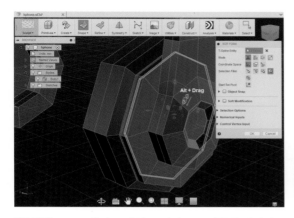

27 Alt + Drag해서 스케일 조정자로 크기를 줄입니다.

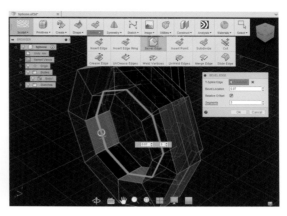

28 헤드폰 안쪽의 중앙 Edge를 선택한 다음 Bevel Edge 명령으로Segments=3이 되게 변경하고 엣지를 추가합니다.

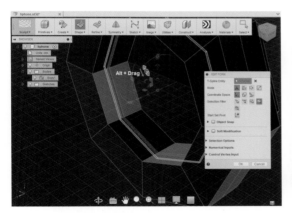

29 중간의 면을 선택하고 Alt + Drag로 크기를 확대합니다.

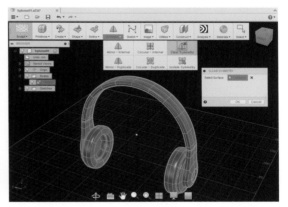

30 Clear Symmetry 명령을 실행한 후 헤드폰을 선택해 대칭을 해제합니다.

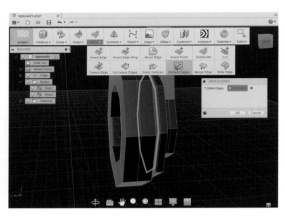

31 키보드 3 키를 눌러 Smooth 모드로 전환한 후 UnWeld Edges 명령을 클릭하고 Edge를 선택해 면을 분리합니다.

32 키보드 1을 눌러 Box 모드로 전환한 후 UnWeld Edges 명령으로 이 부분의 Edge도 선택해서 분리해 줍니다. Box 모드와 Smooth 모드의 변환은 사용자의 편의를 위한 것이므로 어느 모드로 작업하든지 상관없습니다.

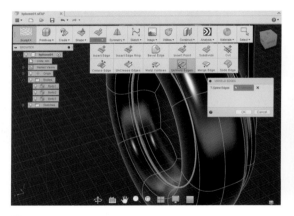

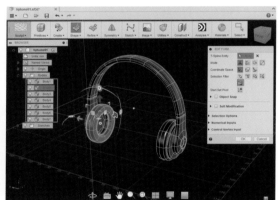

33 Smooth 모드에서 UnWeld Edges 명령으로 헤드폰 안쪽의 Edge를 선택해 분리합니다. 반대편도 같은 방법으로 Edge를 분리해줍니다.

34 레이어 창을 보면 잘린 면들이 새로운 레이어로 만들어져 있습니다.

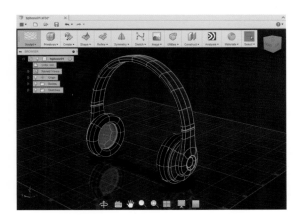

35 재질을 적용합니다.

Chapter

24

Bike Helmet 만들기

이 장에서는 Retopology 기능을 활용하여 Bike Helmet을 모델링해나가는 과정을 알아보겠습니다.

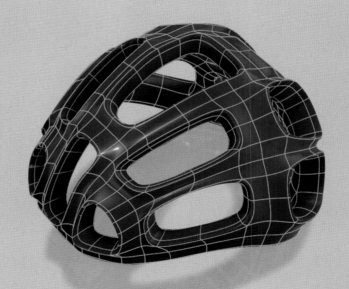

Lesson 01 Bike Helelmet 만들기

메쉬오브젝트를 불러와 보다 정확하게 형상을 잡아가는 방식에 대해서 학습하겠습니다.

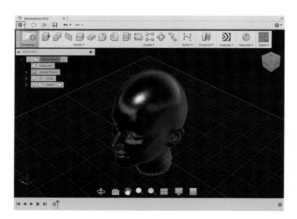

1️⃣ ❶번에서 작업공간을 Detailing으로 변경합니다. File 메뉴에서 Import 명령으로 'Head.obj' 파일을 엽니다.

> **반올림**　Retopology(리토폴로지)
>
> Retopology는 고해상도의 스캔 데이터나 메쉬를 저해상도 메쉬로 변환하여 보다 최적의 형상으로 기존 표면을 재현하는 작업입니다. 최근의 3D 프로그램들은 이런 기능을 대부분 내장하고 있습니다.

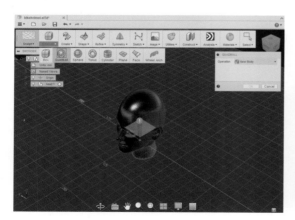

2️⃣ 작업공간을 Sculpt로 변경합니다. ◎ Quadball 명령으로 ❶번(x, y) 평면을 클릭합니다.

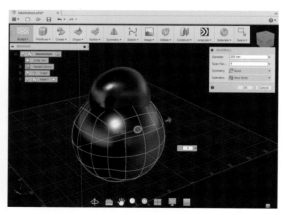

3️⃣ 지름을 200mm, Span Faces(면 밀도)를 4로 변경하고 OK 버튼을 누릅니다.

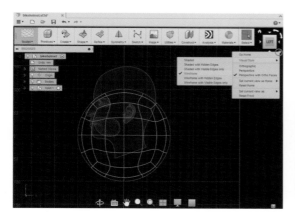

④ Left 뷰로 변경합니다. View Cube 아래 메뉴를 클릭하여 Wireframe 모드로 변경합니다.

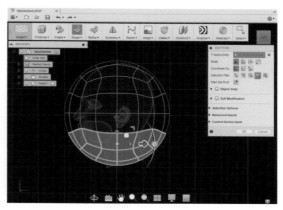

⑤ Edit Form > Selection Filter에서 Body로 변경하고 구를 이동시켜준 후 아랫면을 선택해서 지웁니다.

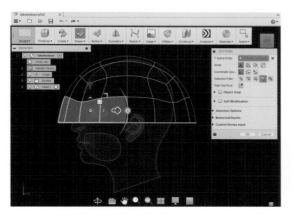

⑥ 위 그림처럼 면을 선택해 지웁니다.

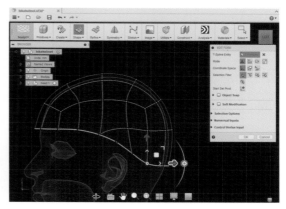

⑦ Edit Form > Selection Filter에서 Vertex(정점)로 변경하고 정점들을 선택해 이동시켜줍니다.

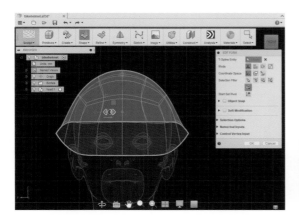

⑧ Front 뷰에서 Edit Form > Selection Filter를 Body로 설정하고 스케일 조정자를 사용해 크기를 줄입니다.

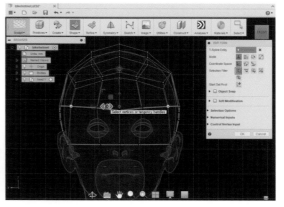

⑨ Vertex(정점)로 설정하고 정점들을 이동시켜 형상을 다듬어갑니다.

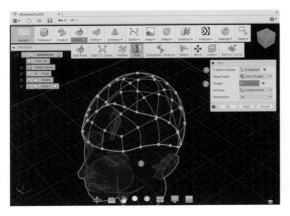

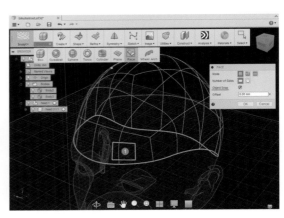

⑩ ▤ Pull 명령을 실행한 후 ❶번 정점을 마우스로 드래그해 모두 선택합니다. ❷번 Targets는 ❷번 얼굴을 선택합니다.

⑪ ◈ Face 명령을 실행한 후 옵션 창에서 Object Snap을 체크합니다. 그런 다음 ❶번 평면을 만듭니다.

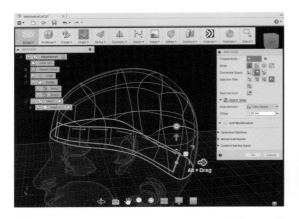

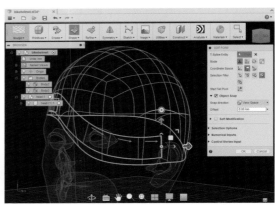

⑫ Edit Form 옵션에서 Coordinate Space(좌표 공간)를 View Space(보는 관점)로 하고 Object snap도 체크합니다. Edge를 선택해 (Alt) + Drag해 면을 추가합니다.

⑬ 헬멧 뒤쪽 부분도 (Alt) + Drag해 면을 추가합니다.

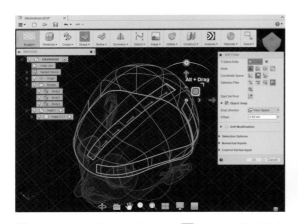

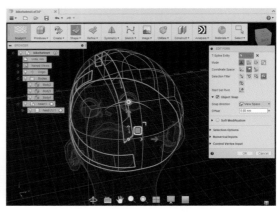

⑭ 중앙선에서 약간 간격을 두고 (Alt) + Drag해 면을 추가합니다.

⑮ 헬멧 뒤쪽 부분도 면을 더 추가합니다.

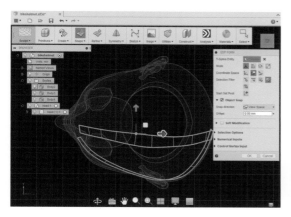

⑯ Body2 레이어를 끄고 새로 만든 면들의 정점들을 이동해 형태를 잡아줍니다.

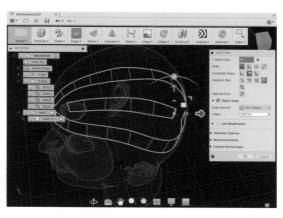

⑰ 가운데 부분에 면을 이전과 같은 방법으로 추가합니다.

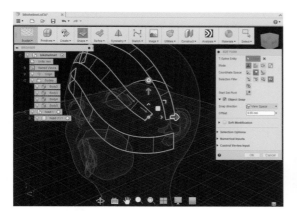

⑱ 헬멧 뒷부분도 마찬가지로 면을 추가합니다.

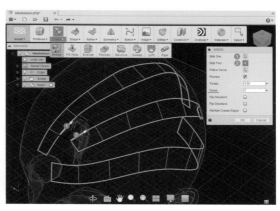

⑲ Bridge 명령을 활용해 Faces가 2인 면을 연결합니다.

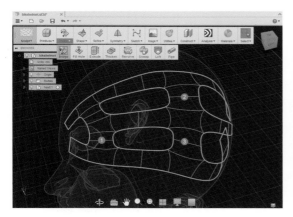

⑳ 그림을 참고해 Bridge 명령으로 ❶, ❷, ❸의 Edge를 연결해 면을 만듭니다.

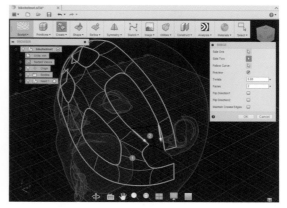

㉑ Bridge 명령을 사용해 뒤쪽 부분에도 면을 생성합니다.

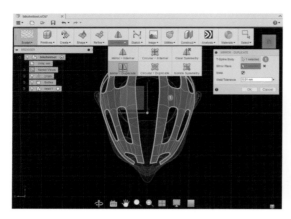

22 Top 뷰에서 △ Mirror-Duplicate 명령으로 ❶번 면을 선택해서 대칭 복사합니다.

23 헬멧 앞부분에 🔧 Bridge 명령을 사용해 Faces: 4인 면을 만듭니다.

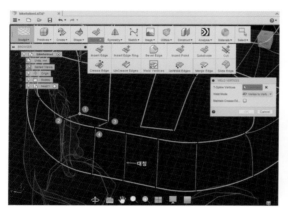

24 🔧 Weld Vertices 명령으로 ❶번 정점을 ❷번 정점으로 이동해 정점을 결합합니다. ❸, ❹번 정점도 같은 방법으로 결합합니다.

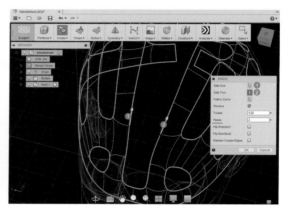

25 🔧 Bridge 명령을 사용해 ❶, ❷번 Edge를 순서대로 선택하고 Faces: 2인 면을 만듭니다.

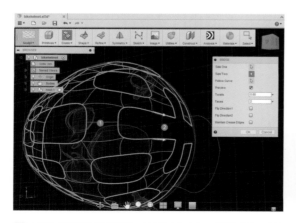

26 ❶과 ❷번이 표시하는 부분도 Bridge 명령으로 면을 연결합니다.

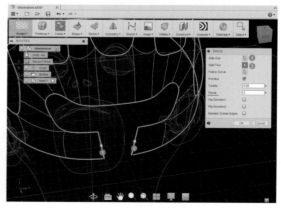

27 🔧 Bridge 명령을 사용해 ❶과 ❷번 Edge를 순서대로 선택하고 Faces: 2인 면을 만듭니다.

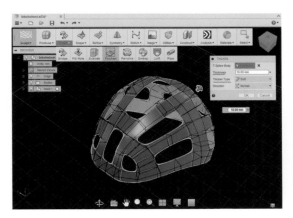

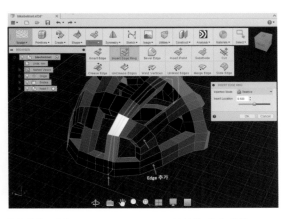

28　 Thicken 명령으로 Thickness(두께)를 10mm, Thicken Type를 Soft로 설정합니다. OK 버튼을 누릅니다.

29　1 키를 누르고 Box 모드로 전환합니다. Insert Edge Ring 명령으로 중간 부분에 Edge를 추가합니다. 화살표가 가리키는 부분에도 같은 방법으로 Edge를 추가합니다.

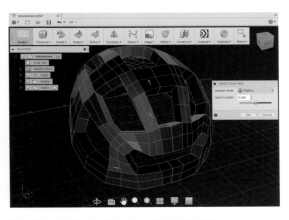

30　 Insert Edge Ring 명령으로 화살표가 가리키는 부분에 Edge를 추가합니다.

31　헬멧의 뒷부분에도 Edge를 추가합니다.

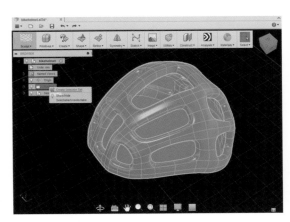

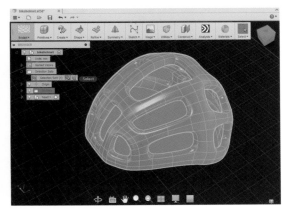

32　Bodies 레이어에서 RMB(마우스 오른쪽 버튼)를 누르고 Create Selection Set를 선택합니다.

33　Selection Sets 레이어가 생깁니다. Selectios Sets1에서 Select 아이콘을 선택합니다.

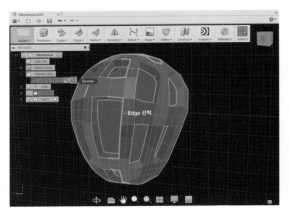

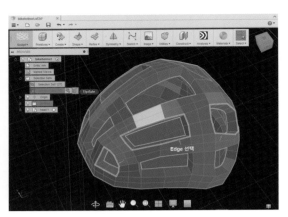

[34] 대칭이기 때문에 절반만 선택하면 됩니다. Edge를 모두 선택하고 Update 아이콘을 누릅니다.

[35] Selectios Sets2 레이어를 생성하고 Select 아이콘을 누릅니다. Edge를 위 그림처럼 선택하고 Update합니다.

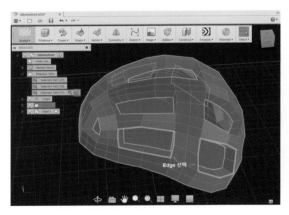

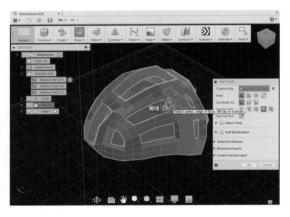

[36] Selectios Sets3 레이어를 생성하고 Select 아이콘을 누릅니다. Edge를 선택하고 Update합니다.

[37] ❶번 Selectios Sets1을 선택하고 Edit Form의 스케일 조정자를 드래그해 확대해줍니다.

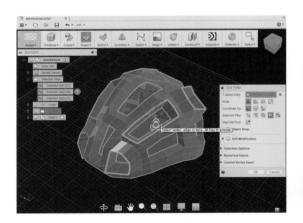

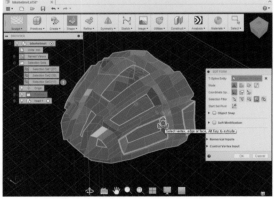

[38] ❶번 Selectios Sets2를 선택하고 Edit Form의 스케일 조정자를 드래그해 선택된 Edge를 확대합니다.

[39] ❶번 Selectios Sets3을 선택하고 Edit Form의 스케일 조정자를 드래그해 확대합니다.

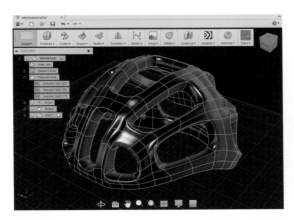

⟨40⟩ ⟨3⟩ 키를 누르고 Smooth 모드로 변환해 결과물을 확인합니다.

⟨41⟩ Insert Edge Ring 명령으로 Edge를 추가합니다.

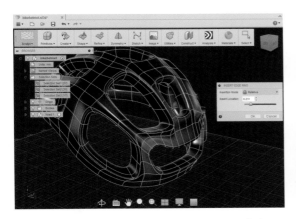

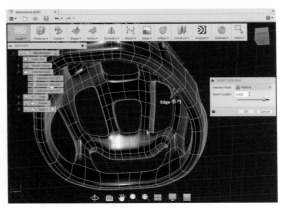

⟨42⟩ 헬멧의 뒷부분도 Insert Edge Ring 명령으로 Edge를 추가합니다. 구멍으로 된 나머지 부분도 같은 방식으로 Edge를 추가합니다.

⟨43⟩ 헬멧의 아랫부분도 Insert Edge Ring 명령으로 Edge를 2개 추가합니다.

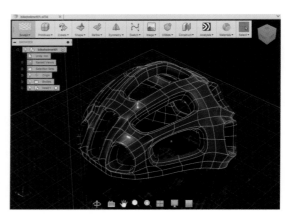

44 🌐 ❶Materials 명령을 클릭하고 ❷번에서 재질을 선택합니다. ❸번 헬멧에 드래그해 재질을 적용합니다. ❹ 적용된 재질을 더블클릭해서 색깔을 조절할 수 있습니다.

45 재질을 적용한 상태입니다.

Memo

Chapter

25

Minicar 만들기

이 장에서는 Box형태를 가지고 Minicar를 쉽게 만들어가는 방법에 대해서 알아보겠습니다.

Lesson 01　Car 몸체 만들기

Box를 가지고 몸체를 만들어가는 과정을 배웁니다.

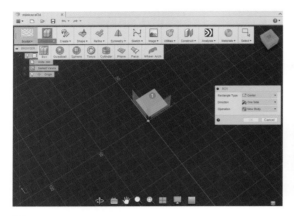

① 🔳 Box 명령 선택 후 ❶번 평면을 선택합니다.

② 원점을 클릭하고 180 x 80mm인 박스를 만듭니다.

③ Length, Width, Height Faces를 3으로 설정합니다. Symmetry(대칭)는 Mirror를 체크하고 Width Symmetry를 체크합니다.

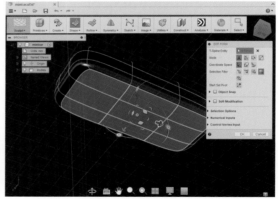

④ 밑면이 보이는 뷰에서 위 그림처럼 면을 선택하고 지웁니다.

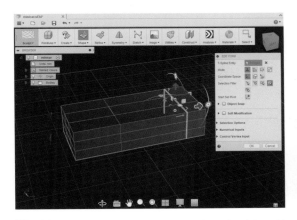

⑤ ①키를 누르고 Box 모드로 전환합니다. 뒤쪽 부분의 Edge를 더블클릭으로 선택해서 뒤로 약간 이동시킵니다.

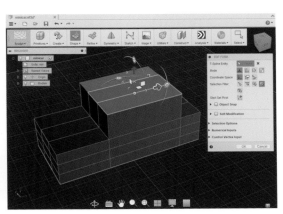

⑥ 가운데 3면을 선택하고 Alt + Drag해 만듭니다.

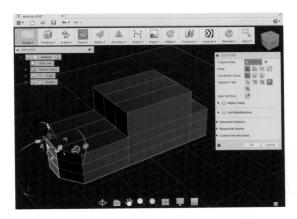

⑦ 앞쪽 면을 선택하고 앞으로 약간 이동시킵니다.

⑧ 뒤쪽 부분도 면을 선택해서 약간 뒤로 이동시킵니다.

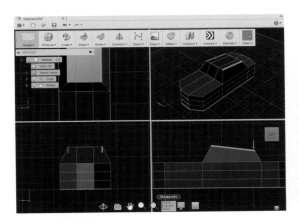

⑨ Viewports 아이콘을 클릭해 4개 뷰가 보이도록 합니다. Left 뷰에서 Edge를 약간 낮춥니다. Shift + ① 을 누르면 단일 뷰가 됩니다.

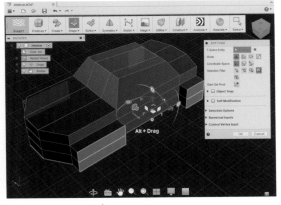

⑩ 4개의 면을 선택하고 Alt + Drag해 면을 돌출시킵니다.

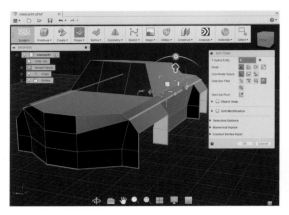

⑪ Edge를 선택한 후 약간 위로 올려서 바깥 방향으로 적당히 이동시킵니다.

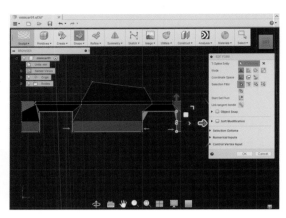

⑫ Edit Form에서 Selection Filter를 Vertex(정점)로 선택합니다. 휠 부분의 정점들을 선택해서 이동시켜 형태를 잡아줍니다.

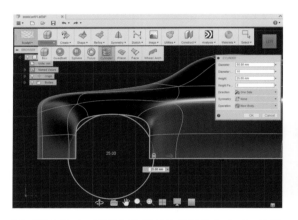

⑬ Cylinder 명령으로 옵션을 참고해 Cylinder를 만듭니다.

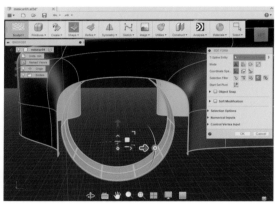

⑭ 아랫면 절반을 선택해서 지웁니다.

⑮ Wireframe 모드에서 2개의 Edge를 선택합니다.

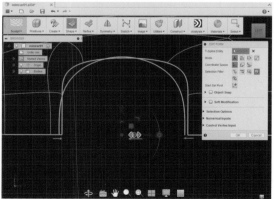

⑯ Left 뷰에서 스케일 조정자를 이동시켜 안쪽으로 약간 줄입니다.

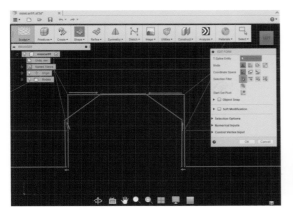

⑰ Edit Form에서 Selection Filter는 Vertex(정점)로 변경합니다. 화살표 시작점의 정점들을 선택해서 화살표 끝점 방향으로 이동합니다.

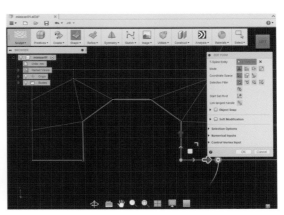

⑱ 다음 그림과 같이 정점들이 배열되었는지 확인합니다.

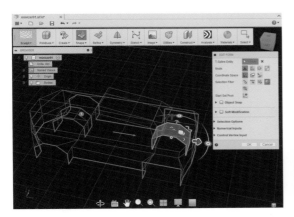

⑲ ❶번 면을 더블클릭해서 Ctrl + C(복사하기) 하고 Ctrl + V(붙여넣기) 후 위 그림처럼 이동시킵니다.

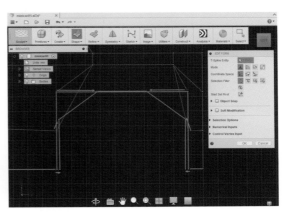

⑳ Left 뷰에서 Cylinder 정점에 본체의 정점들을 화살표를 참고해 이동시킵니다. 새롭게 생성된 실린더 레이어 2개는 끄고 작업을 진행합니다.

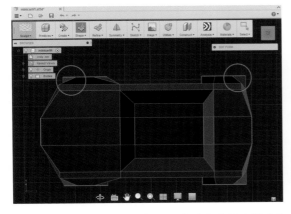

㉑ Top 뷰에서 보았을 때 휠 부분의 면들이 수직 형태에서 좀 더 부드럽게 되도록 만들어줘야 합니다.

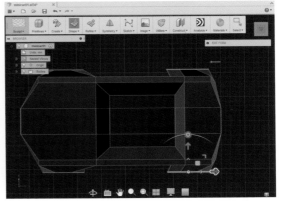

㉒ 먼저 뒤쪽 휠 부분의 Edge를 선택하고 앞쪽으로 이동시킵니다.

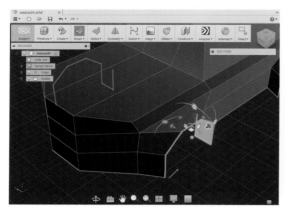

23 Perspective 뷰에서 Edge를 선택해 뒤로 약간 이동시킵니다.

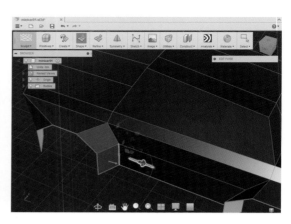

24 뷰를 돌려 Edge를 선택하고 뒤로 조금 이동시킵니다.

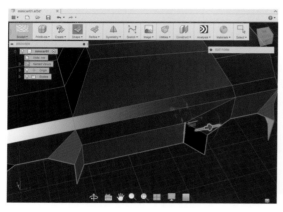

25 뒤쪽의 Edge도 선택해 앞쪽으로 약간 이동시켜 면들이 좀 더 자연스럽게 되도록 합니다.

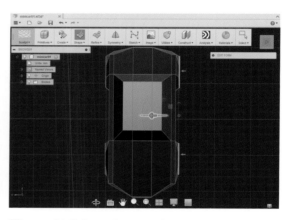

26 Top 뷰에서 Fender 부분의 Edge를 선택해서 튀어나오지 않게 안쪽으로 이동시킵니다.

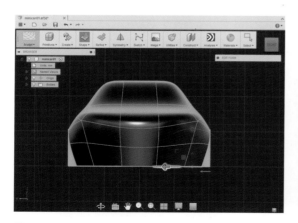

27 Front 뷰에서 맨 앞의 우측 Edge를 선택해서 안쪽으로 약간 이동시킵니다.

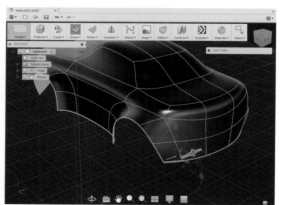

28 자동차 뒷부분의 Edge도 안쪽으로 조금 이동시킵니다.

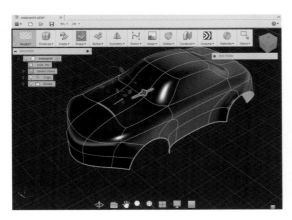

29 Edge를 선택해서 뒤로 약간 이동시켜 형태를 잡아갑니다.

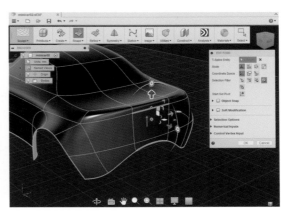

30 자동차 뒷부분의 Edge도 선택해서 위쪽으로 약간 올립니다.

31 리어윙을 만들기 위해 📎 Insert Point 명령으로 Edge가 생성될 지점에 Point를 찍습니다.

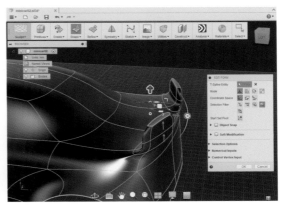

32 면을 선택하고 Alt + Drag해 돌출시킵니다.

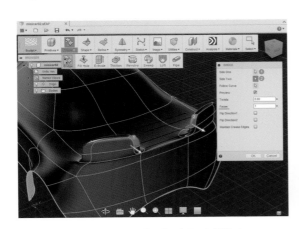

33 📎 Bridge 명령으로 ❶, ❷ 면을 선택해서 Faces: 1인 면을 만듭니다.

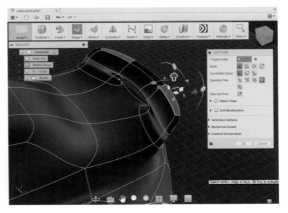

34 면을 선택한 후 뒤로 약간 이동시켜 위 그림처럼 만들어줍니다.

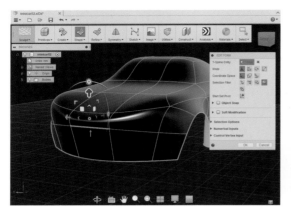

③⑤ 자동차 앞부분의 Edge를 선택해서 위쪽으로 약간 올립니다.

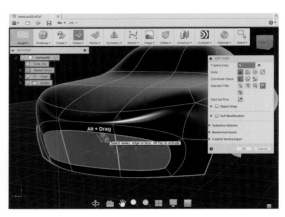

③⑥ 앞부분의 3면을 선택해 Alt + Drag해 크기를 줄입니다.

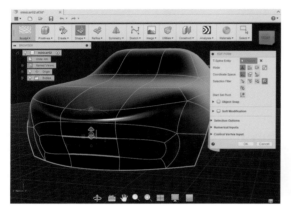

③⑦ 2개의 Edge를 선택해서 약간 축소합니다.

③⑧ 면을 선택하고 Alt + Drag해 뒤로 약간 이동시킵니다.

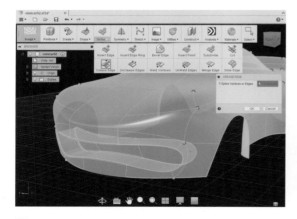

③⑨ Crease Edge 명령을 실행합니다. 오브젝트가 노랗게 변하면 Crease(날카롭게) 할 Edge를 위 그림처럼 선택하고 OK 버튼을 클릭합니다.

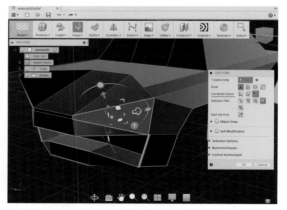

④⓪ 1 키를 눌러 Box 모드로 변환합니다. Edit Form에서 Coordinate Space를 Local로 변경하고 ❶번 면을 선택합니다.

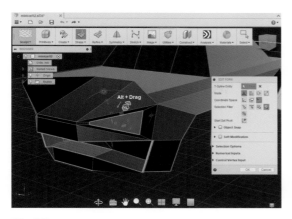

⁴¹ Alt + Drag해 면을 스케일 조정자로 안쪽으로 만듭
니다.

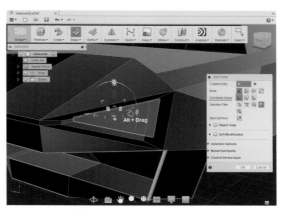

⁴² Alt + Drag해 면을 다시 뒤쪽으로 이동시킵니다.

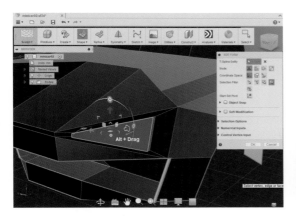

⁴³ Alt + Drag해 면을 앞쪽으로 이동시킵니다.

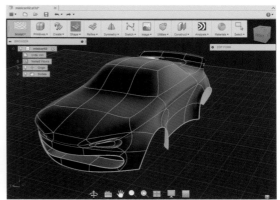

⁴⁴ ③ 키를 눌러 Smooth 모드로 변경 후 결과물을 확
인합니다.

반올림

Alias Speedform에는 Wheel Arch
란 명령이 포함되어 있어서 자동차
컨셉 디자인을 쉽게 할 수 있도록 도
움을 주고 있습니다.

실린더를 활용하여 자동차 휠을 만드는 방법에 대해서 알아보겠습니다.

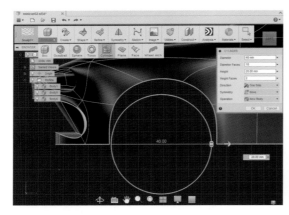

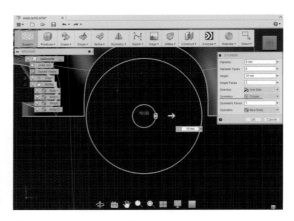

45　Cylinder 명령으로 Diameter: 40mm인 실린더를 옵션을 참고해 Left 뷰에서 그려줍니다.

46　실린더 명령을 실행합니다. 옵션에서 Diameter를 8mm로, Symmetry(대칭)를 Circular(원형)로, Symmetric Faces를 1로 설정합니다. 다른 수치들도 참고해서 실린더를 중앙에 그려줍니다.

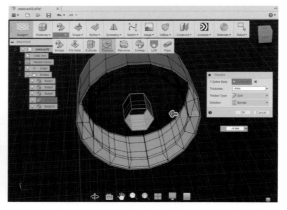

47　Insert Edge Ring 명령으로 두 개의 실린더에 Edge를 추가합니다. Body1(자동차본체) 레이어를 끕니다.

48　Thicken 명령으로 큰 실린더의 Thickness를 -4mm 두께로 줍니다.

49 작은 실린더의 면을 하나 선택하고 Alt + Drag해 3마디를 만듭니다.

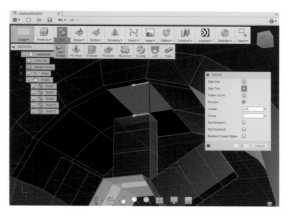

50 Bridge 명령으로 마주 보는 면들을 선택해서 연결해줍니다. 나머지 부분도 같은 방법으로 면을 연결합니다.

51 Fill Hole 명령으로 열린 부분의 Edge를 선택해서 닫아줍니다.

52 Alt + Drag를 반복해서 면을 생성, 이동시킵니다. 3 키를 눌러 Smooth 모드로 변경하고 결과물을 확인합니다.

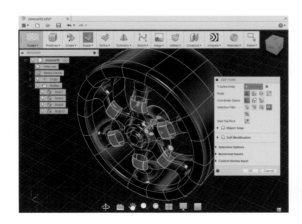

53 면들을 선택하고 바깥 방향으로 약간 이동시킵니다.

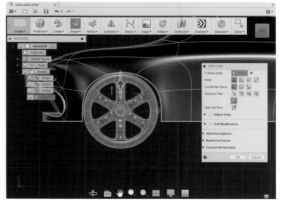

54 Body1(자동차본체) 레이어를 켭니다. Edit Form에서 Selection Filter의 Body를 체크하고 Left 뷰에서 위로 이동시킵니다.

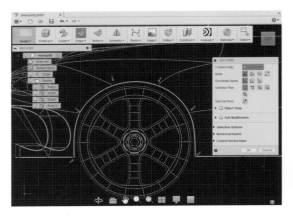

55 Wireframe으로 변경한 후 화살표가 표시한 정점들의 위치를 이동시켜 자동차 휠과 같이 둥글게 수정 변경해줍니다.

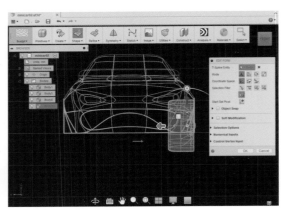

56 Selection Filter는 Body로 설정합니다. Front 뷰에서 휠을 우측으로 이동시킵니다.

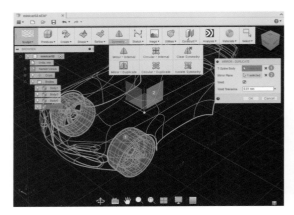

57 ▲Mirror-Duplicate 명령 후 ❶번 휠과 ❷번 평면을 순차적으로 선택하고 복사합니다.

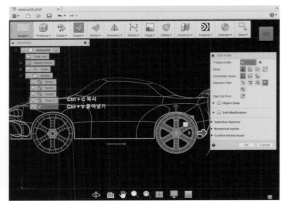

58 Body12(앞바퀴)를 선택하면 오브젝트가 자동으로 모두 선택됩니다. Ctrl + C, Ctrl + V한 후에 Left 뷰에서 이동시킵니다.

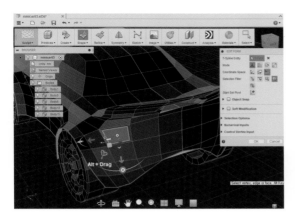

59 ① 키를 눌러 Box 모드로 변경합니다. Edit Form에서 Coordinate Space를 Local로 설정하고 리어램프 만들 면을 선택하고 Alt + Drag해 축소시킵니다.

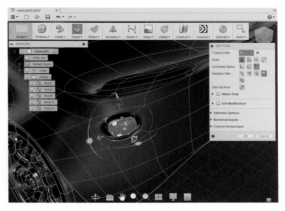

60 Alt + Drag해 헤드램프를 만든 것처럼 면을 만듭니다. ③ 키를 눌러 Smooth 모드로 변경하고 결과물을 확인합니다.

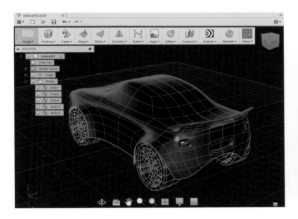

61 번호판 부분도 이와 같은 방식으로 만들어줍니다.

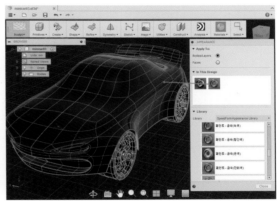

62 🖱 Materials 명령으로 페인트-금속(빨간색) 재질을 적용합니다.

⑥③ 재질 적용 방법을 Faces 변경하고 기존의 적용된 재질을 RMB(마우스 오른쪽 버튼)로 Duplicate(복사하기) 합니다.

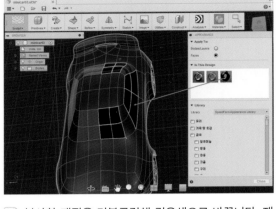

⑥④ 복사한 재질을 더블클릭해 검은색으로 바꿉니다. 재질이 들어갈 면들을 모두 선택한 후 드래그해 재질을 적용합니다.

⑥⑤ 부위별로 면을 선택할 때는 선택 단축키 [P]를 활용하면 쉽게 재질을 적용할 수 있습니다.

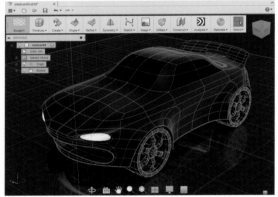

⑥⑥ 헤드램프 재질은 기타 > 방사 > LED-SMD 5630을 적용하면 됩니다.

26

Speedform의 파일 변환하기

이 장에서는 Speedform 데이터를 라이노에서 불러올 수 있도록 파일을 변환하는 방법에 대해서 알아보겠습니다.

파일 변환하기 전 문제점 해결하기

Speedform의 데이터를 내보내기 위해서는 T-spline 데이터의 이상 유무를 확인해야 합니다. 문제가 되는 부분을 수정하는 방법에 관해서 설명하겠습니다.

① 📂 Open 명령으로 'minicar.sf3d'를 불러옵니다.

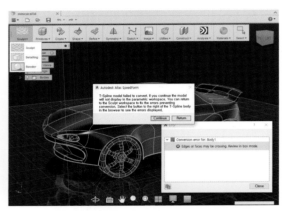

② 작업공간을 Render로 변환하면 메시지 창에 T-spline이 변환 실패라고 나옵니다. Continue 아이콘을 눌러 작업을 진행합니다.

③ Reder 작업 창을 확인해보면, 이상이 있는 부분은 보이지 않습니다.

④ 앞에서 Return으로 진행하면 오브젝트가 보입니다. 원래 Sculpt 작업공간으로 변경합니다.

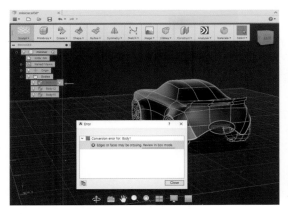

⑤ Sculpt 작업 창 Bodies 항목의 'Body1' 레이어에 있는 Check Conversion(변환) 아이콘을 클릭하면 Error 창이 나옵니다. 빨간 타원 안의 서피스가 붉게 표시되어 이상을 나타냅니다. Error 창은 닫습니다.

⑥ 키보드 ①을 눌러 Box 모드로 전환하고 돌출된 Edge를 선택합니다.

⑦ 조정자를 이용해 Edge를 아래로 겹치지 않게 이동시킵니다.

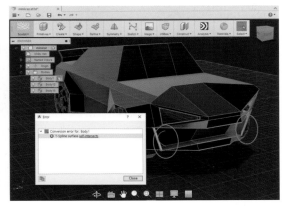

⑧ 다시 Check Conversion(변환) 아이콘을 클릭하면 문제 있는 Edge가 붉게 나타납니다.

⑨ 튀어나온 Edge를 선택합니다.

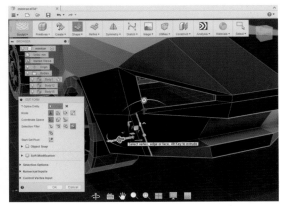

⑩ 조정자를 활용해 안쪽으로 Edge를 이동시킵니다.

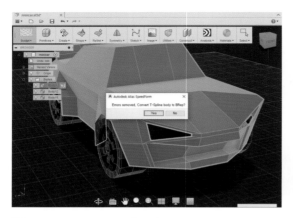

⑪ Check Conversion(변환) 아이콘을 클릭하면 에러가 제거되었다고 나옵니다. Yes 버튼을 클릭합니다.

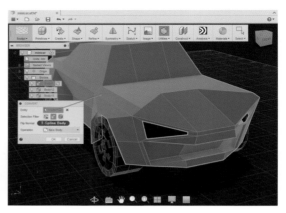

⑫ Convert 창이 나왔을 때 'OK' 버튼을 클릭하면 Detailing 작업 창으로 변경됩니다. Sculpt 작업 창으로 변환합니다.

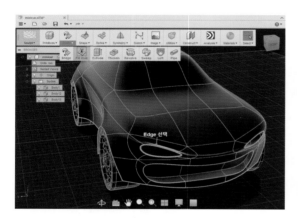

⑬ Edge를 선택한 후 Fill Hole 명령으로 구멍을 메꿉니다. 다시 같은 Edge를 선택하고 지웁니다.

⑭ Selection Filter를 Face로 선택하고 마우스로 드래그해 오브젝트를 모두 선택합니다. Subdivide 명령으로 Face를 추가합니다.

Lesson 02 파일 변환하기

T-Spline 데이터를 STEP, IGES, STL로 변환하는 방법에 대해서 알아보겠습니다.

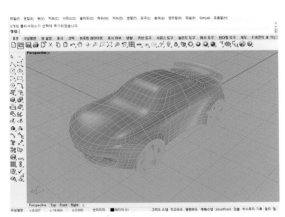

15 File > Export에서 파일 이름을 'minicart.step'로 저장합니다.

16 라이노에서 📂 Open 명령으로 'minicart.step' 파일을 엽니다.

반올림 STEP 파일과 IGES 파일 비교

STEP 파일은 붙어 있는 서피스들이 모두 단일 오브젝트로 취급되는 반면 IGES는 개개의 서피스로 모두 분리되어 있습니다. 라이노에서 작업할 때는 STEP 파일로 불러와서 작업을 하는 게 편합니다.

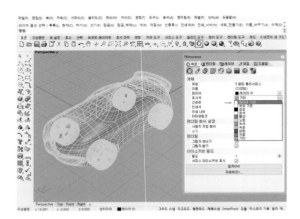

17 오브젝트를 모두 선택하고 ⊙ Properties의 속성 창에서 표시색을 '레이어 기준'으로 변경합니다. 라이노의 명령어를 활용해 작업할 수 있습니다.

18 ⊞ 4View 명령 실행 후 ◉ Shade합니다.

19 SpeedForm에서 'sharkstl.sf3d' 파일을 엽니다. File > 3D Print 이 항목을 선택하기 전에 MeshMixer를 홈페이지(http://www.meshmixer.com/)에서 설치한 후 실행합니다. 3D Print 항목을 선택합니다.

반올림　Meshmixer

Meshmixer는 3D 메쉬 합성, 조각, 페인트 등이 가능한 무료 3D 데이터 처리용 소프트웨어입니다. Autodesk 사가 제공하는 123D 시리즈의 소프트웨어와 함께 사용하면 편리합니다. 3D 출력 데이터 확인 및 형상 확인, 3D 프린터로 가공하는 경우 지원 생성 등에 이용할 수 있습니다.

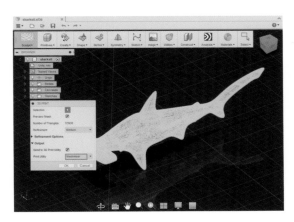

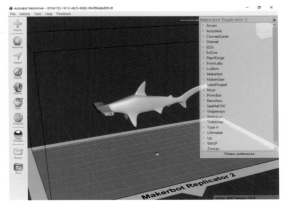

20 위 그림과 같이 옵션을 체크하고 'OK' 버튼을 선택합니다.

21 MeshMixer에서 메쉬로 변환된 오브젝트를 볼 수 있습니다. MeshMixer에서는 각종 3D 프린터와 다양한 명령어를 통해 메쉬를 편집할 수 있습니다.

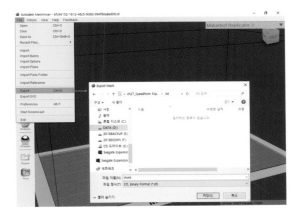

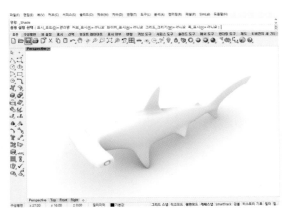

22 File > Export에서 'shark.stl'로 파일을 저장합니다.

23 ▷ Open 명령으로 'shark.stl' 파일을 불러온 후 ◐ Shade의 렌더링 모드로 전환합니다.

Adobe Dimesion CC 활용하기

어도비 디멘전은 2D 이미지와 3D 오브젝트를 합성해 사실적인 렌더링을 하기 위해 개발된 3D 디자인 도구입니다. 이 장에서는 어도비 디멘전을 간단하게 활용하는 방법에 대해 알아보겠습니다.

어도비 디멘젼에서 라이노 파일을 쓸 수 있도록 내보내기하는 방법과 어도비 디멘젼의 기본 사용법에 대해서 알아보겠습니다.

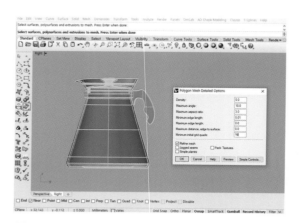

☐ Rhino5 버전에서 🖊 Mesh 명령으로 오브젝트를 선택한 뒤 옵션을 설정하고 메쉬로 변환합니다. Rhino6에서 obj로 메쉬 전환은 현재 문제가 있어 Rhino5에서 진행했습니다. 이 문제는 차후 Rhino6에서 개선되어야 할 부분 중의 하나입니다.

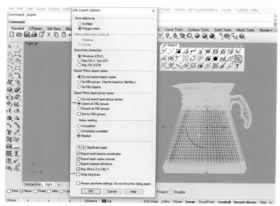

② SelMesh 명령으로 메쉬를 모두 선택하고 File > Export Selected 항목에서 'server.obj'로 저장하면 옵션 창이 나옵니다. 화살표가 지시하는 부분의 옵션을 위 그림처럼 설정해야 어도비 디멘젼에서 열립니다.

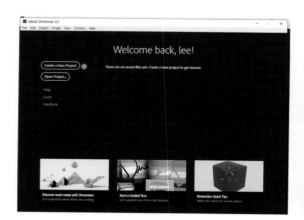

③ 어도비 디멘젼이 실행되면 ❶Create a New Project 항목을 선택합니다.

④ File>Import > 3D Model ❶에서 앞에서 저장한 'server.obj' 파일을 불러옵니다. ❷ 🔲 Zoom to Fit Selection 명령으로 오브젝트가 화면에 모두 보이게 합니다.

5 Scene 항목 ❶에 라이노에서 지정한 레이어가 있고 ❷에는 선택한 오브젝트를 이동, 크기, 회전을 할 수 있는 명령이 있습니다.

반올림 마우스 사용법

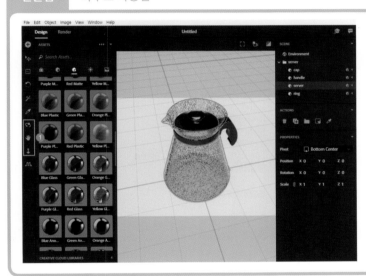

어도비 디멘젼 작업 창에서 마우스 조작은 ❶과 같습니다. LMB(선택), MMB(Pan 기능과 확대축소), RMB(회전)입니다.

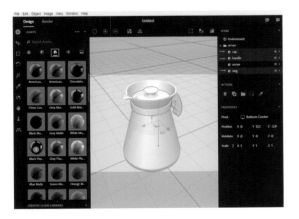

6 🎨 Materials(재질) 명령을 선택합니다. 우측 레이어 창에서 (Ctrl)을 누르고 화살표가 지시한 레이어를 선택한 뒤 ❶ Black Plastic 재질을 선택합니다. 선택한 재질이 적용됩니다.

[7] 'server 레이어'를 선택하고 ❶에서 ❷Green Glass 재질을 선택하고 ❸Base Color를 흰색으로 변경합니다.

[8] ❋❶Lights 명령에서 ❷환경 라이트를 선택합니다. ❸Render Preview 명령으로 미리보기를 할 수 있습니다.

[9] Images 명령을 선택하고 ❶Wood Table 이미지를 선택합니다. 옵션 창이 나오면 OK 버튼을 누릅니다. 이미지에 맞게 오브젝트가 일치됩니다.

[10] ❶Server를 선택하면 오브젝트가 모두 선택됩니다. ❷Scale 명령을 선택하고 작업 창에서 LMB으로 드래그해 오브젝트 크기를 줄입니다.

[11] 그림자 위치를 바꾸기 위해서 ❶Enviroment(환경)를 선택하고 ❷Sunlight(태양광)의 Rotation(회전) 슬라이더를 이동해 그림자를 뒤쪽으로 이동시킵니다.

[12] RMB으로 작업 창을 회전시켰을 때는 ❶Match Image를 선택하면 됩니다. 렌더링 이미지 크기는 ❷Canvas의 Size에서 해상도를 조정하면 됩니다.

13 ❶ Render 탭으로 이동합니다. Quality(품질)과 Format(방식), Path(저장 위치)를 지정하고 ❷ Render 를 선택합니다. 렌더링 속도는 다소 느립니다.

14 포토샵에서 앞에서 저장한 이미지를 불러오면 레이어가 편집하기 쉽게 분리되어 있습니다.

반올림   Models 가져오기

❶ Models 명령에 없는 오브젝트는 ❷ Adobe Stock에서 구입해서 사용할 수 있습니다. 여기서 구입한 오브젝트만 Decal 맵핑이 적용되며 Rhino 3D에서 만든 데이터는 Decal 맵핑을 할 수 없고 재질만 적용할 수 있습니다.

어도비 디멘젼에서만 지원되는 obj 파일만 기본적으로 Decal 맵핑이 지원되며 Decal 맵핑을 하려면 UV map을 다른 프로그램을 사용해 만들어줘야 합니다. 여기서는 누구나 쉽게 3D Coat를 활용할 수 있는 방법을 소개하겠습니다.

15 UV 맵을 만들기 위해 3D Coat를 실행합니다. ❶ Paint UV mapped Mesh 항목을 선택합니다.

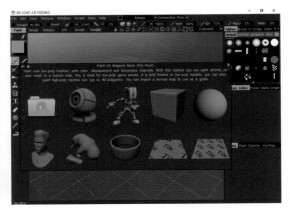

16 ❶폴더를 선택해 'server.obj' 파일을 엽니다.

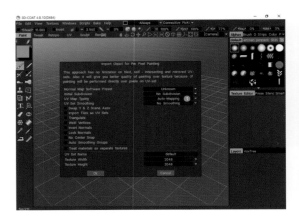

17 UV Map Typing에서 ❶항목을 Auto Mapping으로 변경하고 OK 버튼을 누릅니다.

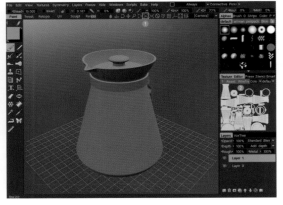

18 ❶All 명령으로 오브젝트가 작업 창의 중앙에 보이게 한 후 우측 중앙의 Texture Editor 탭에서 ❷Wireframe 항목을 선택하면 3D 오브젝트가 2D로 펼쳐져 있습니다.

⑲ File > Export Object&Textures 항목을 선택하고 ❷OK 버튼을 누릅니다.

⑳ 기존의 이름과 다르게 'uvserver.obj' 파일로 저장하면 UVmap이 적용됩니다. 어도비 디멘젼에서 'uvserver.obj' 파일을 가져온 후 재질은 전과 같게 지정한 다음 'server 레이어'를 선택합니다. ▣❶ Place Graphic as Decal 명령을 선택합니다.

㉑ 'dripserver.png' 이미지를 불러와서 크기, 회전, 이동을 활용해 위 그림처럼 만듭니다.

㉒ 환경 맵을 조절했다면 앞에서 했던 렌더링 결과물과 다를 수 있습니다.

28

Keyshot 활용하기

이 장에서는 키샷에서 기본적인 재질을 변경하고 적용하는 다양한 방법을 알아봅니다.

투명 재질을 적용하는 방법에 대해 알아보겠습니다.

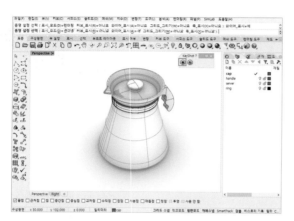

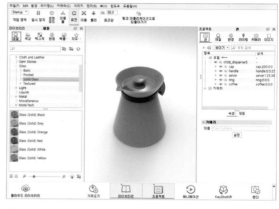

1️⃣ Rhino5에서 'ch08_dripserver5.3dm' 파일을 불러옵니다. 레이어별로 오브젝트를 설정한 다음 ⚙ Keyshot를 실행합니다. Keyshot 플러그인을 설치했더라도 Rhino6에서 Keyshot 7.3과 연동 오류가 나니 Rhino5에서 연동을 하십시오. 키샷을 단독 실행해서 라이노 파일을 불러올 때도 Rhino6에서 Rhino5 버전으로 저장하고 불러와야 합니다.

2️⃣ 키샷이 실행되면 레이어의 색상별로 쉐이딩이 됩니다.

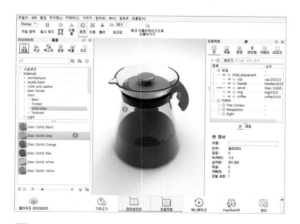

3️⃣ 재질 > Glass > Solid Glass에서 ❶ Glass(Solid) Grey를 선택해 드래그합니다. ❷ server에 재질을 적용합니다.

4️⃣ 우측의 씬 메뉴에서 'server' 레이어는 끕니다. 재질 > Liquids(액체) > ❶ Liquid Coffee 재질을 드래그해 ❷ 오브젝트에 적용합니다.

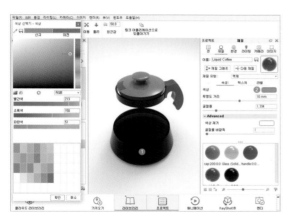

⑤ ❶오브젝트를 더블클릭해 재질 편집 창이 나오면 ❷ 색상을 약간 연하게 변경합니다.

⑥ 'server 레이어'를 보이게 하고 재질 > Plastic > Clear > Rough에서 ❶재질을 ❷, ❸오브젝트에 적용합니다.

⑦ 환경 메뉴로 이동한 후 Studio에서 ❶2 Panels Straight 4K 환경 맵을 적용합니다.

⑧ 우측의 환경 메뉴에서 백그라운드 색상과 그라운드를 설정합니다.

⑨ 라이팅 메뉴에서 라이팅 프리셋을 제품으로 설정합니다.

⑩ 이미지 메뉴에서 해상도를 지정할 수 있습니다. 사용자의 목적에 맞게 설정하면 됩니다.

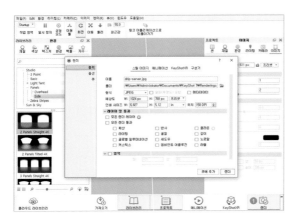

11 ❶렌더 명령을 실행하고 스틸 이미지 항목에서 이름과 파일 형식 등을 설정한 뒤 렌더 명령을 선택합니다.

12 최종 결과물을 얻을 수 있습니다.

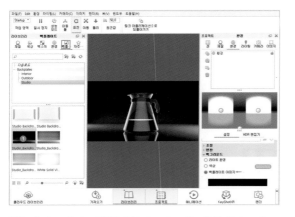

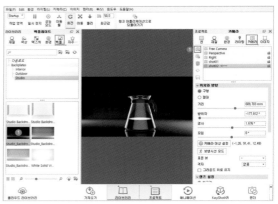

13 라이브러리 > 벡플레이트 > Studio에서 ❶Studio_Backdrop 이미지를 더블클릭해 배경으로 설정하면 프로젝트 > 환경 > 설정 > 백그라운드가 백플레이트 이미지로 설정됩니다.

14 프로젝트 > 카메라 메뉴에서 ❶새 카메라 추가 명령으로 카메라 뷰를 추가해 언제든지 지정한 뷰를 불러올 수 있습니다. 각자 원하는 샷을 지정합니다.

15 지정한 샷을 ❶렌더 명령을 선택해 렌더링합니다.

16 카메라로 샷을 추가해 지정한 카메라 샷을 렌더링 한 결과입니다.

Lesson 02 Mold 재질 적용하기

Mold 재질과 다운로드 재질을 적용하는 방법에 대해서 알아보겠습니다.

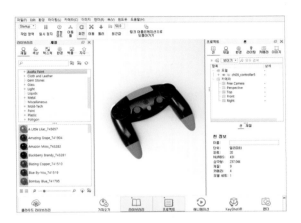

17 Rhino5에서 'ch09_controller5.3dm' 파일을 불러온 후 키샷을 실행합니다.

반올림 재질 가져오기

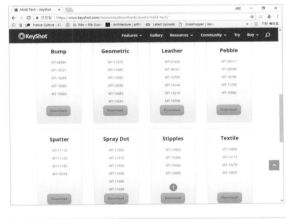

https://www.keyshot.com/resources/downloads/assets/에서 ❶ Keyshot 7 Content(Win)을 다운받아 설치합니다.

콘텐츠 설치 후 브라우저 창 중간에 있는 MOLD-TECH 재질의 Download 아이콘을 선택합니다.
https://www.keyshot.com/resources/downloads/assets/mold-tech/
Stipples 재질을 선택하고 ❶ Download 버튼을 눌러 'stipples.kmp' 파일을 다운로드합니다.

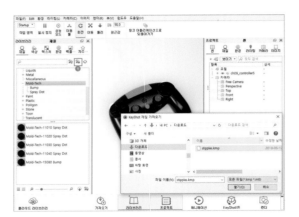

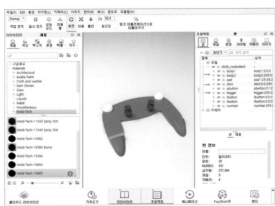

⑱ 재질 메뉴에서 Mold-Tech 재질을 선택한 후 🔗 ❶
가져오기 아이콘을 선택해 다운로드한 'stipples.kmp'
파일을 불러옵니다.

⑲ 씬 항목에서 화살표 레이어만 보이게 한 다음 재질 >
Mold-Tech에서 ❶ Mold-Tech-15605 재질을 선택합니다.

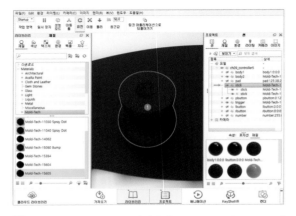

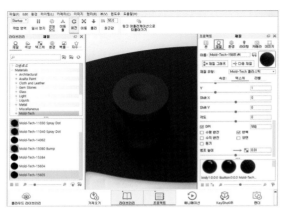

⑳ Mold-Tech-15605 재질을 'body2, stick, trigger'
레이어에 적용합니다. 'stick' 레이어를 선택하고 ❶stick
을 더블클릭합니다.

㉑ 재질 메뉴에서 범프 높이를 0.01로 설정합니다.

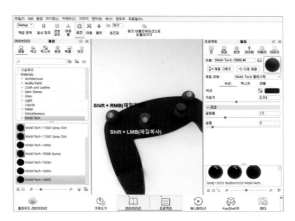

㉒ ❶에 적용된 재질을 (Shift) + LMB로 복사합니다. ❷ 오브젝트에 마우스 커서를 위치해 놓고 (Shift) + RMB로 재질을 적용합니다. ❸오브젝트도 ❶재질을 적용합니다.

㉓ 'body1' 레이어를 보이게 하고 재질 > Paint > Metallic > Standard > Basic에서 ❶ Paint Metallic Red 재질을 'body1'에 적용합니다.

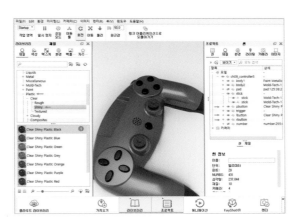

㉔ 'pbutton, lbutton, rbutton' 레이어를 보이게 하고 재질 > Plastic > Clear > Shiny에서 ❶재질을 'lbutton, rbutton'에 적용합니다.

㉕ 재질 > Paint > Textured에서 ❶재질을 ❷오브젝트에 적용합니다.

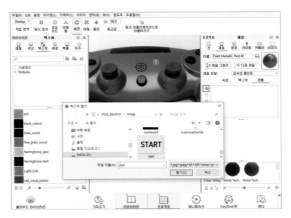

㉖ ❶ 재질을 더블클릭합니다. 재질 > 라벨 항목에서 ✚ 라벨 추가 버튼을 선택한 후 'start.png' 파일을 불러옵니다.

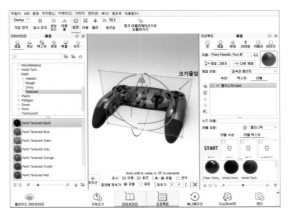

㉗ 조정자를 통해서 이미지 크기를 줄입니다.

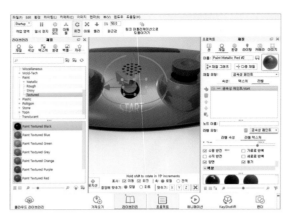

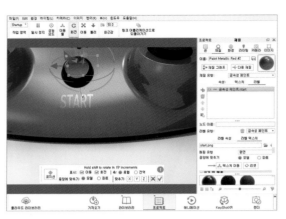

28 이미지를 줄이고 라벨 유형을 금속성 페인트로 변경한 뒤 수평 반전 항목을 체크합니다.

29 이미지를 불러와 크기와 위치를 조정하고 ❶적용 아이콘을 선택합니다.

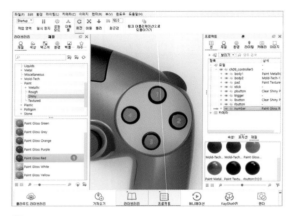

30 'number' 레이어를 보이게 한 다음 재질 > Paint > Shiny에서 ❶Paint Gloss Red 재질을 적용합니다.

31 메뉴에서 Edit > 지오메트리 추가 > 그라운드 플레인 추가 항목을 선택합니다. 레이어에 'Ground plane'가 만들어집니다.

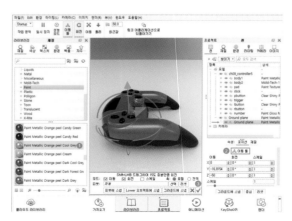

32 재질 > Paint에서 ❶재질을 'Ground plane'에 적용합니다. Ground plane을 선택하고 ❷이동 툴 아이콘을 선택합니다. 조정자를 이용해서 Ground plane를 아래로 내린 후 ❸적용 아이콘을 누릅니다.

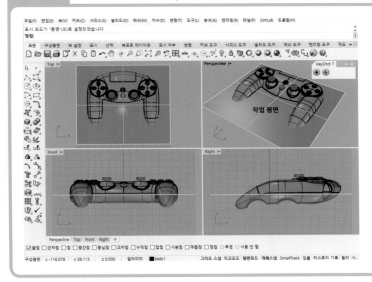

키샷에서의 Ground plane은 라이노의 작업평면과 일치합니다. 그림을 보면 작업평면 아래에 오브젝트가 있습니다. 이럴 때는 오브젝트를 작업평면보다 0.1mm 정도 높게 이동하면 됩니다.

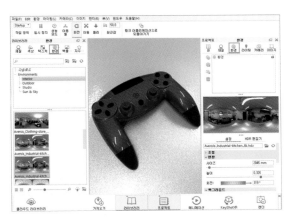

③③ 환경에서 ❶환경 맵을 더블클릭해 선택합니다. 우측 환경 메뉴에서 환경 맵을 회전해서 설정할 수 있습니다.

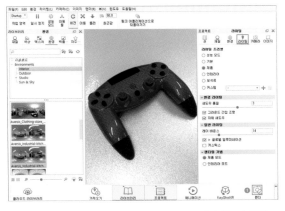

③④ 라이팅 메뉴에서 라이팅 프리셋 > 제품을 선택하고 ❶렌더 명령을 선택합니다.

③⑤ 기존 세팅과 같게 렌더링해 이미지를 저장합니다.

Lesson 03 금속 재질 적용하기

금속 재질 적용하는 방법과 패턴 도구 활용하는 방법에 대해 알아보겠습니다.

[36] Rhino5에서 'ch10_microphone5.3dm'을 불러온 후 키샷을 실행시킵니다. 재질 > Metal > Basic에서 ❶Metal Rough Black 재질을 ❷, ❸오브젝트에 적용합니다.

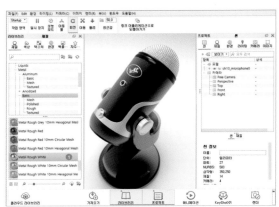

[37] 나머지 부분에 모두 ❶Metal Rough White 재질을 적용합니다.

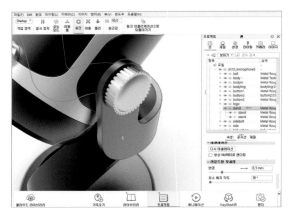

[38] 뷰를 확대해서 보면 ❶오브젝트의 모서리가 필렛이 안 되어 있다는 것을 알 수 있습니다. 씬 항목에서 'stand' 레이어를 선택하고 속성 > 라운드 된 모서리에서 반경을 0.3mm로 변경합니다.

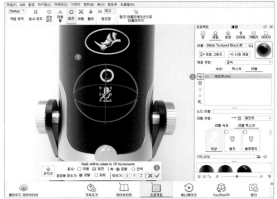

[39] ❶오브젝트를 더블클릭하고 재질 > ➕ ❷라벨 추가 아이콘을 선택해서 'mic.png' 이미지를 불러옵니다. 라벨 유형을 페인트로 설정하고 조정자를 활용해 이미지의 크기와 위치를 지정하고 ❸적용 아이콘을 선택합니다.

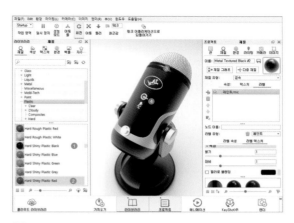

40 재질 > Plastic에서 ❶ 재질은 ❸ 오브젝트에 적용하고 ❷ 재질은 ❹ 오브젝트에 적용합니다.

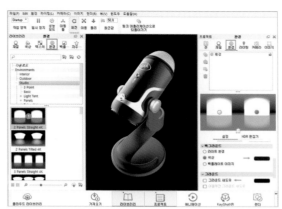

41 환경 메뉴에서 ❶ 환경 맵을 더블클릭해 환경 맵을 적용합니다. 프로젝트 > 환경 메뉴에서 백그라운드 색상을 변경하고 그라운드 섀도우는 끕니다.

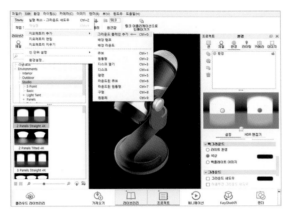

42 Edit > 지오메트리 추가 > 그라운드 플레인 추가를 선택합니다.

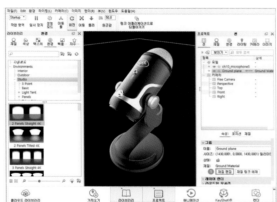

43 프로젝트 > 재질 메뉴에서 'Ground plane'을 선택하고 ❶ 재질 편집 아이콘을 누릅니다.

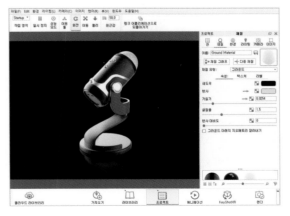

44 속성에서 반사와 거칠기를 설정합니다.

45 'ch10_microphone5' 레이어를 선택하고 RMB를 눌러 패턴 만들기 항목을 선택합니다.

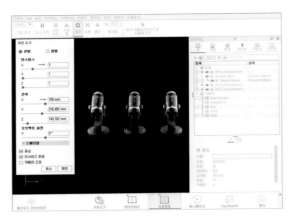

46 패턴 도구의 인스턴스 항목에서 X=3, 간격은 100mm 띄웁니다.

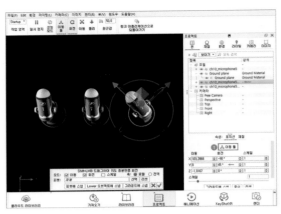

47 복사된 레이어를 선택하고 ❶ 이동 툴을 선택해 Y축 방향으로 회전시킵니다.

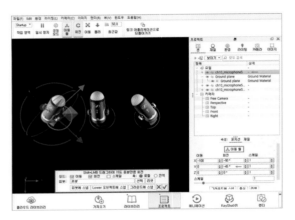

48 좌측 오브젝트도 선택하고 이동 툴을 활용해 회전시킵니다.

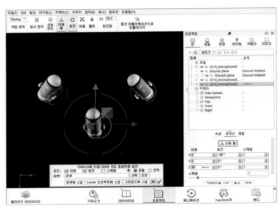

49 가운데 오브젝트를 선택하고 이동 툴을 이용해 오브젝트를 이동시킵니다.

50 재질 > Metal > Anodized에서 ❶, ❷재질을 적용합니다. 가운데 오브젝트만 남기고 다른 레이어는 끕니다.

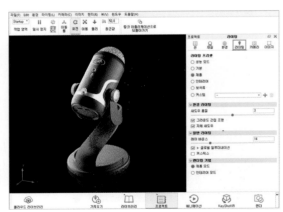

51 라이팅 메뉴에서 라이팅 프리셋을 제품으로 설정합니다.

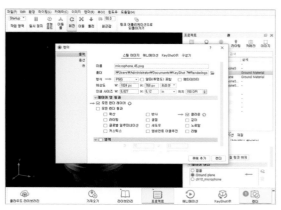

52 씬 > 항목 > 모델에서 'Ground plane' 레이어를 선택합니다. 레이어 렌더에서 ❶ 레이어 추가 버튼을 누르고 레이어 이름을 'Ground plane'으로 변경합니다. 항목>모델에서 'ch10_microphone5' 레이어를 선택하고 렌더 레이어를 하나 더 추가합니다.

53 ❶ 렌더 아이콘을 선택합니다. 렌더 창에서 형식을 PNG로 변경합니다. 모든 렌더 레이어와 클라운을 체크한 후 렌더링을 합니다.

반올림 렌더 레이어와 클라운 레이어를 사용하는 이유

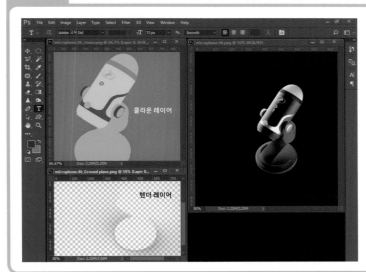

두 레이어 모두 포토샵에서 합성 작업을 할 때 유용하게 사용할 수 있는 레이어입니다. 특히 클라운 레이어는 재질이 색상별로 표현되기 때문에 포토샵에서 편리하게 선택할 수 있습니다.

54 그림과 같은 렌더 이미지를 만들 수 있습니다.

플라스틱 재질과 환경

플라스틱 재질 적용과 HDR 편집기를 활용하는 방법에 대해서 알아보겠습니다.

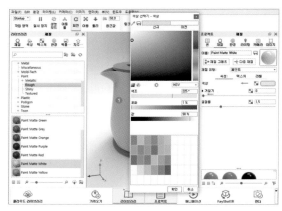

55 Rhino5에서 'ch17_kettle5.3dm' 파일을 불러온 후 키샷을 실행합니다. 재질 > Paint > Rough에서 ❶재질을 ❷오브젝트에 적용합니다.

56 ❶오브젝트를 더블클릭합니다. 재질 편집 창에서 색상을 회색으로 변경하고 거칠기도 조정합니다.

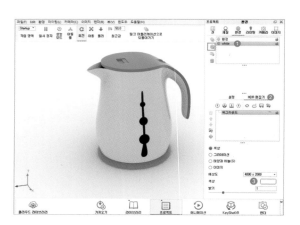

57 환경 메뉴에서 🌐 ❶환경 맵 생성 아이콘을 선택해 'white'로 이름을 변경합니다. ❷HDR 편집기에서 ❸색상을 흰색으로 변경합니다.

58 HDR 편집기에서 ⊕ ❶핀 추가 아이콘을 선택해 핀을 추가합니다. 사각형으로 변경하고 사이즈를 Y축으로 늘립니다. ❷완료 버튼을 클릭합니다.

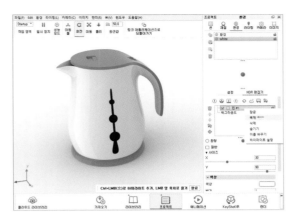

⑤⑨ 추가한 핀에 RMB 후 복제 항목을 선택합니다.

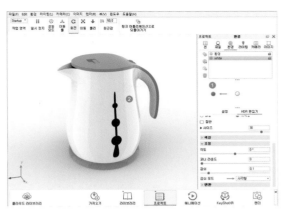

⑥⓪ 복제된 ❶ 핀을 선택해 이동시키면 핀 조명이 ❷처럼 표시됩니다. 각자 원하는 위치에 핀을 고정할 수 있습니다. 감쇠 모드는 사각형으로 변경합니다.

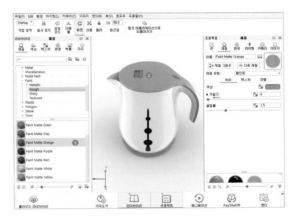

⑥① 재질 > Paint > Rough에서 ❶ 재질을 ❷ 오브젝트에 적용한 후 재질의 거칠기를 '0'으로 변경합니다.

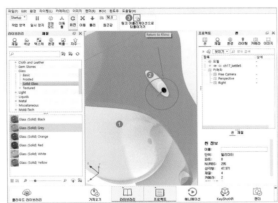

⑥② ❶ 재질을 복사해 ❷ 오브젝트에 적용하면 하얀색으로 모두 적용됩니다. 원 안, 검은 부분의 색상을 변경해봅니다. ⬚ ❸ Return to Rhino 아이콘을 클릭해 Rhino5로 돌아가서 검은 부분을 떼어낸 후 키샷 실행버튼을 클릭하면 결과물이 업데이트됩니다.

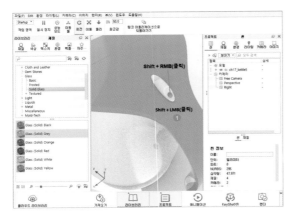

63 ❶재질을 복사해 떼어낸 오브젝트에 적용합니다.

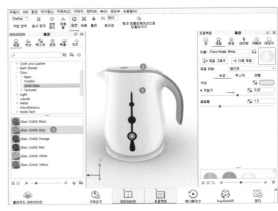

64 ❶, ❷ 오브젝트 재질의 거칠기를 0.02로 설정하고 재질 > Glass > Solid Glass에서 ❸ 재질을 ❹ 오브젝트에 적용합니다.

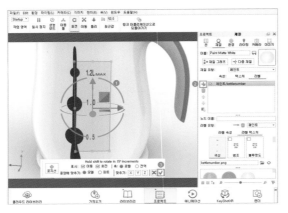

65 ❶ 오브젝트를 더블클릭한 다음 재질 편집 창에서 ❷ 라벨 추가 버튼을 클릭합니다. 'kettlenumber.png' 이미지를 불러와 크기와 위치를 조정합니다. 라벨 유형은 페인트로 설정하고 ❸ 적용 버튼을 클릭합니다.

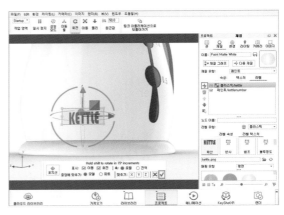

66 뷰를 회전시켜 ➕ 라벨 추가 버튼으로 'kettle.png' 이미지를 불러와 크기와 위치를 설정합니다.

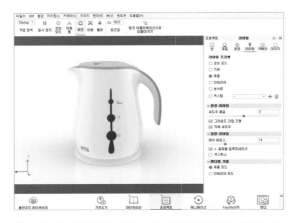

67 라이팅 프리셋을 제품으로 설정하고 렌더 버튼을 클릭합니다.

68 최종 렌더 이미지입니다.

Lesson 05 재질 그래프 활용하기

재질 그래프를 활용하는 방법에 대해 간단히 알아보겠습니다.

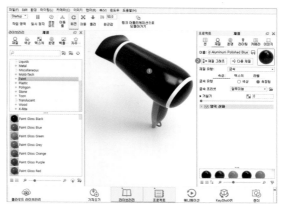

69 Rhino5에서 'ch13_dryer5.3dm' 파일을 불러온 후 키샷을 실행합니다. 재질 > Anodized > Polished에서 ❶재질을 ❷오브젝트에 적용합니다.

70 재질이 적용된 ❶오브젝트를 더블클릭합니다. ❷재질 그래프 아이콘을 선택합니다.

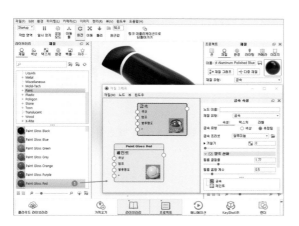

71 재질 그래프 창에 현재 적용된 금속 재질이 보입니다. 재질 > Paint에서 ❶재질을 드래그해 재질 그래프 창으로 이동합니다.

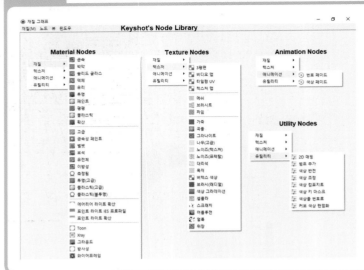

키샷 노드 라이브러리는 4가지로 구성되어 있습니다. 메뉴 > 노드를 선택하거나 작업 창에서 RMB(Right Mouse Button)를 누르면 됩니다.

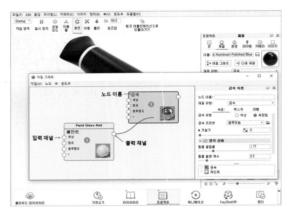

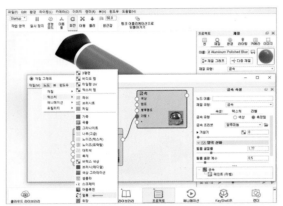

72 Paint Gloss Red ❶의 출력 채널을 마우스로 드래그해 ❷금속 노드에 가져다 놓습니다. ❷노드의 입력 채널에 라벨 채널이 자동으로 생성됩니다.

73 메뉴 > 노드 > 텍스쳐 > 얼룩 텍스쳐를 선택합니다.

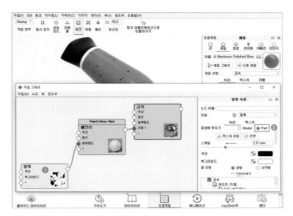

74 얼룩 노드 ❶을 위 그림처럼 연결합니다. 프로젝트 >
재질 > 속성에서 ❷ Part를 선택하고 스케일 슬라이더로
크기를 확대, 축소를 할 수 있습니다.

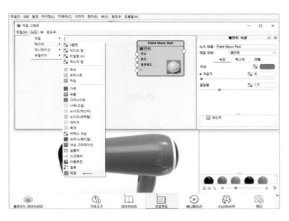

75 Paint Gloss Red 노드만 남기고 다른 노드는 모두
지웁니다. 메뉴 > 노드 > 텍스쳐 > 위장 텍스쳐를 선택합
니다.

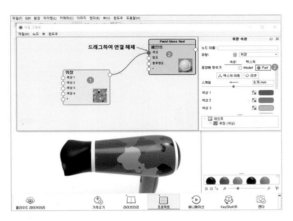

76 ❶위장 노드를 연결하고 속성에서 ❷Part를 선택하고
스케일을 조정하면 됩니다. ❷노드를 연결해제 합니다.

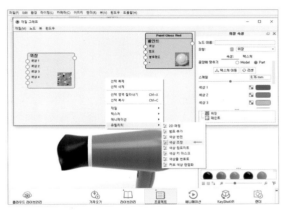

77 재질 그래프 창에서 RMB로 유틸리티 > 색상 조정 항
목을 선택합니다.

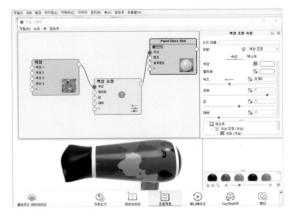

78 ❶ 색상 조정 노드를 더블클릭합니다. 속성항목을 이
용해 색상을 조정할 수 있습니다.

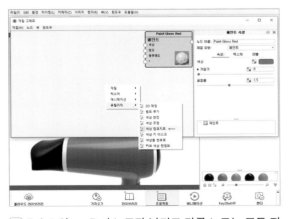

79 Paint Gloss Red 노드만 남기고 다른 노드는 모두 지
웁니다. 재질 그래프 창에서 RMB를 누른 후 유틸리티 >
색상 컴포지트 항목을 선택합니다.

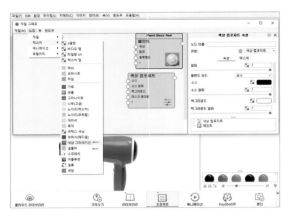

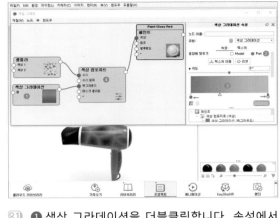

80 메뉴 > 노드 > 텍스쳐에서 색상 그라데이션과 셀룰라를 선택합니다.

81 ❶ 색상 그라데이션을 더블클릭합니다. 속성에서 Part로 선택하고 ❸ 그라데이션에서 색상을 위 그림과 같이 만듭니다. ❹ 색상 컴포지트의 블렌드 모드로도 색상을 변경할 수 있습니다.

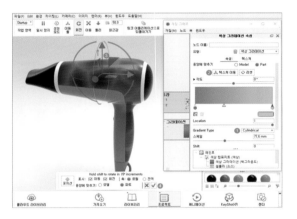

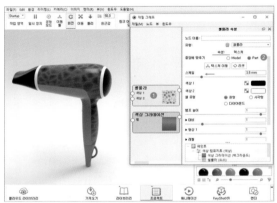

82 Gradient Type을 ❶ Cylindrical로 변경하고 ❷ 텍스쳐 이동 아이콘을 선택합니다. ❸ 조정자를 이동해 그라데이션의 높이를 조정하고 ❹ 적용 버튼을 누릅니다.

83 ❶ 셀룰라 노드를 더블클릭합니다. ❷ Part 설정 후 스케일 슬라이더로 크기를 확대, 축소할 수 있습니다.

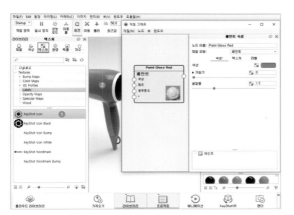

84 Paint Gloss Red 노드만 남기고 모두 지웁니다. 텍스쳐 > Lables에서 ❶텍스쳐를 ❷오브젝트에 갖다 놓습니다.

85 텍스쳐 맵 유형 창에서 ❶ 라벨 추가 항목을 선택합니다.

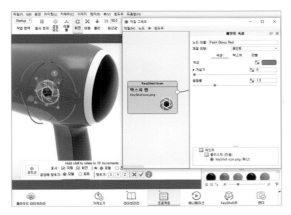

86 ❶ 조정자의 스케일로 크기를 줄이고 텍스쳐를 위치시킵니다.

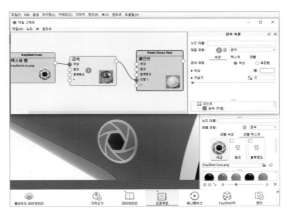

87 ❶의 플라스틱 노드를 더블클릭해 재질 유형을 ❷금속으로 변경합니다.

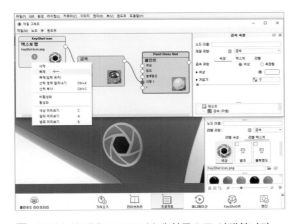

88 ❶텍스쳐 맵을 RMB로 복제 항목으로 선택합니다.

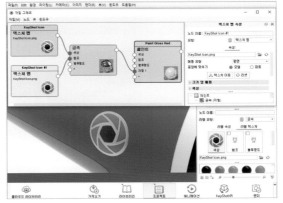

89 복사된 텍스쳐 맵 노드를 금속 노드의 범프 채널에 연결합니다.

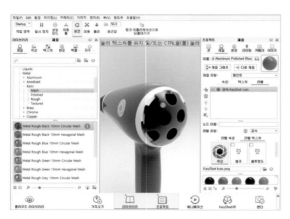

90 재질 > Metal > Basic > Mesh에서 ❶재질을 드래그해 ❷오브젝트에 적용합니다.

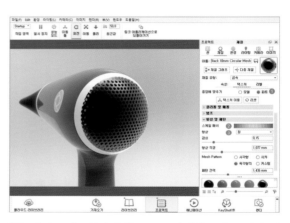

91 재질 > 텍스쳐에서 ❶Part로 변경하고 ❷스케일 메쉬로 패턴 크기를 작게 조절합니다. ❸형상에서 패턴 모양을 변경할 수 있습니다.

92 재질 > Paint > Shiny에서 ❶재질을 ❸오브젝트에, ❷재질을 ❹오브젝트에 각각 적용합니다.

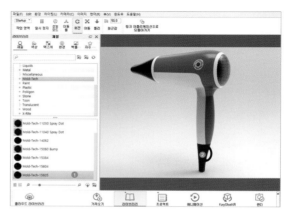

93 재질 > Mold-Tech에서 ❶재질을 ❷오브젝트에 적용합니다.

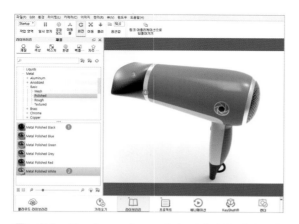

94 재질 > Metal > Basic > Polished에서 ❶재질을 ❸오브젝트에, ❷재질을 ❹오브젝트에 적용합니다.

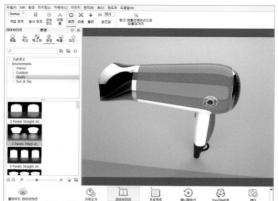

95 환경 > Studio에서 ❶2 Panels Tilted 4K 환경 맵을 선택합니다.

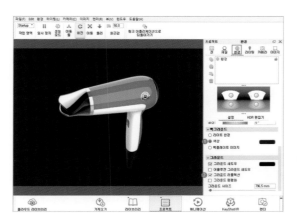

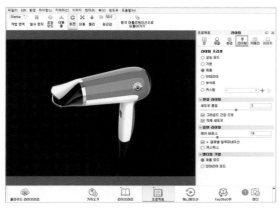

96 환경 > 백그라운드에서 ❶색상을 검은색으로 변경하고 ❷그라운드 리플렉션을 선택합니다.

97 라이팅 > 제품으로 설정 후 ❶렌더 아이콘을 선택합니다.

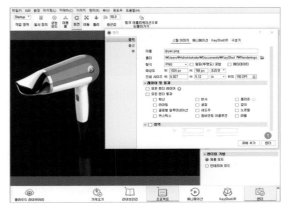

98 저장할 이름과 해상도 등을 지정하고 ❶렌더 버튼을 선택합니다.

99 렌더 결과물입니다.

Lesson 06   3D Coat와 Keyshot 활용하기

3D Coat에서 만든 재질을 키샷에 적용하는 방법에 대해서 알아보겠습니다.

100 3D Coat를 실행시킨 후 ❶ Paint UV Mapped Mesh 항목을 선택합니다.

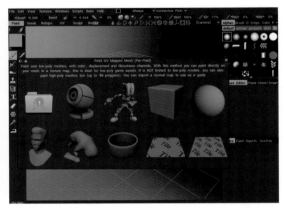

101 ❶ 아이콘을 선택하고 'knife.obj' 파일을 불러옵니다.

102 UV Map Typing 항목에서 ❶Auto-Mapping으로 변경하고 ❷OK 버튼을 누릅니다.

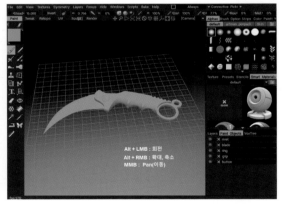

103 ❶Paint Objects 탭을 누르면 레이어로 분리되어 있습니다. Paint Objects 탭이 안 보이면 Windows > Popups > Color palette 항목을 선택합니다.

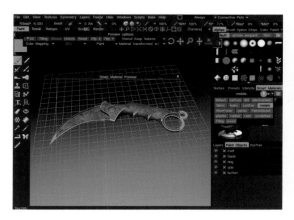

[104] ❶Smart Materials 탭에서 metals 재질을 선택합니다.

[105] ❶ New 아이콘을 누릅니다. Smart Material Properties 창에서 ❷Name을 지정하고 ❸Color를 회색으로 변경합니다. Roughness와 Metallness를 설정하고 ❹아이콘을 누르면 미리 보기 창으로 재질을 볼 수 있습니다.

[106] 앞에서 만든 ❶재질을 선택합니다. ❷ Fill 아이콘을 누릅니다. Tool Options 창에서 ❸Object를 선택합니다. ❹Paint Object를 blade로 변경하고 OK 버튼을 누릅니다.

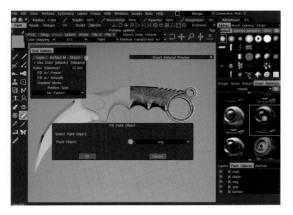

[107] metals에서 ❶재질을 선택하고 ❷Object를 선택합니다. ❸Paint Object에서 ring을 선택하고 OK 버튼을 누르면 재질이 적용됩니다.

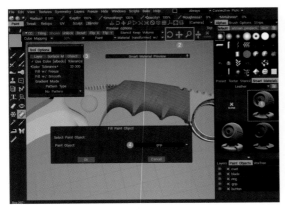

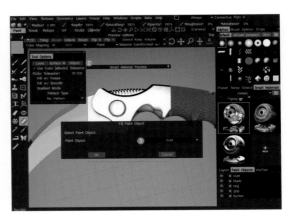

108 Smart Materials 탭에서 Leather 재질을 선택합니다. ① 재질을 선택하고 ③ 오브젝트를 선택하고 ④ grip를 선택합니다. ② 아이콘들로 텍스쳐의 회전, 이동, 확대 또는 축소를 할 수 있습니다.

109 Smart Materials 탭 metals 재질에서 ① 재질을 나머지 오브젝트 rivet과 button에 적용합니다.

110 ① File > Export Objects&Textures 항목을 선택합니다. ② 메쉬 이름(3dcoat.obj)을 저장합니다. ③ 항목에서 KeyShot Advanced로 변경합니다. ④ OK 버튼을 누릅니다.

111 ① Textures > Export에서 ② Metalness Map을 선택하고 'metalness.tga' 파일로 저장합니다. 이미지는 앞에서 저장한 obj 파일이 있는 폴더에 저장합니다.

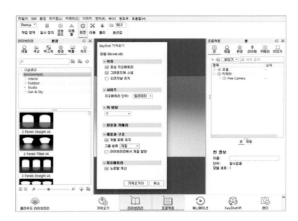

112 키샷을 실행하고 파일 > 가져오기에서 3D Coat에서 저장한 '3dcoat.obj' 파일을 불러옵니다. 옵션을 설정하고 가져오기 버튼을 선택합니다.

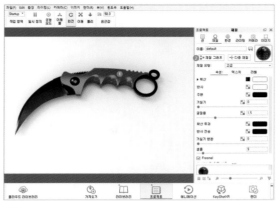

113 ❶오브젝트를 더블클릭하고 ❷재질 그래프 항목을 선택합니다.

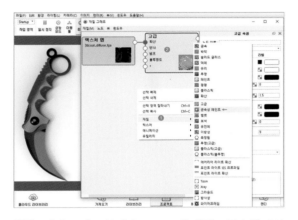

114 재질 그래프 창에서 RMB로 ❶재질 > 금속성 페인트 항목을 선택하고 ❷금속 노드는 지웁니다.

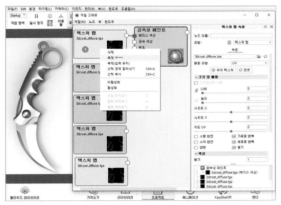

115 ❶텍스쳐 맵 노드를 금속성 페인트에 연결합니다. ❶텍스쳐 맵을 선택하고 RMB 후 복제를 4개 합니다.

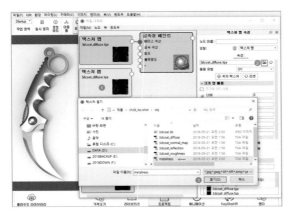

116 ❶텍스쳐 맵을 더블클릭한 후 ❷에서 'metalness. tga' 파일을 엽니다.

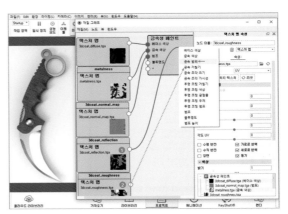

117 ❶텍스쳐 맵 '3dcoat_reflection.tga'의 출력 노드를 금속성 페인트 노드에 드래그해 가져다 놓으면 새로운 입력 노드를 추가할 수 있습니다. 여기서는 금속 범위를 선택합니다. ❷텍스쳐 맵은 금속 거칠기를 선택합니다.

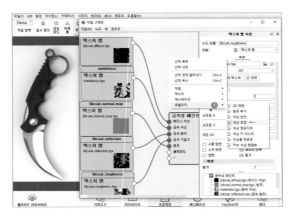

118 재질 그래프 창에서 RMB로 유틸리티 > 색상 조정 항목을 선택합니다.

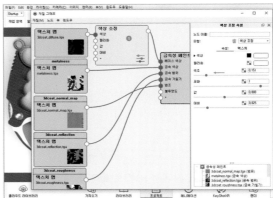

119 ❶색상 조정 노드를 연결한 후 더블클릭해서 색상 조정을 할 수 있습니다.

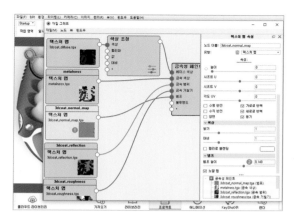

120 ❶ 텍스쳐 맵 노드를 더블클릭합니다. ❷ 범프 높이를 0.149 정도로 변경합니다.

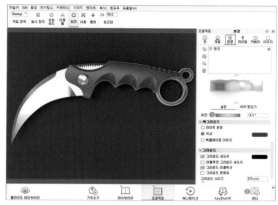

121 환경에서 ❶ 회전을 하고 백그라운드 색상과 리플렉션을 선택합니다. ❷ 렌더 버튼을 누릅니다.

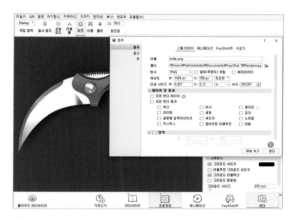

122 파일 이름과 해상도를 알맞게 설정한 후 ❶ 렌더 아이콘을 선택합니다.

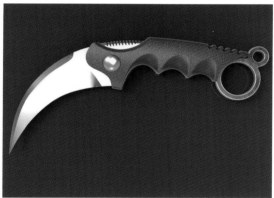

123 렌더링된 결과물입니다.

제품 디자인을 위한

Rhino 3D 6
REALITY

1판 1쇄 인쇄 2018년 8월 10일
1판 1쇄 발행 2018년 8월 15일

———————
지 은 이 이행종
발 행 인 이미옥
발 행 처 디지털북스
정　　가 32,000원
등 록 일 1999년 9월 3일
동록번호 220-90-18139
주　　소 (03979) 서울 마포구 성미산로 23길 72 (연남동)
전화번호 (02) 447-3157~8
팩스번호 (02) 447-3159

ISBN 978-89-6088-233-1 (93000)

D-18-15

www.digitalbooks.co.kr

D·J·I BOOKS
DESIGN STUDIO

굿즈

캐릭터

광고

브랜딩

출판편집

D·J·I BOOKS
DESIGN STUDIO
2018

J&JJ BOOKS
2014

I THINK BOOKS
2003

DIGITAL BOOKS
1999

facebook.com/DJIdesign

Book · Character · Goods · Advertisement · Graphic · Marketing · Brand consulting

D · J · I
BOOKS
DESIGN
STUDIO

facebook.com/djidesign

D·J·I BOOKS DESIGN STUDIO